贵州省直管县体制研究

Study on the System
of Directly Governing Counties in
Guizhou Province

张鼎良　著

社会科学文献出版社
SOCIAL SCIENCES ACADEMIC PRESS (CHINA)

目　录

导　论

一　研究背景及意义

地方行政层级设置是我国行政管理学研究的一大重要课题，也是我国行政体制改革的一项重要内容。合理的地方行政层级设置是我国行政管理稳定、有序和有效的重要前提，我国行政管理效率的提高、经济的快速发展和社会稳定需要合理的地方行政层级设置。我国地方行政层级的设置是许多因素综合作用的结果，主要受我国的政治、经济、文化、通信、历史、地理、人口、风俗习惯、交通等因素的制约。

我国地方政府层级主要实行省、自治区、直辖市—自治州、盟、市（地级市）—县、旗、市（县级市）、市辖区—乡、民族乡、镇四级制。[①]这种过多的地方行政层级设置常常产生一些消极影响：通常会妨碍中央与地方行政关系、地方与地方行政关系的正确处理，会制约中央、地方行政效能的发挥，在一定程度上强化行政"等级"观念，出现盲目追求行政等级升格的不良风气；导致行政机构臃肿、行政人员过多、行政关系复杂、行政层级之间的行政责任划分不够明晰、行政管理成本增加、行政管理效率下降；妨碍广大人民群众参与政治生活，制约广大人民群众有效地行使政治权利。我国这种四级制的地方行政层级中，层级之间的关系尚没有完全理顺，尤其是市（地级市）、县两级之间关系不畅，在经济利益、行政

[①] 《中华人民共和国宪法》（中华人民共和国第十三届全国人民代表大会第一次会议修正），2018 年 3 月 11 日。

管理权限以及城乡关系上的矛盾日益突出，成为县域经济社会快速发展的主要障碍之一。把原由地级市行使的适合县域经济社会发展的经济社会管理权限下放给县，有助于推动县域经济社会健康发展。县域经济是以县城为中心、乡镇为纽带、农村为腹地的区域经济，是我国经济发展和社会稳定的基础，是我国国民经济中具有综合性和区域性的基本经济单元。县级政权在我国政治制度史上占有非常重要的地位。改革"市管县"的行政体制，建立适应县域经济社会发展需要的"省直管县"行政体制成为推动县域经济社会发展和深化地方行政体制改革的迫切要求。

在我国曾掀起省直管县体制实践和理论探讨的高潮，学术界、政界和广大民众对地方政府行政层级改革都非常关注。在省直管县体制实践中已经形成了多种模式，学者、专家总结现有的省直管县经验，对省直管县做了一些有价值的探讨，形成了比较系统的省直管县理论成果，这些实践和理论成果为我国全面实施省直管县体制改革提供了一定的经验借鉴和理论指导。但是，要想全面系统科学地研究省直管县，还有待于进一步深化，主要体现在以下四个方面。

第一，多数学者、专家从省县财政体制方面研究省直管县，认为省县财政改革必然要求实行省直管县，很少有学者、专家从省直管县的行政体制方面展开探讨。

第二，一些学者、专家强调实行省直管县要扩大县级政府的权力，很少有学者、专家研究县级政府权力的正确行使、科学监督以及县级民主建设的完善措施。

第三，一些学者、专家对省直管县的研究是从外国的大部制和我国古代的郡县制中找理由、找根据，很少有学者、专家从提高行政效率、降低行政成本、保障人民行使当家做主权利以及发挥基层的积极性、创造性方面进行研究。

第四，一些学者、专家系统阐述了浙江等省采取省直管县模式的价值，不顾我国地域发展不平衡、民族分布不均等国情，极力主张在我国全面推行单一的省直管县结构模式。

本书的主要目的。我国省直管县体制虽然引起了许多领域的学者、专家以及政府官员、广大民众的普遍关注，很多学者、专家从各自领域出发，著书立说，阐述了各自的主张和见解，为我国的省直管县体制建设提供了一些有益的探索，政府官员在行政管理实践中也主张在我国普遍实行省直管县体制。迄今为止，学者、专家对省直管县很少做出全面系统科学的论述，部分政府官员在实施省直管县体制的过程中，常常不顾国情、急于求成。为了顺利推进我国省直管县体制改革，本书以贵州省实施省直管县为研究对象，通过借鉴、吸收当前省直管县已有的理论成果，进一步系统科学地探究省直管县体制改革。

本书主要探讨贵州省实施省直管县体制改革的原因、依据、路径。重点探究贵州省省直管县的实现路径，充分发挥县级政府的行政效能，促使县域经济快速发展，促使城乡经济协调发展，充分调动广大人民的积极性，充分保障广大人民的各项合法权利。

本书的理论意义。通过对贵州省省直管县的探讨，为我国实施省直管县提供更加丰富的理论参考，为我国政治体制改革、行政体制改革提供可行的理论依据，丰富我国行政管理学理论、行政区划理论以及地方行政层级设置理论。

本书的实践意义。通过对贵州省省直管县体制改革的研究，为我国全面实施省直管县体制提供有益的参考；推进贵州省县域经济发展，更进一步促进贵州省经济又好又快健康发展；探索"城乡分治"的有效方法，推动城乡协调发展；探索市（地级市）县有效互动机制，促进高效、有序、统一的市场体系的建立；有利于减少行政管理层次，降低行政成本，提高行政效率；有利于广大公民更加充分地行使各项权利；有利于地方政府管理体制创新。

二　国内研究的历史与现状

省直管县体制改革是我国政府行政体制改革的一项重要内容，目前主要表现在"强县扩权"改革和省直管县财政体制改革两个方面。

从 1992 年开始，中央人民政府便在浙江、河北、江苏、广东、河南、安徽、湖北、江西、吉林等省份推行"强县扩权"改革试点。中央人民政府、省人民政府在经济发展较快的县、市（县级市）进行了扩权，赋予这些县、市（县级市）更大的经济社会管理权力。海南省实行了"县市分治"，即市（地级市）只管理城市本身事务，各县由海南省直接管理。随后，许多省份加大了"强县扩权"的力度，经过多轮扩权强县改革，县级拥有了管理县域内经济社会事务的自主权，发展县域经济的积极性提高，县域经济由此得以迅速发展。

党和国家的一些重要文件精辟地论述了"省直管县"财政体制。2005年6月，温家宝在全国农村税费改革试点工作会议上指出："要改革县乡财政的管理方式，具备条件的地方，可以推进'省直管县'和'乡财乡用县管'的改革试点。"① 中国共产党十六届五中全会提出要优化组织结构、减少行政层级，条件成熟的地区可以实行省直管县的财政体制。《中共中央关于制定国民经济和社会发展第十一个五年规划的建议》提出要"理顺省级以下财政管理体制，有条件的地方可实行省级直接对县的管理体制"②。《中共中央　国务院关于推进社会主义新农村建设的若干意见》也提到"有条件的地方可加快推进'省直管县'财政管理体制和'乡财县管乡用'财政管理方式的改革"③。根据中央部署，河北省、山西省、海南省、山东省、辽宁省、吉林省、黑龙江省、江苏省、浙江省、安徽省、福建省、江西省、河南省等18个省，加上重庆市、北京市、天津市、上海市4个直辖市，共有22个省级行政单位实行了"省直管县"财政体制改革。《中共中央关于制定国民经济和社会发展第十二个五年规划的建议》明确指出："在有条件的地方探索省直接管理县（市）的体制。"④ "省直管县"体制改革在全国范围内展开。

自我国实施"强县扩权"改革和"省直管县"财政体制改革以来，我

---

① 温家宝：《全面推进以税费改革为重点的农村综合改革》（在全国农村税费改革试点工作会议上的讲话），2005年6月6日。
② 《中共中央关于制定国民经济和社会发展第十一个五年规划的建议》（中国共产党第十六届中央委员会第五次全体会议通过），2005年10月11日。
③ 《中共中央　国务院关于推进社会主义新农村建设的若干意见》，2005年12月31日。
④ 《中共中央关于制定国民经济和社会发展第十二个五年规划的建议》（中国共产党第十七届中央委员会第五次全体会议通过），2010年10月18日。

国学术界对省直管县体制改革予以了高度关注，特别是政治学、行政管理学、经济学、法学等领域的专家、学者发表文章，从各自学科的角度，对市（地级市）管县体制改革的缺陷进行了分析，对省直管县体制进行了探究，但缺乏全面系统的阐述，多数学者研究侧重于省直管县财政研究、行政区划研究等方面。总体说来，我国学术界在省直管县体制改革研究中取得了一些成果。

（一）省直管县体制改革研究相关成果

（1）有些专家、学者从财政体制改革、经济发展的角度论述了省直管县体制改革。例如李齐云的《分级财政体制研究》（2003）、王玮的《我国的财政分权改革：现状分析与战略选择》（2003）、吴云法的《浙江省"省管县"财政体制分析》（2004）、刘亮的《我国行政体制与财政体制的冲突与协调》（2004）、岳文海的《推进"省管县"体制改革的可能与实践》（2005）、刘凌波的《"省管县"财政体制改革的实践与思考》（2005）、陈秀山的《中国区域经济问题研究》（2005）、朱柏铭的《关于省直管县财政体制的思考》（2006）、谭建立的《关于我国县乡财政困难问题的认识与建议》（2006）、谢禹和黄晓伟的《关于我国省管县财政体制改革的思考》（2007）、周仕雅的《财政层级制度研究——中国财政层级制度改革的互动论》（2007）、赵福军和王逸辉的《政府行为、财政体制变迁方式与中国县乡财政困难》（2007）、丁康的《谈推进"省直管县"财政管理体制改革》（2009）、唐在富的《财政"省直管县"改革面临的挑战与出路》（2010）等，这些研究从我国财政体制改革的角度论述了省直管县体制改革。

（2）有些学者论述了省直管县体制改革的路径及其存在的困难。例如龙朝双、李四林的《新世纪我国行政管理体制改革的路径选择——从行政权力与行政区划的视角谈》（2004）、郭小聪的《中西古代政府制度及其近代转型路径约束比较》（2005）、刘尚希和傅志华的《缓解县乡财政困难的路径选择》（2006）、张占斌的《政府层级改革与省直管县实现路径研究》（2007）以及《省直管县体制改革的实践创新》（2009）、唐晓英的《我国实行省直管县体制改革的制约因素与对策》（2010）等，这些研究专门探讨了省直管县体制改革的路径。

（3）有些学者从行政区划的角度进行论述。例如周振鹤的《中国历代行政区划的变迁》（1998）、宫桂芝的《我国行政区划体制现状及改革构想》（2000）、戴均良的《行政区划应实行省县二级制——关于逐步改革市领导县体制的思考》（2001）、刘君德的《中外行政区划比较研究》（2002）、汪宇明的《中国省直管县市与地方行政区划层级体制的改革研究》（2004）、李金龙和郑宇梅的《试论中国行政区划体制改革的价值》（2006）、董里等的《地方行政区划变迁路径选择》（2011）等，这些研究从行政区划的角度论证我国实施省直管县体制的合理性。

（4）有些学者根据国外的行政管理相关理论进行研究。例如吴志华的《美国的政府企业化改革及对我国的启示》（1999）、郭小聪的《中西古代政府制度及其近代转型路径约束比较》（2005）等，这些研究着重分析国外的行政管理理论对我国行政管理的意义。

（5）有些学者从行政管理的角度进行分析。例如暴景升的《当代中国县政改革研究》（2007）、刘靖华和姜宪利的《中国政府管理创新》（2004）、于建嵘和蔡永飞的《县政改革是中国改革新的突破口》（2008）、李金龙等的《"省直管县"的现实可能性：改革的战略性调整》（2010）等，这些研究从行政管理的角度阐述了省直管县体制改革。

（6）有些学者从市管县体制的弊端进行阐述。例如王英津的《市管县体制的弊端分析及改革思路》（2005）、孙学玉的《强县扩权与市管县体制改革的必要性分析》（2006）等，这些研究分析了我国当前市管县体制存在的弊端，要求改变市管县的体制，实施省直接管县的体制。

（7）有些学者对省直管县体制存在的问题进行了阐述。例如郑风田的《不宜神化"省直管县"》（2009）、张超的《关于省直管县财政体制改革的认识与思考》（2010）、房亚明的《治理空间、权力监控与政府层级的制度选择——对"省直管县"的冷思考》（2010）等，这些研究分析了"省直管县"体制实践过程中存在的问题和弊端，提出实施"省直管县"体制要因地制宜。

（二）实施省直管县体制改革的环境

省直管县体制改革是在国际和国内良好的环境下进行的。

1. 国际环境

随着经济全球化的推进，国家之间、地区之间的竞争通常表现为以大城市为主体的区域性竞争。通过区域内部各种资源要素的优化配置和重组整合，增强区域的整体竞争力，提升城市的综合竞争力，促进城市与区域的协调发展。在我国，社会主义市场经济和现行的行政管理体制存在不相匹配之处，行政区划成为地方经济存在和发展的动因与依托，导致区域非规范竞争和城市化进程滞缓十分明显。① 适当调整行政区划，使作为上层建筑的行政区划设置模式和行政管理制度适应经济全球化的发展趋势。②

2. 国内环境

（1）我国的政治体制与行政体制有利于行政区划调整。国家行政区划的调整，直接影响不同层级政府拥有行政权限的大小。西方国家关于行使行政权有三种典型观点，即分权论、集权论和均权论。分权论主张地方自治，提倡民众对政治生活的广泛参与和对社会管理的全面介入；集权论强调中央政府在整个社会协调和控制中的重要地位和作用，认为中央政府集权有利于社会化大生产和消除无政府主义竞争，有利于社会资源的合理配置；均权论试图找到一条平衡解决的途径，主张中央政府与地方政府在职能和权力上进行分工与协作制衡，实现双方的合作与互补。

分权主义一直是西方国家公共行政体系的主流，由于受到经济全球化的挑战，区域主义盛行，为谋求整体利益而进行区域发展的协调管理，引起了人们的高度重视，然而通过兼并或合并手段调整行政区划也是推进区域协调发展的一种主要手段。欧美国家受行政体制的限制，导致行政区划调整不能作为推进区域协调发展的主要手段。③

我国的政治体制和行政体制与西方国家的政治体制和行政体制有很大差别，我国实行人民代表大会制度，人民行使国家权力。各级政府由其同

① 张京祥、范朝礼、沈建法：《试论行政区划调整与推进城市化》，《城市规划汇刊》2002 年第 5 期，第 25 页。
② 魏立华、阎小培：《珠江三角洲城市规划和行政区划的耦合演进机制研究》，《规划师》2004 年第 11 期，第 87 页。
③ 张京祥、范朝礼、沈建法：《试论行政区划调整与推进城市化》，《城市规划汇刊》2002 年第 5 期，第 25 页。

级人民代表大会选举产生，受其监督、对其负责。科学合理的行政区划调整有利于人民更好地行使权力，行政区划的调整也经常成为各级政府推进各项事业的重要手段。因此，我国行政区划调整的阻力不大。

（2）我国经济体制转型对我国行政区划提出了新的要求。改革开放后，我国经济体制发生了深刻的变化，改变了长期处于主体地位的社会主义计划经济体制，建立了社会主义市场经济体制。随着社会主义市场经济体制的建立与完善，我国政府的职能发生了很大的变化，从微观管理转向宏观管理，从全能型政府转向服务型政府，区域经济管理从以纵向为主的计划经济管理转变为以横向为主的市场经济管理。我国现行的行政区划体制是在社会主义计划经济体制下逐步建立起来的行政区划体制，改革开放后我国的行政区划体制没有大的调整，这种行政区划体制在一定程度上制约了我国社会主义市场经济的发展，不利于建立完善的社会主义市场经济体制。

社会主义市场经济体制要求行政区划的结构体系要由层次多、幅度小转变为层次少、幅度大，同时政府部门的职能转型也对行政管理幅度的扩大提出了新的要求并创造了条件。[1]

（3）我国"十一五"期间的行政区划改革推动了省直管县体制的发展。"十一五"期间，我国按照统筹城乡发展的要求，坚持大中城市和小城镇协调发展的方针，走一条有自身特色的集约式城镇化道路，适时启动行政区划试点改革，改革思路包括：适当调整行政区划，建立省县两级地方政府体制；相应地取消城镇的行政级别，仅按人口规模划分大中小城市和小城镇；除首都、省会城市及若干中心城市外，所有的城市原则上都归县政府行政管辖；等等。[2]

我国"十一五"期间实施了行政区划改革，建立了省县两级地方政府体制，将地区、自治州、地级市的部分权限下放给县，同时取消镇的行政级别，因此，县的权限增大。县级政府与省级政府直接联系，有利于省政府帮助县级政府协调、处理那些较为棘手的问题，促进县域经济发展。

---

[1] 江苏省民政厅：《江苏省行政区划调整规划（2004—2020）综合研究报告》。

[2] 徐立凡：《我国将启动行政区划改革》，《科学大观园》2005 年第 19 期，第 11 页。

（4）"十二五"规划制定的区域发展总战略为我国实施省直管县体制指明了方向。《中华人民共和国国民经济和社会发展第十二个五年规划纲要》制定了区域发展总战略："构筑区域经济优势互补、主体功能定位清晰、国土空间高效利用、人与自然和谐相处的区域发展格局。"① 这为我国"十二五"期间的省直管县体制改革指明了方向，"十二五"期间的省直管县体制改革既要继续处理好省内的纵向关系，即省县关系，又要处理好省与省之间的横向关系，构建良好的区域环境，促进区域经济优势互补、协调发展。

三　研究的难点、重点、基本方法

1. 研究的难点

实施省直管县体制，牵涉政治、经济、文化、地域、民族、公民权利行使等各个领域，贵州省位于我国西部地区，省直管县体制更应该根据贵州省省情而定，不可能一蹴而就，只能稳步推进。省直管县体制改革涉及领域广，需要运用多个领域的知识，这无疑增加了工作量和工作难度。

2. 研究的重点

探究贵州省实施省直管县体制的必要性、可能性以及最佳的实施路径。

3. 基本研究方法

（1）比较法。注重对中外古今地方行政层级的实行情况进行比较分析，寻求其共同点，探究贵州省实施省直管县体制的有效路径。

（2）事物过程分析法。本书对我国地方行政层级尤其是贵州省行政层级的形成、演变和发展过程进行探究，系统掌握市管县体制的全过程，探究市管县的弊端，阐述省管县的必要性及可能性。

（3）多学科综合研究法。省直管县体制改革是一项系统工程，牵涉很多领域、学科，因此必须从政治学、经济学、行政管理学、法学、区域地理学等学科的综合角度出发，运用多学科的研究方法进行研究。

———————————

① 《中华人民共和国国民经济和社会发展第十二个五年规划纲要》（第十一届全国人民代表大会第四次会议批准），2011 年 3 月 14 日。

（4）文献资料分析法。充分查阅相关文献资料，通过对相关文献以及相关资料的分析，对已有的研究成果进行对比、分析，以达到理论创新。此方法主要依托图书馆相关文献以及万方数据库等网络资源。

四　创新之处

本书根据贵州省省情，结合我国省直管县现有的理论成果、省直管县的实践经验，探究了贵州省这个多民族省份实施省直管县体制的必要性、可能性以及有效途径。

本书综合考虑我国尤其是贵州省的政治、经济、法律、历史、民族、风俗习惯及地理环境等因素，得出省级区域不宜重新划分，县级区域可根据具体情况做适当调整的结论。

本书对贵州省的地级市做出客观的评价，重新确立了地级市的地位，探究了如何正确处理市（地级市）县关系。

本书围绕贵州省实施省直管县体制这个主题，综合运用了政治学、行政管理学、法学、区域地理学等多学科知识进行研究。

| 第一章 |

省直管县体制相关理论及实践经验

第一节　行政组织改革理论

成功的社会实践需要科学理论的指导，成功的改革同样需要科学理论的指导，有科学理论指导的社会实践是理性的实践，有科学理论指导的改革是理性的改革，理性的改革是改革成功的重要保证，非理性的改革具有很大的盲目性，常常导致改革进入迷途。管理学中的扁平化管理原理、城乡统筹发展理论、边际效益理论、中心地理论、增长极理论等为贵州省实施省直管县体制改革提供了一定的理论依据。

一　扁平化管理原理

组织结构扁平化管理原理源自西方企业管理理论。企业管理中的"扁平化"管理模式是通过减少企业管理层级，以提高企业管理效能的一种适应现代企业管理要求的管理模式。企业组织扁平化通过减少企业管理中间层级、压缩企业管理部门和管理机构、裁减企业多余的管理人员，消除了金字塔状企业管理模式长期存在并难以解决的难题，企业组织管理更加灵活、敏捷，增强了柔性、创造性。企业组织结构扁平化管理模式的核心是减少企业管理的中间层级。

1. 企业组织结构扁平化的特点

第一，现代化企业管理手段、现代网络工具在企业管理中被大量使用，企业管理幅度增加，企业管理效率提高。

第二，基层管理部门权限增大，通常负责企业资源管理、配置和权力执行。

第三，以企业工作流程构建企业组织结构，而不是企业的部门职能构建企业的组织结构。

第四，企业的纵向管理层级减少，中层管理人员人数处于最精简状态，企业管理效率达到最大化。

第五，企业内部采取目标管理方式，提高了企业职工的主动性、积极性和创造性，增强了企业职工的主人翁意识。

2. 组织结构扁平化管理模式的优点

与企业传统的科层体制管理模式相比，组织结构扁平化管理模式具有以下优点。

第一，组织结构扁平化管理模式有利于企业管理者依据瞬息万变的市场需求信息及时决策、及时执行，企业适应市场需求变化的能力增强，同时组织结构扁平化管理模式强调市场需求信息共享，重视企业的横向联系、沟通与协作。

第二，在组织结构扁平化管理模式下，企业管理权力中心下移到企业基层管理部门，企业基层管理部门拥有更多的企业资源管理权力、配置权力和决策权力，企业纵向管理层级精简，中层管理机构减少，组织结构精干高效，企业管理决策民主化，决策效率提高，管理成本降低。

第三，在组织结构扁平化管理模式下，企业大量使用信息技术、网络技术等现代先进管理手段，减少中间管理层级，缩短决策层与实施层的距离，企业决策层与实施层通常直接沟通；信息的纵向流通加快、信息失真减少，企业能够及时掌握市场变化和生产经营状况，决策层能够及时、快速决策，提高了管理工作效率，降低了管理成本。

第四，组织结构扁平化管理模式的管理幅度大，管理人员的组织管理能力和决策能力强；企业资源和权力下移于企业基层管理部门，增强了企业基层管理部门的主动性、创造性，有利于企业优秀管理人才的迅速成长。

组织结构扁平化管理模式有利于企业在竞争激烈的市场环境中变得更

加灵活、快速和高效，更能适应多变、复杂的市场环境。

3. 组织结构扁平化管理模式的实践意义

世界上许多企业采用组织结构扁平化管理模式进行管理，扩大了企业的管理幅度。美国通用电气公司从 20 世纪 80 年代开始，在公司管理中采用组织结构扁平化管理模式，不断进行公司的组织结构调整，缩减了公司的管理层级，从董事长到一般职工管理层由原来的 26 层缩减到 5 层，业务部门层次由原来的 60 层削减为 12 层，减少了管理人员的数量，节约了管理成本，提高了管理效率。通用电气公司组织结构调整的实质是由传统的组织结构转变为现代的组织结构。[①]

组织结构扁平化管理模式在政府公共管理中取得了很好的成效。一些国家领导人在政府行政管理中运用组织扁平化管理原理，促进了政府行政管理效能的提高。1993 年 3 月，克林顿启动了对联邦政府的绩效评估计划，目的在于转变传统行政模式，逐步确立企业型政府新模式。通过改革，到 1996 年 1 月，联邦政府共精简公务人员 24 万人，共计裁撤 2000 多个过时的派出机构；1993～1996 年，联邦政府节约开支近 1180 亿美元。改革后的克林顿政府的行政效率和行政效益提高速度非常快。[②]

组织结构扁平化管理原理给贵州省财政层级改革和省直管县体制的实施提供了一个新思路、新方法——减少地级市政府（地区行政公署）行政管理层级，构建扁平化行政层级，最大限度降低行政管理成本，提高行政管理效率，保证中共中央、中央人民政府和贵州省委、贵州省人民政府的政令畅通。取消市管县体制，实行省直管县行政体制，减少地级市政府（地区行政公署）行政管理层级，把部分适合县级行使、原属于地级市政府（地区行政公署）的权力下放给县级政府，扩大县级政府权力范围，有利于其根据情势变化迅速做出行政调整，最大限度地调动县级政府的积极性、主动性和创造性。

---

① 屠文娟：《扁平化组织结构——现代企业管理的新发展》，《统计与决策》2002 年第 1 期，第 46 页。

② 王世雄：《克林顿治下美国联邦政府改革述评》，《广东行政学院学报》2003 年第 5 期，第 93 页。

二 城乡统筹发展理论

城乡统筹发展理论是党中央和国务院在解决我国"三农"问题、促进城乡二元经济结构转变为现代结构的过程中形成的发展理论。

1. 我国城乡二元结构的形成

新中国成立之初,国际国内形势要求党和政府采取优先发展重工业的经济政策。发展重工业需要大量的资金,但当时国家经济发展落后,资金紧缺,发展重工业所需要的大量资金只能从农业中获得。国家采用工农产品"剪刀差"的方法,即压低农产品出售价格、抬高工业产品出售价格为重工业的发展积累所需资金。轻重工业的资金投入差别大,大量资金投入重工业,轻工业因资金短缺发展缓慢,需要扩充的工人少,轻工业基本不能满足人民对于生活资料的需求。重工业提供的就业岗位不多,需要的工人少,农民进城就业非常困难,只能长期生活在农村。城市的生活福利条件、就业条件等比农村优越,城乡差距越拉越大,城乡分割的二元体制形成。城乡二元结构使城乡发展差距不断变大,城市发展更快,农村则更慢,导致城乡关系严重失调,这种城乡二元结构严重阻碍了我国国民经济和社会的发展。

2. 城乡统筹发展理论的主要内容

城乡统筹发展理论体现在我国党和政府解决城乡发展的各项政策中,不同时期的政策的侧重点不同。破解我国城乡二元结构的关键是解决"三农"问题。党中央、国务院为了解决我国"三农"问题,即农业、农村和农民问题,自2004年以来连续出台了多个"一号文件",都以农业、农村和农民为主题;2005年10月,党的十六届五中全会为"三农"工作指明了方向,明确提出了建设社会主义新农村的重大历史任务;2006年,党和政府在全国范围内取消农业税,在一定程度上减轻了农民的负担,增加了农民的收入,同时国家财政转移支付重点逐步向农村倾斜,农村政策出现了重大调整,逐步形成了"工业反哺农业、城市支援农村"的发展战略布局。此后,"三农"问题一直是党中央、国务院高度重视的重大问题。《中华人民共和国国民经济和社会发展第十二个五年规划纲要》的第二篇专门规划了农村的发展,从加快发展现代农业、拓宽农民增收渠道、改善农村生产生活条件、完善农村发展体制机制等方面,系统阐述了强农惠农、加快社会主义新农村建设的宏伟蓝图。[①] 党和国家制定的解决"三农"问题的政策是我国城乡统筹发展理论的重要内容。

3. 城乡统筹发展理论对贵州省实施省直管县体制的实践意义

贵州省是一个农业省,城乡差距大,以中心城市带动周边县域发展的市管县体制不但没有实现预期目标,而且为了发展城市本身,把本属于县域的经济、资源、资金通过行政手段占为己有,这严重制约了县域经济的发展,拉大了城乡差距。党和国家要求城乡统筹发展,市管县体制显然成为一大障碍。实施城乡统筹发展,必须把原来属于城市且适应县域发展的权力赋予县级政府,充分发挥县级政府发展县域的主动性、积极性。同时,县级由省级直管,省级可以为县级的发展提供更多的资金,保证县域快速发展,这样就可以更快地繁荣农村经济、缩小城乡差距、实现城乡统筹发展。

三 边际效益理论

1. 边际效益理论的主要内容

边际效益理论原是经济学中的一个重要理论,最先在经济领域使用,后来被运用到行政管理领域。行政管理领域的边际效益指,如果一个行政区域的管理幅度是合理的,这个合理的管理幅度与相应的行政管理机构及其行政人员规模之间应构成一个最佳耦合,此时能达到最佳管理效率;如果继续扩大管理幅度,或者持续减少机构或行政人员编制,行政管理的边际效能就会降低;相反,进一步增加行政管理机构和行政人员,减小管理幅度,也会大大降低行政管理效率,造成行政资源的浪费和闲置,出现"规模不经济"。

2. 边际效益理论对贵州省实施省直管县体制的意义

贵州省的省—地级市、地区—县三级行政管理的现状是:省管地级市

---

① 《中华人民共和国国民经济和社会发展第十二个五年规划纲要》(第十一届全国人民代表大会第四次会议批准),2011 年 3 月 14 日。

和地区，地级市管县和地区行政公署代省管县，省管辖 9 个地级单位，9个地级单位管辖 88 个县级单位，平均每个地级管辖县的数量不到 10 个，经济越发达的地区，中心城市越密集，市管县的管理幅度越小，从而导致行政管理成本越多、行政效率越低。根据行政边际效益理论，贵州省实施省直管县体制，会使省政府管辖的幅度增大，能消除市管县的弊端，节约行政成本，提高行政效能。

四 中心地理论

中心地理论是由德国地理学家克里斯塔勒（W. Christaller）在《德国南部中心地原理》中最先提出的理论。中心地理论建立在一系列假设条件的基础上：一是地域是一个大而无边的平原，运输方式只有一种并且运费在等距离下相同；二是区域分布均匀，市场形成的条件相同；三是区域内位于平原上的城镇，对其腹地提供相应的服务和管理；四是区域内的消费者在最近城镇消费；五是城镇对其腹地的服务和管理要遵循"利益最大化原则"；六是所有消费者收入相等，需求一致。中心地理论是在研究城市空间组织和布局时，探索最优化城镇体系的一种城市区位理论，它对城市规划和区域规划具有理论指导意义：在假定的前提下，各级政府为降低公共服务供给的成本、提高公共服务的效率，尽可能地扩大公共服务的覆盖范围；公民为减少公共服务的消费成本，按照公共服务就近消费原则，在通达距离最近的公共服务供给的中心地——政府——享受为他们提供的特定公共服务。就公共服务供给而言，在市场导向的时代，市管县体制成了公共管理和公共服务效率提高的障碍，省管县则能够克服市管县的这个严重弊端，省管县行政体制改革成了必然趋势。中心地理论对实施省直管县体制具有一定的指导意义。

五 增长极理论

增长极理论是法国经济学家弗朗索瓦·佩鲁（Francois Perroux）在1950 年最先提出的理论，后来法国经济学家布代维尔（J. B. Boudeville）把这个理论引入区域经济学，使其成为区域经济理论的基石。增长极理论的主要内容为：一个国家要实现平衡发展只是一种理想，增长并非同时出现在所有地方，经济增长通常是从一个或数个"增长中心"逐渐向外围地区扩散，带动这些地区的经济发展，并对整体经济产生不同的最终影响。增长极理论具有自身的优点：一是增长极理论对社会发展过程的描绘更加真实；二是增长极理论非常重视创新，鼓励技术革新，符合社会进步的发展趋势；三是增长极理论提出了一些便于操作的有效政策，政策制定者容易接受。改革不断深入，科学技术迅猛发展，在贵州省经济发展迅速的地方，县域经济发展也进入了一个全新的阶段，形成了新的增长极，原有的市管县行政管理体制已难以适应社会、经济发展的需要，因此应取消市管县行政体制，实施省直管县行政体制。只有行政管理体制与区域经济发展相匹配，才能促进贵州省县域经济又好又快发展。

第二节　行政区与经济区相互关系理论

一　行政区与经济区的概念与区别

1. 行政区与经济区的概念

行政区是国家为了便于行政管理，有效地行使行政管理权力，对所辖区域进行合理的划分而形成的区域。行政区划是个综合概念，有狭义和广义之分：狭义的行政区划是指为实行国家的行政管理与建设，对一国领土进行合理的分级（层次）划分而形成的区域和地方；广义的行政区划是国家结构体系的安排，国家根据政权建设、经济建设和行政管理的需要，遵循有关法律规定，充分考虑历史、政治、经济、地理、人口、民族、文化等客观因素，按照一定的原则，将一个国家的领土划分成若干层次、大小不同的行政区域，并在各级行政区域设置相应的地方国家机关，实施行政管理。[①] 经济区是国家为实现国民经济因地制宜合理发展，对所辖区域进行战略性划分而形成的具有全国意义的专业化的地域生产综合体，它是在发达的商品经济条件下，社会生产地域分工的空间表现形式。

---

① 刘君德、靳润成、周克瑜编著《中国政区地理》，科学出版社，1999，第3~4页。

2. 行政区与经济区的区别

第一，两者本质不同。行政区与经济区之间有本质区别：行政区着眼于政治，综合考虑社会、经济、自然等多种因素，行使职权的需要决定行政区面积的大小和行政区层级的多少。行政区的划分具有明显的政治色彩，是有意识的国家行为，属于上层建筑范畴。而经济区的划分着眼于经济，其规模主要取决于中心城市经济实力、区域经济联系、交通条件等经济因素。因此，经济区是一种不以人的意志为转移的客观存在，属于经济基础范畴。

第二，两者属于不同的综合体。行政区是与一定等级的政府相对应的政治、经济、社会等综合体；而经济区是与一定等级的经济中心（中心城市）相对应的自然、地理、经济等综合体。

第三，两者调节的手段不同。行政区具有完整而发达的自上而下的纵向行政系统，行政区的有效运转和职能实现都依托行政管理系统；而经济区依托的是发育不均衡的横向经济网络系统，区域经济主要是在经济的规律作用下通过市场调节运行的。

第四，决策主体和利益主体在两者中的地位不同。行政区具有决策权、调控权和自己的利益追求，政府是区内最高层次的决策主体和利益主体；经济区没有全区性的决策主体和利益主体，决策主体和利益主体多元，各主体的地位平等。

第五，两者区域稳定程度不同。行政区具有明确的和相对稳定的区域界定，有法律效力；经济区的界限在现实生活中往往具有示意性和动态性的特点，没有法律效力。相邻的经济区不一定泾渭分明，往往存在一个过渡带。①

二　行政区经济原理

行政区经济是在我国特定的社会主义计划经济体制背景下，由于行政区划对区域经济刚性约束而形成的一种特殊的区域经济现象。行政区经

---

① 周克瑜：《论行政区与经济区的关系及其协调》，《战略与管理》1994 年第 1 期，第 37 页。

主要特征为：第一，强烈的地方政府经济行为渗透到企业竞争中；第二，行政阻隔生产要素跨行政区流动；第三，行政区经济结构稳定；第四，行政中心与经济中心具有高度一致性；第五，行政区边界经济具有衰竭性。[①]

行政区经济的发展可分为以下两个阶段。第一阶段，表现为地方政府在国内市场经济范围内各自为政、发展和保护地方经济的一种经济行为和运行机制。在这种情况下，地方分割既是地方政府管理功能的一种体现，也是自由竞争引起的必然结果。"行政区经济"发展到第二阶段，随着政府职能从管理向服务、从"全能政府"向"有限政府"的转变和国内市场向世界市场的转变，共同的最大化利益追求迫使地方政府联合起来，走区域一体化道路。[②]

在我国，行政区经济现象十分突出，行政区划阻碍了区域经济的联系与发展，与区域经济一体化相悖。因此，我们必须深入研究我国行政区经济的形成与发展过程，了解我国特殊的体制环境。尤其从深层次上认识我国行政区经济的运行机制，有针对性地提出我国行政区划改革方向与调整措施，科学、合理地协调行政区与经济区关系，最终实现区域经济一体化目标。[③]

社会主义计划经济体制时代，经济区范围与行政区范围完全一致，经济区就是行政区，区域经济处于封闭状态。市（地级市）管县体制在一定程度上缓解了行政区对经济区的束缚，经济区范围在原有基础上不断扩大，形成了更大范围的行政区和经济区。随着社会主义市场经济的发展与完善，行政区对经济区的约束减弱，纵向经济向横向经济延伸。在社会主义市场经济条件下，经济区的形成是生产要素自由流通的结果，区域经济发展以资源优化配置为前提，但行政力量仍然直接干预区域经济，完全依赖行政力量配置资源成为区域经济发展的最大障碍，区域经济的发展必须消除行政力量对资源配置的消极干预，淡化原来的市（地级市）管县行政

① 陈雄、李植斌：《城市化中行政体制改革与行政区划调整的必要性及面临的问题》，《求实》2003 年第 6 期，第 40 页。

② 刘君德、陈占彪：《长江三角洲行政区划体制改革思考》，《探索与争鸣》2003 年第 6 期，第 13 页。

③ 刘君德、靳润成、周克瑜编著《中国政区地理》，科学出版社，1999，第 22～28 页。

关系，实行省直管县，赋予县域经济更大自主权。

三　行政区与经济区关系原理

行政区与经济区的关系，是上层建筑与经济基础关系的具体体现。一方面，经济基础决定上层建筑，经济区发展决定行政区发展，行政区划从根本上说应该以经济区划为基础，使行政区划与发挥地区优势相结合，与依托中心城市、组织合理的经济网络相结合，与实现区域经济发展战略相结合。另一方面，行政区格局一旦确定，便会反作用于经济区，成为促进或阻碍其经济发展的因素。① 合理的行政区划分有助于经济区经济快速发展，行政区层级过多，政出多门，会阻碍统一的经济市场的形成，不利于市场经济的良性发展；行政权力过度干预经济区的经济活动，就会使其脱离市场经济规律的制约，形成"行政区经济"，妨碍经济区经济的快速、协调发展。

经济区域化促使县域经济快速发展。21 世纪以来，世界区域经济一体化发展非常迅速，很多国家积极参与多边贸易组织和不同的区域经济合作组织，区域经济化是世界经济秩序的主要特征之一。我国"十一五"期间第一次把区域规划放在突出的重要位置。我国市场主导型的区域经济逐步形成并不断发展完善，行政区经济转向了区域经济。区域经济关系打破了行政区经济的"画地为牢"、相互封闭、各自为战的局面，在区域内部形成了相互开放、市场统一、产业联动、分工协作基础上的开放经济系统。

县域经济的规律性是"区域化"，"区域化"是县域经济发展必须遵循的重要规律。县域经济是区域经济，不能等同于"县级政府经济圈"，许多地方发展县域经济只局限在一个县域行政边界之内，导致出现了"县级政府经济圈"现象。这种现象的突出表现是：县域工业结构雷同，发展路子基本上是互相照搬照抄，在政策优惠上互相拼杀，在资源整合上互相掣肘、缺乏配合，在产业区域分工上常常不协调等。

县域经济是一个区域性、开放性兼备的经济体系。发展县域经济要走

---

① 刘君德、靳润成、周克瑜编著《中国政区地理》，科学出版社，1999，第 22～28 页。

出"县域行政边界",将县域经济与区域经济相结合,从区域发展空间入手来制定自身的发展战略。一是要立足自身的区位优势、成本优势、资源优势、后发优势等各种优势,找准县域在全国的定位、在区域内的定位;二是要积极融入区域经济,积极参与区域内的产业分工、产业协作,在区域范围内获取、组织、配置各种资源。

县域不是行政区划概念,而是经济区域概念。县域经济是按经济区划来组织经济工作的一种新思路。"强县扩权"政策的实施,促使县域经济发展跳出行政区划的束缚,按照经济区域组织经济活动。贵州省除东部县少煤、缺煤外,其他地方储煤量都非常丰富,86个县(县级市)中有74个产煤,这些县(县级市)有共同的利益,可以通过建立煤炭产业协作组织,共同制定产量、价格和市场策略,共同应对国际市场形势,形成整体经济优势,获取更大的煤炭经济利益,更有效地促进贵州省经济社会的快速发展。

第三节　国外现行地方行政层级设置

一　国外现行地方行政层级设置情况

地方行政层级设置是地方行政管理的重要内容,对于提高政府管理效能具有非常重要的意义。世界各国都是依据自身的历史文化传统、国土面积、人口数量和人口密度、交通状况、通信技术、经济社会体制、国家结构形式等多种因素,设置地方行政层级,以保证国家行政管理的稳定、有序和高效。

世界上不同国家国情的差异,导致地方行政层级设置的差别很大。少数国土面积不大并且国民人口数量少的国家没有地方行政层级设置,只有中央政府,由中央政府直接管理全国的政治、经济、文化和社会事务;多数国家都有地方行政层级设置,分别有一级、二级、三级或者四级,有些国家国土面积大,为了便于上级政府有效管理,设置了派出机构管理一定数量的下级政府,形成了事实上的一级政府机关,下面的行政层级数目依次增加,通常有五级、六级。当今世界上最为典型的地方行政层级是二级、三级。

只设置中央政府管理全国事务，没有设置地方行政管理层级的国家，其基本特征为国土面积不大，人口数量不多，因此只需要设置一级地方行政层级就能够管理好全国的行政事务。这种国家数量不多，但大致可分为两类：一类是城市国家，整个国家就是一个城市，首都名与国名相同，如亚洲的新加坡、欧洲的梵蒂冈等；另一类是小岛国家，如非洲的塞舌尔以及大洋洲、美洲的一些岛国等。

设置二级地方行政管理层级的国家，可以根据不同的分类标准分为不同的情形。首先，从人口数量和国土面积来看，属于这种地方行政管理层级设置的国家有以下三种情形。第一种情形为人口数量较少和国土面积不大的国家。这些国家的人口数量不足 1000 万，绝大部分国家国土面积不超过 10 万平方公里，不需要设置过多的地方行政层级。第二种情形为人口密度低，即人口数量不多但国土面积较大的国家。蒙古国就是这类情形的国家，人口数量不多，疆域辽阔。第三种情形为国土面积较大或人口数量多的国家。其次，从国家结构来看，属于这种地方行政管理层级设置的国家既有单一制国家，也有联邦制大国。日本是实行地方行政管理层级二级制的单一制国家的典型，日本实行地方行政管理层级二级制的重要原因是其实施了地方自治制度，地方自治体在法律上没有严格的上下级隶属关系，地方自治体之间相互独立，各自处理属于自己管辖范围的事务，因此日本的地方行政管理层级设置相对较少。墨西哥是实行地方行政管理层级二级制的联邦制国家的典型，墨西哥的人口数量多、领土面积大，是总人口在世界上排名第十位的大国。由于墨西哥实行联邦制，各联邦成员单位拥有相当大的自主权，地方行政区通常不轻易变动，能长时间保持行政区的稳定，而且实行地方自治政策，地方行政管理不需要设置过多的行政层级，所以墨西哥仍然实行地方行政层级二级制。

设置三级制地方行政层级的国家，其地方行政管理层级分为高层地方政府、中间层地方政府和基层地方政府三级。实行三级制地方行政层级的国家大多是中等规模以上的国家。属于这种地方行政层级的国家有以下四种情形。第一种情形是实行联邦制的国家，德国是属于这种情形的典型国家，民主德国与联邦德国合并后，德国由 16 个州组成，各州具有相对独立性，州和德联邦一样都拥有各自的议会、政府和法院，州是最高的地方政府，州以下的地方政府一般分为县（县级市）和乡（镇）两级。第二种情形是单一制的资本主义国家，法国是属于这种情形的典型国家。第三种情形是实行社会主义制度的国家，越南是属于这种情形的典型国家。第四种情形是发展中国家，巴基斯坦、埃塞俄比亚、阿根廷是属于这种情形的典型国家。

设置四级制和四级制以上地方行政层级的国家数量不多，这些国家多数是发展中国家。发展中国家因国内地理、人文环境复杂，社会发展水平较低，地方自治发育缓慢、自治水平不高等多种原因，只有采取多层制的地方行政层级才能管理好地方行政事务。

随着科学技术的迅速发展，尤其是交通技术、计算机技术、信息技术的日新月异，行政管理幅度增大，政府管理层级朝扁平化方向发展，当前世界上许多国家的地方行政层级逐步减少，美国设置了 51 个一级行政区，包括 50 个州和 1 个特区，二级行政区仅县和市就有 22000 个，平均每个州管辖 440 多个县和市。日本实行都（道、府、县）—市（町村）二级制的地方政府管理，全国由 47 个都（道、府、县）管辖 3273 个市（町村），平均每个都（道、府、县）管辖 69 个市（町村）。法国本土设有 22 个大区、96 个省和 36000 多个市镇，省是最重要的地方行政层级，平均每个省管辖 370 多个市镇。俄罗斯有 89 个联邦主体，共设立 1834 个二级地方行政区，平均每个联邦主体管辖 20 多个二级地方行政区。德国有 16 个联邦主体，有 660 个二级地方行政区，平均每个联邦主体管辖 40 多个二级行政区。相比之下，我国地方政府管辖幅度则要小得多，我国大陆共设置了 31 个一级行政区（省、自治区、直辖市）、333 个二级行政区（地区、地级市、自治州）和 2861 个三级行政区（县、自治县、县级市），平均每个一级行政区管辖 10.74 个二级行政区，平均每个二级行政区管辖 8.59 个三级行政区，远远小于发达国家的地方行政管理幅度。[①]

[①] 谢庆奎、杨宏山：《对我国地方行政层级设置的思考》，《红旗文稿》2004 年第 4 期，第 13 页。

地方行政层级设置少的国家相较于地方行政层级设置多的国家具有更多优势：国家的稳定性较高、变动很少，能较好地适应经济、社会发展。而地方行政管理层级设置过多会产生很多弊端：行政人员编制过多、行政机构臃肿，人浮于事，官僚主义、地方主义盛行，行政管理效率下降。地方行政管理层级设置为四级或四级以上的多层级国家是比较少的，多数国家的地方行政层级为二级或三级，人口大国或者领土面积大国同样实行较少的地方行政层级，行政效率比较高。判断最佳地方层级的标准为符合本国的具体国情、可以提高行政管理效率、可以推动社会经济发展。

二 国外地方政府管理理论

国外地方政府管理理论研究主要表现为新公共管理理论和财政分权理论。1957 年美国经济学家斯蒂格勒（George Joseph Stigler）在《地方政府功能的有理范围》一文中第一次提出了解释地方政府存在必要性的两条基本原则：第一，与中央政府相比，地方政府更接近自己的民众，更了解它所管辖公民的效用与需求；第二，一国之内不同的人们有权对不同种类和不同数量的公共服务进行投票表决，不同地区的居民应有权选择自己需要的公共服务的种类和数量。1972 年奥茨（Oates）在《财政联邦主义》一书中，通过一系列假定提出了分散化提供公共品的比较优势，即奥茨"分权定理"：对某种公共品来说，如果对其消费涉及全部地域的所有人口的子集，并且该公共品的单位供给成本对于中央政府和地方政府而言都相同，那么让地方政府将一个帕累托有效的产出量提供给他们各自的选民则总是要比中央政府向全体选民提供任何特定且一致的产出量效率高得多。因为与中央政府相比，地方政府更接近自己的民众，更了解其管辖区选民的效用与需求。也就是说，如果下级政府能够和上级政府提供同样的公共品，那么由下级政府提供则效率会更高。美国学者埃克斯坦（Peter Echesten）提出"受益原则分权"论，认为应当根据公共产品的受益范围来有效地划分各级政府的职能，并将此作为分配财权的依据。根据埃克斯坦的观点，全国受益的公共产品由中央政府供给，地方受益的公共产品由地方政府供给。那些有益于全体国民的公共产品应当由中央政府来提供。

另有一些公共产品虽然只惠及某一阶层或某些人，但因对全社会和国家的发展至关重要，也要由中央政府提供，如对适龄儿童的义务教育、对特困地区和受灾地区的专项补助等。但是，为了维护局部利益，地方政府也应具备一定的职权和财力。① 美国经济学家蒂鲍特（Tiebout）在其 1956 年发表的《地方支出的纯粹理论》一文中构建了一个满足 7 个假设条件的地方政府模型，他认为人们通过在社区间的充分流动，会选择公共产品与税收的组合能使自己效用最大化的社区政府，社区必须有效率地提供人们需要的公共产品，否则，人们就会迁移到能更好地满足他们偏好的社区，这样，社区间的竞争将使资源得到有效配置，实现帕累托最优，从而达到社会福利的最大化，这就是所谓的"用脚投票"理论。② 美国经济学家特里西（Richard W. Tresch）从信息不完全和非确定性出发，对中央政府完全了解社会福利函数偏好序列产生了质疑，提出了"偏好误识"理论，即中央政府有可能错误地认识社会偏好，从而错误地把政府偏好强加于全民头上，这为地方分权提供了理论依据。③

20 世纪 70 年代以来，西方发达国家掀起了一场声势浩大的公共行政改革运动，这场行政改革运动被看作一场"再造公共部门""重塑政府"的"新公共管理运动"。"新公共管理运动"表现出的新特征及其发展趋势预示着一个全新的管理模式已经在公共管理领域形成。在公共行政改革的实践中，政府继续扮演改革主体的角色，但从这场改革运动的总趋势来看，它包含了对近代以来传统公共行政模式的一定程度上的否定，改变了传统的公共行政模式管理方式。美国学者麦克尔·巴泽雷（Michael Barzelay）认为，公共管理由自上而下的控制转向对成员的认同及对组织使命和工作绩效的认同。④ 瑞典经济学家赫克歇尔认为，政府改革打破了单向的

① Christopher Hood, *Comparative Public Administration*, Vol. 1（Dar Emonth Publishing Group, 1998）.

② 文政：《中央与地方事权划分》，中国经济出版社，2008。

③ Richard W. Tresch, *Public Finance*（Business Publications, 1981）.

④ Michael Barzelay, *Breaking Through Bureaucracy: A New Vision for Management in Government*（Berkeley: University of California Press, 1992）, pp. 119 – 127.

等级指挥关系，实现了互动交流和导向管理，并开始向"后官僚组织"变迁。① 美国行政学者帕特里夏·格里尔将新公共管理的内涵概括为如下几个方面：公共服务组织的非集成化，即分散化；重点从政策转向管理，主要重视服务的效率和成本，更加重视绩效和评估的量化及效率标准；从程序转向产出的控制和责任机制等。经济学理论和私营部门管理方法为"新公共管理"提供了理论来源。公共部门在运用委托代理理论中碰到的最错综复杂的问题便是存在多个委托人。莫伊认为，作为最终委托人的选民与政府存在一系列的委托代理关系（例如，选民与他们的代表之间，代表与各行政机关之间，行政机关上下级之间）。美国行政学者戴维·奥斯本（David Osborne）和特德·盖布勒（Ted Gaebler）提出，政府改革的方向是建立"企业家政府"。②

国外地方政府管理理论对取消市管县体制、壮大县域经济具有一定的借鉴意义。在这些理论的启发下，我国在实施省直管县体制时，要正确划分省、县职权与财权等，并处理好省县之间的关系。

三 国外现行地方行政层级设置对贵州省行政层级设置的启示

贵州省的地形以山地为主，过去交通不便、通信技术不发达，为了保证行政信息沟通和层级节制，只能设置较多的行政层级。现代科技的发展，尤其是信息技术的发展，以及交通的改善，为贵州省减少地方行政层级提供了客观的条件。为了更好地提高贵州省的行政效率，减少行政成本，必须进行行政层级改革，适当减少行政层级。贵州省可以借鉴国外地方行政层级设置的成功经验，立足实际，探索出一套适合本地发展的行政层级设置方案。

就贵州当前的行政层级设置来看，地级市的设置已经不适应贵州省的发展需要，必须改革市管县体制，实行市县分设分治。发达国家的大都市区管理体制为市县分治提供了借鉴。根据贵州省省情，实行市县分治，取消市管

---

① 黄小勇：《新公共管理理论及其借鉴意义》，《中共中央党校学报》2004 年第 3 期。
② 〔美〕戴维·奥斯本、特德·盖布勒：《改革政府：企业家精神如何改革着公共部门》，周敦仁等译，上海译文出版社，2006。

县体制，市只管城市自身，除郊区的县之外，其他县改为贵州省政府直管，县政府将直接掌握县域范围内的公共事务管理权，把握县域内地方性经济和社会发展自主权。这样，贵州省的行政层级设置就由省—市—县—乡、镇四级制转变为省—县—乡、镇三级。

从国外地方行政层级管理的幅度来看，贵州省现有 88 个县级行政单位，由于地形条件的限制，必须对现有的县进行必要的调整，根据它们的历史、经济、文化、习俗等将小县合并成大县，减少县的数量，确定适合省直管县的管理幅度，同时正确处理省、县政府的利益分配关系，促进政府行政职能的转变，顺利实行省直管县体制，提高贵州省的行政效率，促进贵州省社会经济发展。

第四节　我国省直管县实践经验

我国最初实施省直管县体制改革试点的时候，交通技术、信息技术、通信技术都远远落后于现在的水平，但是省直管县体制改革经过多年实践，已经积累了一定的经验。现在许多省份借鉴了国外行政区划、行政管理经验，并结合我国特殊的国情、各自的省情相继推行省直管县体制改革，尽管目前没有在全国范围内建立起省直管县的管理体制，但是实施省直管县体制的省份都已积累了一定的实践经验，形成了具有自身特征的管理模式，其中湖北省和浙江省实施的省直管县模式、重庆市实施的直辖市直管县模式等最有代表性，这些省级行政区实施省直管县模式对贵州省实施省直管县体制具有重要的参考和借鉴意义。

一　湖北省实施省直管县体制的经验

湖北省的"省直管县"改革采取先扩权再直管的方式。湖北省政府为了消除阻碍县域经济发展的体制性障碍，更好更快地发展湖北省县域经济，按照"能放则放"原则，下放一些适合县域经济发展的权力给那些经济规模较大、发展潜力明显的县，增强其发展县域经济的自主权，为县域经济的快速发展提供更加有利的条件。

从 2002 年开始，湖北省政府根据湖北省省情，把原来由市（地级市）、自治州政府掌握的部分经济管理权限和社会管理权限赋予试点的扩权县。市（地级市）、自治州在其管辖的县域内的权限受到限制，退出了一些权力领域。在这些权力中，适合县域经济发展的权力直接下放给县级行使，剩下部分由省政府行使。

2003 年 6 月，湖北省人民政府对大冶、汉川、京山等 20 个县、市（县级市）实施"强县扩权"改革，确定了 239 项具体扩权事项①，涉及发展计划、经济贸易、财政、国土等多个方面，几乎涵盖了经济管理权限的所有领域，涉及 23 个政府部门，扩权县在经济和社会发展管理等方面享有与市（地级市）相同的权限。2004 年 1 月至 9 月，湖北省 20 个扩权县、市（县级市）完成工业增加值 224 亿元、固定资产投资 176 亿元，比上年分别增长 17.9% 和 59%，比全省县域经济平均水平分别高出 5.4 个百分点和 14 个百分点。② 这为贵州省全面推行省直管县体制提供了宝贵的经验。

2004 年，湖北省委、省政府决定在全省（除恩施自治州所属的 8 个县外）实行"省直管县"的财政管理体制，原实行省直管县体制的武汉市、襄樊市等 17 个行政区划继续实行省直接管理，对原实行省管市、市管县财政体制的 52 个县、市（县级市）实行"省直管县"财政体制。③ 改革的内容涉及预算管理体制、转移支付及专项资金补贴、财政结算、债务偿还等方面，由省对县、市（县级市）实行信贷直达、项目直达、资金直达及财政直达。虽然这次改革没有调整财政收支范围，但是对不符合支持县域经济发展要求的市（地级市）、县收支范围进行了调整。

2005 年 7 月，湖北省政府又增加了 12 个县为扩权县。2006 年 4 月再次增加 10 个县为扩权县。湖北省的扩权县占了全省县级行政区总数的一半以上，省直管县改革已在湖北省大规模地实行。

---

① 这些权限主要有两类：一类是除国家法律、法规有明确规定的事项以外，原来由市（地级市）、自治州审批或管理的事项改为由扩权县自行审批、管理，只报市（地级市）、自治州备案；另一类是须经市（地级市）、自治州审核，报省审批的事项改为由扩权县直接报省审批或审核，仅仅报市（地级市）、自治州备案。

② 李剑军等：《强县扩权：兴县富民的选择》，《湖北日报》2004 年 12 月 29 日。

③ 傅光明：《论"省直管县"财政体制》，《财政研究》2006 年第 2 期，第 22～25 页。

从 2011 年 1 月开始，湖北省所有省级共享税收入全部下划到市、县，作为市、县的固定收入，扩大了市、县财政权限。

湖北省政府通过实施"强县扩权"改革，减少了行政管理层级，扩大了行政管理幅度，大大减少了行政审批、审核环节，减少了信息损失，有助于提高行政效率，极大地调动了县级政府的主动性、积极性和创造性，促进了县域经济的迅速发展。湖北省政府实施"强县扩权"改革，积累了一些有益的转型经验。湖北省政府的"强县扩权"改革，在推动县域经济发展方面产生了良好的作用，对贵州省实施省直管县体制具有相当重要的借鉴意义。

二 重庆市实施直辖市直管县体制的经验

1. 宏观层面的重庆市直管区、县

重庆市实行市政府直接管理区、县体制，对省直管县、市（县级市）体制具有一定的借鉴意义。重庆市辖区面积 8.24 万平方公里，2005 年全市人口有 3100 多万，其中有 600 多万城市人口，2400 多万农村人口[①]，农村人口所占比重大，将近全市人口总数的 80%。重庆市共有 40 个区、县，城乡二元结构特征显著。重庆市按照党中央、国务院"思想领先、平稳过渡"的总体要求，以战略眼光进行行政管理体制调整和创新。其间进行了多次行政区域的调整[②]，撤销了地级市这个中间管理层次，形成了市—区、县—乡镇三个行政层级或市—区（下设街道办事处）两个行政层级，直辖市对所有区、县直接管理，区、县对乡镇直接管理，形成了新的行政管理体制，行政层级呈扁平状态，提高了行政管理效率。重庆市直接管理 40 个区、县。2001～2006 年，乡镇总数由 1499 个减少为 969 个，约减少 35%；街道总数由 88 个增加为 112 个，村总数由 20569 个减少为 9979 个，居委

① 罗德刚：《省直管县的成功范例——庆祝重庆直辖十周年》，《长白学刊》2007 年第 3 期，第 50 页。

② 第一次是 1997 年 12 月，对万州、涪陵、黔江三地区进行调整；第二次是 2000 年 7 月，对全市行政区划整体进行调整；第三次是 2001 年撤销了 12 个区、县的区公所。

会总数由 2652 个减少为 1985 个。[①] 合并乡镇和村（居），减轻了农民和市民的负担，节约了大量行政开支，降低了行政管理成本，提高了行政管理效率。

重庆直辖市直接管理区、县的新型行政管理体制，减少了市（地级市）这个中间管理层次，使区、县管辖面积增大，管理人口数量增加。我国其他省份，下设有地区、市（地级市）、自治州政府机构，并且县、区、自治县、县级市的数量超过了重庆市的县级行政机构。重庆市只设置40个县级单位，平均每个县级单位人口数量为77.3万，高于同类省、直辖市的县级单位所管辖的人口数量，大大减少了行政机构数量和行政人员的编制，全市行政编制约为12.3万名，仅占全国行政编制总额（679万名）的1.8%，比全国各省份平均数少了1/3[②]，这在很大程度上降低了全市的行政管理成本，提高了全市的行政管理效能。

2. 微观层面的"市级执法联动"和"区（县）放权"

重庆市政府为了解决市级行政机关之间执法职责交叉、扯皮推诿、监管缺位、效率不高的问题，进行了直辖市行政管理体制改革，采取了"市级执法联动"措施，来创新行政管理方式，提高行政管理效能。2006 年10 月，重庆市政府颁布了《重庆市人民政府关于市级行政机关整合执法资源实施执法联动改革试点的决定》[③]，明确规定了市级执法联动的范围领域、实行方式、保障措施等内容，是我国第一部统一整合执法资源、实施执法联动的省级政府规章，为重庆市实施市级行政机关执法联动、整合执法资源、降低行政成本、减少执法扰民提供了保障。重庆市实行市级执法联动有助于行政机关形成分工明确、责任到位、优势互补、高效协同的执法联动机制，大大减少行政机关重复执法，避免行政机关执法扰民，提升行政机关执法形象，降低行政机关执法成本，提高行政机关执法效率，增

---

① 罗德刚：《省直管县的成功范例——庆祝重庆直辖十周年》，《长白学刊》2007 年第 3 期，第 51 页。

② 罗德刚：《省直管县的成功范例——庆祝重庆直辖十周年》，《长白学刊》2007 年第 3 期，第 52 页。

③ 《重庆市人民政府关于市级行政机关整合执法资源实施执法联动改革试点的决定》（渝府令〔2006〕197 号），2006 年 10 月 9 日。

强行政机关执法效果，优化全市发展环境。重庆市首创的"市级执法联动"为明晰省级政府职能、提高省级政府行政效率提供了有益的参考。

重庆市政府采取的区、县放权措施是指市政府将部分直辖市管理经济社会的权限下放，授权给区、县行使，以适应区、县经济社会发展的需要，促使区、县经济社会快速发展。重庆市政府通过区、县"放权"，改变了原来"倒金字塔"式的不合理的行政权力结构，有利于把重庆市建成"一中心、多组团、城镇群集合的现代大都市"。2006年12月，《重庆市人民政府关于创新行政管理培育六大区域性中心城市的决定》① 将万州、涪陵、黔江、江津、合川、永川等六个区确立为区域性中心城市。为了贯彻落实该项决定，重庆市人民政府把许可审批权、处罚强制权、税费征收权和人事编制权下放给万州、涪陵、黔江、江津、合川、永川等六个区行使。重庆市实施区、县放权改革试点的主要内容有以下两个方面。

一方面是扩大万州、涪陵、黔江、江津、合川、永川等六个区的行政权项，增强这六个区统筹本地经济社会发展的能力。通过依法界定、依法授予和依法委托三种方式，重庆市政府将原来由市政府或市政府委托各部门行使的一些行政权力交给这六个区政府行使。下放的权力对这六个区的发展具有非常重要的意义：下放的人事编制权主要用于优化机构人事管理，提高各个区的行政机构运行效率；下放的许可审批权主要用于引导和约束区域性中心城市的基础设施配套和产业布局，提高这六个区引进和管理各类投资项目的能力与对本地区经济社会事务的管理能力；下放的处罚强制权主要用于维护正常的行政管理秩序和经济社会事务的运行秩序；下放的税费征管权主要用于增强这六个区的财力，提高其调控本地区经济社会发展和支持重点项目建设的能力。

另一方面是优化资源配置，以增强万州、涪陵、黔江、江津、合川、永川等六个区带动周边经济社会发展的能力。具体采取了以下措施：其一，优化六区的产业规划布局、城市规划布局、工业规划布局以及其他规划布局，促使六区对原有规划进行优化和升级；其二，加强六区的交通基

---

① 《重庆市人民政府关于创新行政管理培育六大区域性中心城市的决定》（渝府令〔2006〕200号）（重庆市人民政府第87次常务会议通过），2006年12月11日。

础设施建设，通信、能源等基础设施建设以及市政公用设施建设，促使六个区与周边区县形成区域交通网络；其三，加大对六区的创新能力、产业项目、招商引资、特色工业园的支持力度，积极谋划辐射带动能力强的重大项目落户这六个区，在更大的市场体系中构建产业链；其四，加大对六区的财政、金融支持力度；其五，强化六区的城市配套基础设施建设，完善六区的区域机构设置，健全六区的金融机构体系，支持各类中介机构、市商业银行在六区内设立分支机构。

直接管理区、县的体制是重庆市在地方行政管理体制改革上的一项重大创新，是在多年的行政管理实践中，不断探索、长期积累的经验总结。重庆市直接管理区、县体制已经形成独具特色的重庆模式，这是省直管县体制的积极尝试，意义重大，值得贵州省借鉴。

三 浙江省实施省直管县体制的经验

在全国推行市管县体制期间，浙江省在综合考虑我国政策和本省省情的基础上，对实施市管县体制有所保留。1980 年，我国实行"撤地管县体制，设市管县体制"改革，即撤销作为派出机构的地区行政公署，实施市管县体制。在全国实行这一改革的过程中，浙江省的做法独具特色：虽然完成撤地建市改革，但地级市并没有真正享有财权、人事权。当时浙江省县域经济发展势头良好，很多县成为全国经济发展的强县，其财政收入在浙江省的财政收入中占有重要地位，1994 年，仅 30 个发达县的财政收入就占到浙江省财政总收入的 70%[①]，一些地级市每年的财政收入还比不上经济发达县。浙江省是我国县域经济最发达的省份，为了满足经济强县随着经济发展的加快而产生的对经济社会事务管理权限的需要，进一步促进县域经济快速发展，浙江省先后于 1992 年、1997 年、2002 年、2006 年和2009 年五次出台相关政策，扩大经济强县在财政、经济管理和社会事务管理等方面的权力。1992 年，浙江省对所辖的 13 个经济发展较快的县、市（县级市）进行扩权，把基本技术改造权和外商投资项目的审批权等下放

---

① 温如春：《谈强县扩权与湖北县域经济发展》，《商业时代》2007 年第 32 期，第 106 页。

给这 13 个经济发展较快的县、市（县级市）行使。1997 年，浙江省赋予萧山、余杭等县、市（县级市）以地级市的部分经济管理权限。2002 年 8 月，浙江省委办公厅下发的浙委办〔2002〕40 号文件①涵盖了计划、国土资源、经贸、外经贸、交通、建设等 12 大类扩权事项，几乎囊括了省、市（地级市）两级政府经济管理权限的所有方面，直接下放了 313 项经济管理权限给绍兴、温岭、慈溪等 17 个县级政府和 3 个区政府。这次下放县、市（县级市）权力遵循了"能放都放"的原则，只要不违反国家法律法规，即除国家法律、法规有明文规定外，以前须经市（地级市）审批或由市（地级市）管理的事项，改由扩权县、市（县级市）自行审批、管理；须经市（地级市）审核、报省审批的事项，由扩权县直接报省审批，报市（地级市）备案。2006 年，浙江省实施了第四轮"强县扩权"改革，即在义乌市进行扩大经济社会管理权限试点。2009 年 6 月，浙江省人民政府制定了《浙江省加强县级人民政府行政管理职能若干规定》②，以政府规章的形式将上级政府部分管理权限赋予县级政府，443 项审批权限一次性下放给县级政府行使，标志着浙江"强县扩权"迈向法制化。

　　浙江省在放权改革的同时，也在"管人和管财"方面进行了改革。在管人方面，浙江省实行县委书记、市（县级市）委书记和县长、市（县级市）长由省级直管的人事制度。"市管县"体制中的人事制度是由市（地级市）级任命县、市（县级市）的主要领导，县、市（县级市）政府官员按照市（地级市）政府领导人的偏好行事，省级政府的决定、政策等很难在县、市（县级市）得到全面贯彻，难以执行到位。在管财方面，浙江省采取县财政体制和结算由省直管，市（地级市）不与所辖县、市（县级市）产生结算关系，具体就是在财政收支划分、专项拨款、预算资金调度、财政年终结算等预算内资金方面，由省直接分配到县、市（县级市），县、市（县级市）财政和市（地级市）本级财政处于平等地位，都直接同

---

① 《中共浙江省委办公厅、浙江省人民政府办公厅关于扩大部分县（市）经济管理权限的通知》（浙委办〔2002〕40 号），2002 年 8 月 17 日。

② 《浙江省加强县级人民政府行政管理职能若干规定》（浙江省政府令第 261 号），2009 年 6 月 16 日。

省财政挂钩。预算内资金由省财政与县财政直接结算，预算外资金由省与市结算，收入划分时实行的是财政递增综合分成。"用人权"和"财政权"都由省委、省政府掌握，自然就减少了市（地级市）对县级的直接干预，这对实施"省直管县"体制具有非常重要的意义。

浙江省实施的"强县扩权"政策，改善了经济强县的发展环境，调动了经济强县政府的积极性，促进了经济强县的经济社会快速发展和综合实力的迅速提高。同时，浙江省实施了"强县扩权"的行政体制改革，精简了经济强县的行政机构，减少了行政层级，提高了行政管理效能，为经济强县的发展增添了新的动力，增强了经济强县的实力，推动了县域经济的快速发展。浙江省财政收入增长迅速，农民人均纯收入居全国前列，以在经济强县实行扩权的方式促进县域经济发展，形成了独具特色的浙江模式。浙江模式已经产生了良好的效果，为其他省份发展县域经济提供了很好的借鉴，贵州省可以吸收浙江模式发展的积极成果，结合本省省情，制定适合县域经济发展需要的政策，促进县域经济快速发展。

四　三省（市）省直管县体制的经验比较

湖北省、重庆市、浙江省是我国最先实施省直管县体制的省级行政区，它们根据各自的区域实际，制定了与本区域相符合的政策，促进了本区域经济社会的发展。然而，它们在实施省直管县体制的过程中既有相同点，又有明显的差别。

（一）湖北省、重庆市、浙江省实施省直管县体制的共同点

第一，三者实施这项体制改革的目的相同。它们都是为了发展县域经济，壮大县域经济实力。

第二，三者采取的措施基本是相同的。它们都是把上级政府行使的权力直接下放，由县级政府行使。

第三，三者采取的放权原则基本相同。它们都是采取能放则放的原则，最大限度地下放权限给县级政府，以利于县级政府更好地运用下放的权限促进县域迅速发展。

第四，三者收到的成效有共同之处。通过改革，县级政府发展经济的

权限扩大，县级政府的主动性、积极性、创造性不断提高，县域经济的发展优势明显地表现出来。

（二）湖北省、重庆市、浙江省实施省直管县体制的差异

第一，三者所辖县域经济发展的基础差异很大。浙江省的县域经济基础雄厚，很多县财政收入超过亿元。重庆市的县域经济基础比较薄弱，城乡二元结构非常明显，农村经济贫困。湖北省的县域经济基础也不够雄厚，无法与浙江的县域经济相比。

第二，三者放权的阻力差异很大。湖北省政府最先把地区、自治州、地级市的权力下放给部分县级政府行使，地区、自治州、地级市从自身利益出发，必然对下放权力采取一些具有阻力的自我保护手段。重庆市通过两次行政管理体制调整，撤销了地级市中间管理层，由直辖市直接管理各个县，能够直接下放权力。浙江省的地级市并没有真正享有财权、人权，地级市很难有机会与县争利，因此浙江省下放权力受的阻力较小。

第三，三者下放权力的力度差异很大。湖北省政府下放了 239 项行政权力给县级政府。浙江省将 313 项原属于地级市政府的权力下放给县级政府行使，省政府也下放了一些权力给县级政府行使。2009 年，以政府规章的形式将 443 项审批权限下放至县级政府，浙江省"强县扩权"已经实现制度化。重庆市放权则主要集中在六个区，对其他区、县的放权比较有限。

第二章

我国地方政府行政层级设置的历史演变

第一节　中华人民共和国成立前地方行政
层级设置变迁

地方政府层级是由地方政府单位间的隶属关系形成的，层级结构体系的具体表现形式，就是由这种隶属关系构成的地方政府体系的层级数。①我国行政层级萌芽于公元前21世纪的夏朝，经过漫长的历史演变、发展，形成与各个朝代相适应的行政层级。县、省作为行政机构在我国历史上影响最为深远，县的历史比省更悠久，秦朝建立郡县制后，历朝的行政体制中，县一直被作为一级地方行政组织，但县的地位随着行政层级的增加变得越来越低。元朝设省作为当时地方最高行政机构，距今已有700多年的历史。元朝的省被称为"行尚书省"，后改为"行中书省"，简称"行省"。

夏朝的国家组织形式简单，以联盟形式为主，夏朝把全国划分为多个诸侯国，各个诸侯国首领效忠夏王朝。

商朝、周朝开始实行分封制，在分封制的基础上建立起强大统一的奴隶制国家，但血缘关系仍占有重要地位。东周王室衰微，诸侯王的力量不断增强。春秋前期，诸侯国的统治沿用西周确立的世袭采邑制。"采邑"是指各级贵族所受封地。在"采邑"内，贵族享有对土地、民众以及军政

---

① 曾伟、罗辉：《地方政府管理学》，北京大学出版社，2006，第44页。

事务的绝对支配权、控制权，可役使家臣处理日常事务，国君的地位和权威受到了严重威胁。

春秋时期，强大的诸侯国开始发展中央集权制，实行行政区划管理。统治者在占有一块新的土地后一般不再实行分封，而是往新占土地派遣官员进行治理，县制由此出现。与此同时，在经济不发达的边远地区开始设郡，战国时期郡、县已经成为普遍的行政区划单位。[1] 春秋中叶，群雄逐鹿，强大的诸侯国通过战争征服弱小的诸侯国，在被征服地区实行由国君直接控制的郡县制。《左传》记载，楚武王、楚文王灭掉权、申、息等小国后，在这些被征服的小国建立了县。晋国、齐国、吴国等诸侯强国也设置了县，由国君派人管辖。春秋末年，县已经成为一种普遍的行政机构。春秋末年、战国初期，郡、县建制开始出现。诸侯之间兼并战争频繁，实力雄厚的诸侯国兼并弱势诸侯国，在新征服地区设立郡或县，实行直接管理和控制，郡、县之间彼此没有隶属关系。郡设置在偏远的边疆地区，管辖区域大，但实力不强；县设置在腹地和核心地区，经济实力较强。郡、县长官直接受国君的领导和控制。当时郡县的数量不多，所以还不能称作真正的郡县制。

秦统一六国后，为了加强对全国的统治，秦朝统治者吸取了春秋战国以来分封制导致群雄并立的教训，在改进了春秋战国出现的郡县制的基础上，全面推行郡县制。秦朝统治辖区的广阔与复杂超过了此前任何一个诸侯国，郡的行政地位提升，郡管辖县，县隶属于郡，形成了二级地方行政管理体制，中央集权制的国家行政体系形成。秦朝实行郡县制是我国政治制度史上划时代的变革，郡县制是土地私有制不断发展和世卿世禄制崩溃的产物，是秦始皇审时度势的明智选择。公元前221年，秦始皇"分天下以为三十六郡，郡置守、尉、监"[2]。后来郡的数量不断增加，达到46郡，管辖全国1000多个县。中央集权体制下郡县制作为地方基本行政单元的体制和县作为最低一级地方行政单位的模式在秦朝基本确立。

西汉继续采用秦朝的管理方式，仍然实行郡县两级制，同时设置封

---

① 刘君德、靳润成、周克瑜编著《中国政区地理》，科学出版社，1999，第79页。
② 司马迁：《史记》，中华书局，2008，第152页。

国、侯国、邑、道，封国与郡同级，侯国、邑、道与县同级。西汉初年疆域与秦朝时基本一致，仍采用郡县制的二级行政区，实行两级地方管理体制。汉武帝不断拓展疆土，郡县的数量剧增，西汉时设置了83个郡、20个封国，全国共设置了103个郡、封国，设置了1587个县级政区，平均每个郡国的管理幅度为15个县。为了巩固统治，汉武帝又设置了十三州刺史部，负责监察各郡官员的政绩。[1] 刺史部是中央政府和郡之间的一级虚化建制，这种建制持续到东汉末年。郡县之间实行直接管理，郡直管县体制体现出极强的稳定性和生命力。

东汉时期，继续沿用西汉的虚三级地方管理体制，在全国设置了105个郡、封国[2]，还设置了县、道、侯国、邑。东汉末年，州的地位提升，成为一级正式的地方行政区划，形成了州—郡（国）—县实三级体制。魏晋南北朝基本沿用了这种地方管理体制。总之，在两汉至魏晋南北朝时期，基本上是实行郡直管县体制。

隋朝统一全国后，撤销了郡，由州直接管辖县，实行州县二级制，州（府）县制逐渐取代了郡县制，隋朝在全国设置了1255个左右的县。[3]

唐初沿用隋制，采用州县二级制，并按照地望与户数的双重标准，对全国所有的县进行登记划分。唐朝后期，设置了道，道是州之上的监察区，实行了虚三级制。随后，道不断实化，成为州之上的一级建制，确立了实三级制的地方行政区划。

五代十国的行政区设置基本沿袭了唐末时期的地方管理体制，实行三级制。

北宋撤销道一级行政区，设立了新行政区——路，路管辖府、州、军，府、州、军管辖县，从而形成了路—府、州、军—县的体制，实行三级制。

① 周振鹤：《中央地方关系史的一个侧面（上）——两千年地方政府层级变迁的分析》，《复旦学报》（社会科学版）1995年第3期，第152页。

② 黄权生、杨光华：《浅释中国古代一级政区方位名称变迁》，《湖北社会科学》2007年第10期，第107页。

③ 周振鹤：《中央地方关系史的一个侧面（上）——两千年地方政府层级变迁的分析》，《复旦学报》（社会科学版）1995年第3期，第154页。

元朝设置了省—路—府—州—县五级地方管理体制，有时实行最简单的两级制，普遍实行的是三级制和四级制，在省与路、府、州、县之间设置道，在边疆地区设置军、安抚司、长官司、招讨司等，隶属关系不一。① 元朝的县实行分等制度，按照分等制度划分县域。元朝推行了行中书省制度（简称行省制），把全国分为12个大行政区，即在中央京师附近设置中书省，其他各地方共设置11个行中书省（简称"行省"或"省"），分别为辽阳、岭北、陕西、甘肃、四川、云南、湖广、江西、江浙、河南等省，另加一个宣政院辖地（大致相当于现在的青海、西藏地区）。元朝的省和县建制比较稳定，虽然省与县之间行政区划的变化比较频繁，但元朝统治期间，全国基本上实行省—府—路—州—县体制。

明朝最高地方行政机构是布政使司，布政使司下辖府、州、县。明朝把行中书省改为承宣布政使司，除京师所在地以及南京地区不设布政使司，分别称为北直隶和南直隶外，全国其他地区被划分为13个承宣布政使司，即山东、山西、陕西、云南、四川、贵州、广西、广东、福建、浙江、江河、湖广、河南。承宣布政使司的范围基本上与元朝的省辖范围相当，学术界仍习惯称"省"，省下设府，府下设县。因此，明朝地方行政管理机构分省—府—县三级。元朝撤销了路的建制，只设府—州—县三级。②

清朝最高一级行政区是省，由于边疆有政治统治的特殊要求，故设立了将军辖区和办事大臣辖区，清朝将全国分为18个省、5个将军辖区、2个办事大臣辖区等共25个一级行政区域和中央理藩院统管的内蒙古等旗盟。③ 清朝的总督为地方最高长官，管理一省或二三省事务。省下设置府（州、厅）、县，形成了省—府、州、厅—县三级地方行政管理体制。

北洋军阀政府实行省—道—县三级地方行政管理体制。

民国初年，地方最高一级行政区沿用清末的23个省，废除了府（州、厅）一级，实行省—道—县三级制，后来又撤销道一级，设置了行署，行

---

① 周振鹤：《中央地方关系史的一个侧面（上）——两千年地方政府层级变迁的分析》，《复旦学报》（社会科学版）1995 年第 3 期，第 53 页。

② 周振鹤：《中央地方关系史的一个侧面（上）——两千年地方政府层级变迁的分析》，《复旦学报》（社会科学版）1995 年第 3 期，第 54 页。

③ 刘君德、靳润成、周克瑜编著《中国政区地理》，科学出版社，1999，第 109 页。

署是省政府的派出机构。南京国民政府时期，行政区划方面最大的变化是城市型行政区划的正式确立，取得了与省、县等政区相同的地位。截至1947年6月，全国共设置省级行政单位48个，其中包括35个省、1个地方（西藏）、12个院辖市，以下设57个省辖市、2016个县、40个设治局、1个管理局、131个旗。[①]

我国行政层级体制从夏朝到现在，先后经历了萌芽时期、郡县制时期、州制时期、道（路）制时期和省制时期五大阶段。我国历史上行政层级体制的变动虽然十分频繁，但从历代行政区划层级演变的过程来看，两千多年来，最常采用的是实三级，有时则是虚三级[②]，三级制是我国历史上行政层级的主要形式。

第二节 新中国成立后地方政府行政层级设置状况

新中国成立后，由于各个时期社会主义革命和建设的主要任务在变化，行政区划包括省县两级行政体制需要进行一系列的调整和改革，以顺应社会主义事业的发展。我国行政区划体制经历了几次大的调整，行政区划总趋势是减少行政区划层级和数量，建立了民族区域自治体制和特别行政区体制。

一 新中国成立初期我国地方行政层级：四实二虚制

新中国成立后，行政区划进行了较大调整。新中国成立之初，我国地方行政层级实行大区—省—专区—县—县辖区—乡四实二虚制，当时全国分为5个大行政区、1个事务部，下设1个自治区、1个地方政府、29个省、13个直辖市、8个省级行署等共52个省级行政区。省县之间设立专区，专员公署为省政府派出机构。[③]

---

① 郑宝恒:《民国时期行政区划变迁述略（1912—1949）》,《湖北大学学报》(哲学社会科学版）2000年第2期，第92页。

② 李晓杰:《体国经野——历代行政区划》，长春出版社，2004，第237页。

③ 中华人民共和国行政区划（1950年），中华人民共和国中央人民政府网，http://www.gov.cn/test/2007 - 03/23/content_558725. htm。

当时，国家适当缩小了省建制的管辖范围，现辽宁省被划为辽东省和辽西省两省；现四川省被划分为川东、川西、川南和川北四个行署区。省以下设置县级行政区，省和县之间设置了省政府的派出机构——专员公署（专区），县以下设置乡级行政区，县与乡之间设置了县政府的派出机构——县辖区（区公所）。[1]

1952年，我国调整了一些省级行政区：其一，皖北和皖南两个行署区合并为安徽省，川东、川西、川南与川北四个行署区合并为四川省，苏南和苏北两个行署区合并为江苏省；其二，大行政区的军政委员会一律改为行政委员会；其三，撤销察哈尔省，将其管辖区域并入山西省、河北省，撤销平原省，将其管辖区域并入山东省、河南省；其四，南京市降为江苏省辖市，哈尔滨、长春2个市提升为中央或大行政区的直辖市。经过行政区划的调整和合并，我国省级行政区划由52个缩减到46个，其中包括30个省、14个中央或大行政区直辖市、1个民族自治区、1个地方政府。[2]

二 1954年至"文化大革命"前我国地方行政层级：三实一虚制

1954年至"文化大革命"前，我国实行省—专区、市（地级市）—县—人民公社三实一虚制。1954年6月19日，中央人民政府委员会第三十二次会议通过的《中央人民政府关于撤销大区一级行政机构和合并若干省、市建制的决定》指出："在大区一级机构撤销之后，为了便利中央对于省、市的领导，特别是为了适应国家经济建设的要求，合并一些省市，减少一些中央直接领导的行政单位，是很必要的。"根据该决定，撤销了大区建制，对省区进行了调整。撤销辽东、辽西两个省建制，合并改为辽宁省；撤销松江省建制，与黑龙江省合并为黑龙江省；撤销宁夏省建制，将其所辖区域合并到甘肃省；沈阳、旅大、鞍山、抚顺、本溪、哈尔滨、

---

① 谢庆奎、杨宏山：《对我国地方行政层级设置的思考》，《红旗文稿》2004年第4期，第11页。

② 中华人民共和国行政区划（1952年），中华人民共和国中央人民政府网，http://www.gov.cn/test/2007-03/23/content_558770.htm。

长春、武汉、广州、西安、重庆等 11 个中央直辖市改为省辖市，分别并入辽宁、黑龙江、吉林、湖北、广东、陕西、四川省建制。1957 年，撤销热河和西康两省，将其所辖区域分别并入其他省份，省级行政区缩减到 32 个。省以下的行政区也发生了一些变化，专区通过多次调整，变化很大，1957 年底、1958 年底、1965 年底分别调整为 140 个、121 个、168 个。区公所通过多次调整，数量也有很大的变化，1954 年后区公所全部定为县政府的派出机构，1955 年底区公所缩减到 14959 个，县直接管理乡镇体制实行后，区公所的数量进一步减少，1958 年后大部分地方的县辖区取消。乡在 1954 年后被确立为农村的基层行政区，其后进行了调整合并。1958 年，全国推行人民公社，当时共设有人民公社 26593 个。[①]

国家在少数民族自治区设立了民族自治区：1955 年 10 月 1 日，新疆维吾尔自治区成立；1958 年 3 月 5 日，广西僮族自治区（1965 年 10 月 12 日改名为"广西壮族自治区"）成立；1958 年 10 月 25 日，宁夏回族自治区成立；1965 年 9 月 9 日，西藏自治区成立。

1958 年，河北省撤销天津地区，设立天津市，将原天津地区所辖的 11 个县划入天津市，开创了地级市领导县的先例。1959 年 9 月 17 日，第二届全国人民代表大会常务委员会第九次会议通过的《关于直辖市和较大的市可以领导县、自治县的决定》为市管县体制提供了政策依据，市管县体制得到更进一步的发展。

三 "文化大革命"期间我国地方行政层级：四级制

"文化大革命"期间，省级行政区的调整不大，内蒙古自治区东部和西部部分地域分别划归黑龙江、吉林、辽宁和宁夏，其余省级行政区较稳定；1967 年，天津市升格为中央直辖市，全国共有 30 个省级单位，其中包括 22 个省、5 个自治区、3 个直辖市；[②] 1970 年，专区更名为地区，地区成为一级正式的行政区划，至此形成了省、自治区、直辖市—地区—县

[①] 刘君德、靳润成、周克瑜编著《中国政区地理》，科学出版社，1999，第 126 ~ 127 页。

[②] 中华人民共和国行政区划（1967 年），中华人民共和国中央人民政府网，http://www.gov.cn/test/2007 - 03/23/content_558926.html。

—人民公社四级制。

第三节 我国现行地方行政层级设置状况

一 我国现行地方行政层级设置类型

当前我国行政层级存在两级制、三级制、四级制等三种类型。

两级制只存在于直辖市的城区，实行直辖市—市辖区两级，市辖区是基层地方政府。

三级制有四种情形：第一种情形为直辖市—县、郊区—乡、镇；第二种情形为省、自治区—设区的市—市辖区；第三种情形为省、自治区—县、自治县、县级市—乡、镇；第四种情形为省、自治区—自治州—县级市。

四级制主要有两种情形：第一种情形为省、自治区、直辖市—设区的市—县、自治县、郊区、县级市—乡、民族乡、镇；第二种情形为省、自治区、直辖市—自治州—县、自治县、县级市—乡、民族乡、镇。

上述三大层级中，四级制是我国最为典型的地方行政层级形式。[1]

改革开放以来省级行政区发生了一些变化和调整。1979 年内蒙古自治区恢复了 1969 年 7 月前的辖区，辽宁、吉林、黑龙江、宁夏恢复原状。1988 年 4 月，海南省设立。1997 年 3 月，重庆直辖市设立。1997 年 7 月 1 日和 1999 年 12 月 20 日分别设立香港和澳门 2 个特别行政区。截至 2002 年，全国共设有 23 个省、5 个自治区、4 个直辖市和 2 个特别行政区，共 34 个省级行政区。[2]

省以下行政区划的变化比较明显，1978 年发布的《中华人民共和国宪法》将地区再次改为省政府派出机构，不再作为一级正式行政区划；1982 年，《中共中央、国务院关于省、市、自治区党政机关机构改革若干问题

---

① 谢庆奎、杨宏山：《对我国地方行政层级设置的思考》，《红旗文稿》2004 年第 4 期，第 11 页。

② 中华人民共和国行政区划沿革，行政区划网，http://www.xzqh.org/html/list/10100.html。

的通知》指出："在经济发达地区将省辖中等城市周围的地委、行署与市委、市政府合并，由市管县管企业。"[①] 中央在江苏进行地市（地级市）合并试点，批准江苏省在全省范围内撤销地区行政公署，实行市（地级市）管县体制。1983 年 2 月，中共中央、国务院发布的《关于地市州党政机关机构改革的若干问题的通知》指出，以经济发达的城市为中心，以广大农村为基础逐步实行市领导县体制。随后，各省份纷纷开始"市管县"体制试点，即使不具备"市管县体制"条件，也在争取"撤地设市"改革，地、市（地级市）合并和撤地设市（地级市）致使"地级市"不断增多，地区数量锐减，加之自治州使省县之间的"地级"行政区实化，截至 2006 年底，全国共设置 283 个地级市。除内蒙古（3 个盟）、青海（1 个）、黑龙江（1 个）、贵州（2 个）、西藏（6 个）、新疆（7 个）等省级行政区仍设有 20 个地区、盟外，其他省级行政区的地区行政公署都被撤销，以地级市政府取而代之。[②] 市管县体制的实施，已经突破了宪法所确定的层级原则，宪法规定只有直辖市和较大的市才可以分为区、县，而实际上 235 个地级市中，辖区、县的非较大的地级市就有 230 个，约占 98%。[③]

县行政区数量急剧减少的主要原因是撤县设市和撤县设区。撤县设市使县级市数量大大增加。1949 年，全国有 2125 个县（自治县、旗、自治旗）、66 个县级市。[④] 截至 2002 年底，全国仅有 1646 个县（自治县、旗、自治旗），但县级市达到 381 个。[⑤] 2002 年比 1949 年减少了 479 个县（自治县、旗、自治旗），减少了 22.5%，但是 2002 年县级市数量是 1949 年的 5.8 倍。

县以下的行政区划变动更为显著，《中华人民共和国宪法》（1982 年）规定，人民公社不再作为一级行政区，1985 年初，全国范围内完成了撤社设

---

① 《中共中央、国务院关于省、市、自治区党政机关机构改革若干问题的通知》（中发〔1982〕51 号）。

② 中华人民共和国行政区划（2007 年），行政区划网，http://www.xzqh.org。

③ 中华人民共和国行政区划（2007 年），行政区划网，http://www.xzqh.org。

④ 刘君德、靳润成、周克瑜编著《中国政区地理》，科学出版社，1999，第 254 页。

⑤ 中华人民共和国行政区划（2002 年），行政区划网，http://www.xzqh.org/old/yange/2002.htm#tj。

乡（镇）的工作，大多数地方又恢复了区作为县政府的派出机构。随着城镇化进程的加速，撤销大量乡，并将其建成相应的镇。20 世纪 90 年代中期，裁撤县辖区。1998 年底，除少数地区外，全国撤区并乡设镇工作基本完成。

截至 2009 年底，全国共有 34 个省级行政区，其中包括 4 个直辖市、23 个省、5 个自治区及 2 个特别行政区；333 个地级行政区划单位，其中包括 283 个地级市、17 个地区、30 个自治州及 3 个盟；2858 个县级行政区划单位，其中包括 855 个市辖区、367 个县级市、1464 个县、117 个自治县、49 个旗、3 个自治旗、2 个特区及 1 个林区；40858 个乡级行政区划单位，其中包括 2 个区公所、6686 个街道、19322 个镇、13653 个乡、1098 个民族乡、96 个苏木及 1 个民族苏木。①

截至 2017 年，全国共有 34 个省级行政区，其中包括 4 个直辖市、23 个省、5 个自治区及 2 个特别行政区；334 个地级行政区划单位，包括 294 个地级市、7 个地区、30 个自治州及 3 个盟；2851 个县级行政区划单位，包括 962 个市辖区、363 个县级市、1355 个县、117 个自治县、49 个旗、3 个自治旗、1 个特区及 1 个林区；40497 个乡级行政区划单位，包括 2 个区公所、7566 个街道、20117 个镇、11626 个乡、1034 个民族乡、151 个苏木及 1 个民族苏木。②

二　我国目前行政区划设置的特点

1. 省级行政区之间的规模悬殊

我国省、自治区、直辖市之间规模悬殊，很多省级单位的面积大小与人口数量不相适应，行政区划存在很多不足，行政区划设置不是很规范。

我国是一个人多地广的大国，受历史传统、风俗习惯、民族分布、地理状况等因素的影响，形成规模不等的省级行政区。从 2009 年我国各省级行政区的面积、人口和管辖行政层级来看，其规模相差较大（见表 2.1），主要体现在以下几个方面。

---

① 2009 年全国政区统计，行政区划网，http://www.xzqh.org/html/2010/0802/4857.html。
② "行政区划" 词条，360 百科，http://baike.so.com/doc/5407734 - 5645671.html。

表 2.1 各省级行政区的面积、人口和管辖行政层级情况

名次	省级行政区	面积（万平方公里）	省级行政区	人口数量（万人）	省级行政区	地级单位数量（个）	省级行政区	县级单位数量（个）
1	新疆	166	河南	9967	四川	21	四川	181
2	西藏	122.84	山东	9470.3	广东	21	河北	172
3	内蒙古	118.3	四川	8185	安徽	17	河南	159
4	青海	69.66	广东	7859	山东	17	山东	140
5	四川	48.5	江苏	7724.5	河南	17	云南	129
6	黑龙江	45.4	河北	7034.4	云南	16	黑龙江	128
7	甘肃	40.5	湖南	6900.2	新疆	14	湖南	122
8	云南	39.4	安徽	6131	甘肃	14	广东	121
9	广西	23.63	湖北	5720	辽宁	14	山西	119
10	湖南	21.857	浙江	5180	湖南	14	广西	109
11	陕西	20.56	广西	5092	广西	14	江苏	106
12	吉林	19.54	云南	4571	陕西	14	安徽	105
13	河北	19	江西	4432	黑龙江	13	湖北	103
14	湖北	18.59	辽宁	4319	江苏	13	内蒙古	101
15	广东	17.98	黑龙江	3826	湖北	13	辽宁	100
16	贵州	17.61	贵州	3798	内蒙古	12	江西	99
17	江西	16.69	陕西	3772	河北	11	新疆	98
18	河南	16.56	福建	3627	山西	11	浙江	90
19	山西	15.6	山西	3427	浙江	11	贵州	88
20	山东	15.3	重庆	2859	江西	11	甘肃	86
21	辽宁	14.57	吉林	2739.55	吉林	9	陕西	86
22	安徽	13.96	甘肃	2635.46	福建	9	福建	85
23	福建	12.14	内蒙古	2422.07	贵州	9	西藏	73
24	江苏	10.26	台湾	2312	青海	8	吉林	60
25	浙江	10.18	新疆	2158.63	西藏	7	青海	43
26	重庆	8.24	上海	1921.32	宁夏	5	重庆	40
27	宁夏	6.64	北京	1755	海南	2	宁夏	22
28	台湾	3.6	天津	1228.16	北京		海南	20
29	海南	3.5	海南	864.07	天津		北京	18
30	北京	1.68	香港	702.64	上海		上海	18

续表

名次	省级行政区	面积（万平方公里）	省级行政区	人口数量（万人）	省级行政区	地级单位数量（个）	省级行政区	县级单位数量（个）
31	天津	1.13	宁夏	625.2	重庆		天津	16
32	上海	0.634	青海	557.3	香港		台湾	
33	香港	0.11	西藏	290.03	澳门		香港	
34	澳门	0.0029	澳门	54.22	台湾		澳门	

注：表格中没有标出地级单位数量的省级行政区有北京、天津、上海、重庆、香港、澳门、台湾；没有标出县级单位数量的省级行政区有台湾、香港、澳门。

资料来源：2009 年全国行政区统计，行政区划网，http://www.xzqh.org/html/2010/0802/4857_3.html。

其一，各省级行政区的面积差别大。香港、澳门面积狭小；重庆市面积较大，其他三个直辖市面积都比较狭小；面积在全国排前三位的省级行政区都是民族自治地方，均超过 100 万平方公里；面积在 40 万到 100 万平方公里的省级行政区有 4 个；面积在 30 万到 40 万平方公里的省级行政区只有 1 个；面积在 20 万到 30 万平方公里的省级行政区只有 3 个。其余的省级行政区面积都在 20 万平方公里以下；面积最大的省级行政区新疆有 166 万平方公里，海南省有 3.5 万平方公里，宁夏有 6.64 万平方公里，新疆的面积是海南的 47 倍多，新疆面积是宁夏的 25 倍，新疆面积是我国多数省级行政区的 10 倍左右。

其二，各省级行政区的人口数量差别大。澳门人口数量不多，只有 54.22 万。其他省级行政区的人口情况如下：9000 万及 9000 万人口以上的省级行政区有 2 个；8000 万到 9000 万人口的省级行政区有 1 个；7000 万到 8000 万人口的省级行政区有 3 个；6000 万到 7000 万人口的省级行政区有 2 个；5000 万到 6000 万人口的省级行政区有 3 个；1000 万人口以下的省级行政区有 6 个，其余 17 个省级行政区的人口数为 1000 万到 5000 万。人口最多的河南省有 9967 万，西藏人口有 290.03 万，河南省人口是西藏人口的 34 倍多，河南人口是多数省级行政区人口的 2 倍以上。

其三，各省级行政区的地、县设置的数量差别大。地级单位数目在 20 个以上的省级行政区有 2 个，地级单位数量在 10 个到 20 个的省级行政区有 18 个，地级单位数目在 10 个以下的省级行政区有 7 个；地级单位数量最多的四川和广东都有 21 个，海南的地级单位有 2 个，宁夏的地级单位有 5 个，各级行政区设置的地级单位数量相差很大。县级设置差别也很大：设置县级单位的数量在 100 个及以上的省级行政区有 15 个，设置县级单位的数量在 50 到 100（不包括 100）个的省级行政区有 9 个，设置县级单位的数量在 50 个以下的省级行政区有 7 个。县级单位设置最多的省级行政区四川有 181 个县，设置数量最少的天津只有 16 个县。四川省的县明显比其他省级行政区的县要多。各省级行政区的地级单位数量、县级单位数量差异明显，给统一管理带来诸多不便，在行政区划改革的过程中要尽量克服这些不足。

其四，我国很多省级行政区的人口数量与面积大小明显不匹配。新疆的面积最大，但人口稀少，人口在我国所有省级行政区中排第 25 位；西藏的面积居于第 2 位，但人口数量居全国倒数第 2 位；河南的人口数量最多，但面积居所有省级行政区的第 18 位。

2. 地方行政区划层级多，省级和地级管理幅度小

行政管理层级与行政管理幅度成反比，行政管理幅度大则行政管理层级少，行政管理幅度小则行政管理层级多。我国省级行政区规模过大，导致行政管理层级过多。党的十一届三中全会后，我国经济迅速发展，城市的作用日益凸显，市管县体制再度兴起。江苏省率先在经济比较发达的地区实行地市合并，实行市管县体制，这种体制能克服经济活动中城乡分割、多头领导的矛盾。1983 年 2 月发布的《中共中央、国务院关于地市州党政机关机构改革的若干问题的通知》决定推广市管县行政体制和实行地市合并或地改市，随后全国各省级行政区普遍实行了市管县体制。我国宪法规定地方行政层级实行省、自治区、直辖市—县、县级市、旗、自治旗—乡、镇三级制，而推行了市管县行政体制和地市合并或地改市后，在省和县之间新增加了地级市这一行政层级，形成了现在的省、自治区、直辖市—市（地级市）、自治州—县、县级市—乡、镇四级制，有些地方还存在五级制甚至六级制。与我国历史上的地方行政层级相比，当前地方行政区划层级过多。我国历史上，在秦朝至民国末的 2100 多年中，290 年为二级制地方行政区划，占 13.6%；610 年为虚三级制地方行政区划，占

28.7％；600 年为实三级制地方行政区划，占 28.2％；276 年为三、四级并存制地方行政区划，占 13.0％；350 年为多级制地方行政区划，占 16.5％。[①]

与其他一些国家的地方行政区划相比，我国地方行政区划层级过多，目前世界上多数国家的地方行政层级为二级或三级，而我国的地方行政区划有四级。与发达国家管理幅度相比，我国省级和地级行政区划管理幅度太小，美国平均一个一级行政区管理 400 多个二级行政区，日本平均一个一级行政区管理 69 个二级行政区，德国平均一个一级行政区管理 20.5 个二级行政区。根据我国民政部地名司的数据，我国平均一个省级行政区仅管辖 10.7 个地级单位，而平均一个地级行政区管辖 8.6 个县级单位，其中还包括一些市辖区。

3. 行政区划设置欠规范

我国行政区划的设置欠规范，主要表现在以下几个方面。一是各级行政区的名称不统一。省级行政区有省、自治区、直辖市、特别行政区四种类型；地级行政区有市、地区、自治州、盟四种类型；县级行政区有县、市（县级市）、自治县、旗、市辖区、郊区等多种不同类型；乡级行政区有乡、镇、街道办事处等类型。市的设置尤其混乱，同样名称的市表示不同级别的行政单位。从直辖市、副省级市、地级市、副地级市到县级市都称为市；有整县改市的包含广大农村的市，也有切块而设的纯粹市；市的规模相差很大，有人口达 3000 多万、面积达 8.24 万平方公里的重庆市，也有许多面积仅几百、几十平方公里，人口只有几万的城市，不但市的规模差别大，市与市的面积、人口更是相差百倍、千倍。市行政等次不同、规模不一，带来了许多混乱。行政区名称不统一，不利于统一管理，增加了彼此交往的难度。

二是我国有很多同名的行政区划设置。我国有三个"东山区"，分别是新疆乌鲁木齐的"东山区"、黑龙江省鹤岗市的"东山区"以及广州市的"东山区"。

三是行政区与自然区、经济区关系不协调。从自然区—经济区—行政

---

① 浦善新：《中国历代行政区划研究》，载中国行政区划研究会编《中国行政区划研究》，中国社会出版社，1991，第 226 页。

区三者的关系来看，行政区通常根据政治、经济、历史、民族等因素设置，自然区通常是岩石、地貌、气候、水文、土壤等自然地理成分具有相对一致性的区域，经济区是在劳动地域分工基础上形成的不同层次和各具特色的地域经济单元。行政区、自然区、经济区形成的要素不同，因此行政区、自然区、经济区的区域范围不一致。行政区割裂了自然区、经济区，破坏了自然区的相对完整和协调，不利于经济区内部的要素流通和外部整合，在一定程度上制约了经济的发展。

第四节　贵州省行政层级设置的历史演变

一　新中国成立前贵州行政层级设置变迁

贵州省行政区划和地方行政层级设置经历了一个萌芽、形成、发展的漫长过程，从秦朝一直到宋朝，各个朝代的中央政府都只是对贵州局部地区进行治理，到了明朝，贵州才正式成为我国的一个地方省份，现有的贵州地域到了清朝才正式划定，民国时期中央政府在贵州已经建立了比较完善的行政机构。

秦统一全国后，在夜郎国部分地方设立郡县。西汉王朝在夜郎地区继续推行郡县制，东汉王朝实行羁縻与郡县并行的统治制度。唐朝以乌江为界，推行经制州与羁縻州并行的两种制度，乌江以南地区属羁縻州，由当地民众首领治理，乌江以北地区多属于经制州，由朝廷直接派官员治理。宋朝，贵州实行羁縻州、经制州和藩国并存的制度。元朝，贵州普遍实行土司制度。

明朝，在贵州设置布政使司，下设镇远、新化、思南、铜仁、乌罗、黎平、思州和石阡8个府，设置镇宁、永宁（今关岭）、普安和安顺4个州，设置普定、龙里、平越（今福泉）、毕节、都匀、新添（今贵定）、清平（今凯里）、安庄（今镇宁）、平坝、赤水、安南（今晴隆）、兴隆（今黄平）、永宁、威清（今清镇）和乌撒（今威宁）等15卫与金筑安抚司（今长顺），自此贵州正式成为全国第13个行省。

清朝初期，贵州仍沿用明朝的行政划分。1665 年，乌撒府改为威宁府，又设置黔西府、平远府（今织金）和大定府（今大方）。公元 1727年，原属四川的遵义府（包括所属县）划归贵州，另外，原属广西的荔波和原属湖广的平溪、天柱也划归贵州管辖，今贵州的地域基本形成。清朝后期，贵州地方行政区划按府、州、厅、县设置。

民国时期，设置 3 道、81 县。1913 年，府、州、厅一律改为县。1920年废除道。

1935 年，国民党直接统治贵州，实施行政督察专员制度，全省共划分为 11 个行政督察区：第一行政督察区专员公署驻番县，管辖 10 个县；第二行政督察区专员公署驻安顺县，管辖 8 个县；第三行政督察区专员公署驻兴仁县，管辖 8 个县；第四行政督察区专员公署驻毕节县，管辖 5 个县；第五行政督察区专员公署驻桐梓县，管辖 7 个县；第六行政督察区专员公署驻思南县，管辖 8 个县；第七行政督察区专员公署驻平越县，管辖 6 个县；第八行政督察区专员公署驻镇远县，管辖 7 个县；第九行政督察区专员公署驻铜仁县，管辖 6 个县；第十行政督察区专员公署驻黎平县，管辖 7 个县；第十一行政督察区专员公署驻独山县，管辖 9 个县。同年，撤凯里分县，并入炉山县。[①] 1936 年合为 8 区，1937 年合为 6 区。

二 新中国成立后贵州地方政府行政层级设置状况[②]

新中国成立后，贵州省设置了专区、地级市—县、市辖区—乡的行政层级，因经济、文化、民族、历史、地理等因素的影响，贵州省的行政层级尤其是县级变化很大，贵州省地区、县两级设置经历了五次大的变动。

第一次，从 1949 年 11 月到 1951 年底，贵州省建立了新的地方行政层级。

1949 年 11 月 15 日，贵阳市解放。11 月 22 日，贵阳市军事管制委员会成立。11 月 23 日，贵阳市人民政府成立。1949 年底，贵州省辖 8 个专区、1 个省辖市，79 个县、7 个市辖区。

---

① 贵州清末民国时期沿革，行政区划网，http://www.xzqh.org/html/2008/0717/18712.html。

② 本节资料来源：贵州概览，行政区划网，http://www.xzqh.org/html/gz/。

1950 年底，设立遵义市（县级）。1951 年底，撤销遵义市，并入遵义县。

第二次，从 1952 年到 1957 年底，民族自治地方陆续建立自治机构（县级）。

1952 年 9 月 5 日，设立贵阳市郊区，以第五区、第六区、第七区合并设置。7 月 9 日，设立遵义市，以遵义县城关镇为其行政区域。11 月 8 日，省直辖的贵筑县划归贵阳专区。12 月 4 日，独山专区更名为都匀专区；贵阳专区更名为贵定专区；兴仁专区更名为兴义专区。12 月 13 日，撤销惠水县，设立惠水县苗族补伊族联合自治区；撤销丹寨县，设立丹寨县苗族自治区；撤销炉山县，设立炉山县苗族自治区。

1953 年 6 月 12 日，平越县更名为福泉县；撤销贵阳市第四区，并入第三区。

1954 年 1 月 29 日，撤销台江县，设立台江县苗族自治区；惠水县苗族补伊族联合自治区更名为惠水县布依族苗族自治区。6 月 26 日，撤销雷山县，设立雷山县苗族自治区；撤销罗甸县，设立罗甸县苗族自治区。9 月 11 日，撤销威宁县，设立威宁县彝族回族苗族自治区。

1955 年 8 月 19 日，贵阳市第一区更名为云岩区；第二区更名为富水区；第三区更名为南明区。12 月 26 日，炉山县苗族自治区更名为炉山苗族自治县；台江县苗族自治区更名为台江苗族自治县；雷山县苗族自治区更名为雷山苗族自治县。

1956 年 9 月 11 日，撤销三都县，设置三都水家族自治县；撤销贵阳市花溪区、中曹区、金华区、乌当区、黔灵区，设立郊区。

第三次，从 1958 年到 1960 年，县级数量精简、县级市数量增加。

1958 年，贵州省行政区划有两大变动：一是小县并为大县，县的范围扩大、数量减少；二是增加建制市的数量，扩大了市区的范围。12 月 20 日，撤销龙里县、紫云县、福泉县、荔波县等 27 个县，分别并入其他的县。

1959 年 1 月 31 日，鳛水县改名为习水县；婺川县改名为务川县。

1960 年 5 月 26 日，设立六枝市，撤销郎岱县，以原郎岱县的行政区域为六枝市的行政区域。

第四次，从 1961 年到 1986 年，县级行政区数量增加，自治地方自治县恢复。

1961 年 8 月 16 日，恢复遵义县、余庆县、贞丰县、册亨县等 20 个县。

1962 年 10 月 20 日，恢复施秉县、三穗县；设立台江县、丹寨县；撤销都匀市，恢复都匀县；撤销安顺市，恢复安顺县；撤销六枝市，恢复六枝县。

1963 年 5 月 20 日，撤销镇宁县，设立镇宁布依族苗族自治县；撤销惠水县，恢复惠水布依族苗族自治县。10 月 23 日，撤销惠水布依族苗族自治县，恢复惠水县；恢复开阳县划归遵义专员公署领导；清镇、修文两县划归安顺专员公署领导。

1965 年 7 月 15 日，原由遵义专员公署领导的息烽、开阳两县，划归安顺专员公署领导。7 月 28 日，设立兴义专员公署，领导兴义、兴仁、盘县、普安及晴隆 5 县和黔南布依族苗族自治州的安龙、贞丰、册亨及望谟5 县；黔南布依族苗族自治州所属的紫云县划归安顺专员公署领导。11 月13 日，撤销安龙县，设立安龙布依族苗族自治县；撤销贞丰县，设立贞丰布依族苗族自治县；撤销册亨县，设立册亨布依族苗族自治县；撤销望谟县，设立望谟布依族苗族自治县；撤销紫云县，设立紫云苗族布依族自治县。

1966 年 2 月 22 日，设立贵阳市开阳特区、盘县特区、水城特区及万山特区；撤销六枝县，分别设立六枝特区和郎岱县。3 月 9 日，设立安顺市和都匀市。

1968 年 3 月 14 日，撤销开阳特区，并入开阳县。9 月 24 日，撤销万山特区。

1970 年 8 月 8 日，设立万山特区。12 月 2 日，设立六盘水地区，管辖六枝特区、盘县特区和水城特区；撤销郎岱县，并入六枝特区；撤销盘县，并入盘县特区；撤销水城县，并入水城特区。各专区更名为地区。

1973 年 6 月 7 日，恢复贵阳市白云区。

1978 年 12 月 18 日，撤销六盘水地区，设立六盘水市（地级），辖原六盘水地区的六枝特区、盘县特区和水城特区。

1981 年 3 月 27 日，设立关岭布依族苗族自治县。9 月 21 日，撤销兴义地区，设立黔西南布依族苗族自治州；撤销册亨布依族自治县，恢复册亨县；撤销安龙布依族苗族自治县，恢复安龙县。

1983 年 8 月 19 日，撤销都匀县，都匀县的行政区域并入都匀市；撤销凯里县，设立凯里市（县级）。1984 年 11 月 7 日，撤销玉屏县，设立玉屏侗族自治县。

1986 年 8 月 21 日，撤销务川县，设立务川仡佬族苗族自治县。9 月 9 日，撤销道真县，设立道真仡佬族苗族自治县。10 月 7 日，国务院批准撤销沿河县，设立沿河土家族自治县。12 月 13 日，撤销印江县，设立印江土家族苗族自治县。

第五次，从 1987 年到 2003 年，地区行政公署改地级市、县改市（县级），地级市和县级市的数量增加。

1987 年 8 月 21 日，撤销铜仁县，设立铜仁市（县级）。11 月 6 日，撤销兴义县，设立兴义市（县级）。12 月 15 日，撤销水城特区，设立六盘水市钟山区和水城县。

1990 年 2 月 3 日，撤销原安顺市和安顺县建制，设立新的安顺市（县级）。9 月 30 日，撤销赤水县，设立赤水市。

1992 年 11 月 6 日，撤销清镇县，设立清镇市（县级）。

1993 年 12 月 10 日，撤销毕节县，设立毕节市（县级）。

1995 年 7 月 21 日，安顺地区的修文县、息烽县和开阳县划归贵阳市管辖；安顺地区的清镇市由省直辖。11 月 30 日，撤销仁怀县，设立仁怀市（县级）。

1996 年 12 月 2 日，撤销福泉县，设立福泉市（县级）。

1997 年 6 月 10 日，撤销遵义地区和县级遵义市，设立地级遵义市；遵义市新设红花岗区，管辖原遵义地区的遵义县、习水县、余庆县、绥阳县、凤冈县、桐梓县、正安县、道真仡佬族苗族自治县、务川仡佬族苗族自治县和新设立的红花岗区。原遵义地区的赤水市、仁怀市由省直辖。

1999 年 2 月 28 日，撤销盘县特区，设立盘县。

2000 年 1 月 21 日，设立贵阳市小河区。6 月 23 日，撤销安顺地区和县级安顺市，设立地级安顺市；安顺市设立西秀区；安顺市管辖原安顺地区的普定县、平坝县、镇宁布依族苗族自治县、紫云苗族布依族自治县、关岭布依族苗族自治县和新设立的西秀区。

2003年12月26日，设立遵义市汇川区。贵州省辖4个地级市、2个地区、3个自治州，9个县级市、56个县、11个自治县、2个特区、10个市辖区。

从表2.2中我们可以清楚地看到新中国成立后（1949~2003年）贵州地区级、县级两级行政单位数量的变化。

表2.2　1949~2003年贵州地方行政层级（地区级、县级）变化

单位：个

年份	地区	自治州	省辖市	地级单位总数	县	自治县	特区	县级市	市辖区	县级单位总数
1949	8		1	9	79				7	86
1950	8		1	9	79			1	7	87
1952	8		1	9	76	3		1	5	85
1953	8		1	9	76	3		1	4	84
1954	8		1	9	72	7		1	4	84
1955	8		2	10	72	7			8	87
1956	4	2	2	8	76	3			4	83
1957	4	2	2	8	75	3				78
1958	4	2	1	7	49	3		3	4	59
1961	4	2	1	7	68	3		4	4	79
1962	4	2	1	7	75	3		1	4	83
1963	4	2	1	7	74	4		1	4	83
1965	5	2	1	8	69	9		1	4	83
1966	5	2	1	8	69	9	5	3	4	90
1970	6	2	1	9	66	9	4	3	4	86
1978	5	2	2	9	66	9	4	3	5	87
1981	4	3	2	9	69	6	4	3	5	87
1983	4	3	2	9	66	7	4	4	5	86
1986	4	3	2	9	62	11	4	4	5	86
1987	4	3	2	9	61	11	3	6	6	87

续表

年份	地区	自治州	省辖市	地级单位总数	县	自治县	特区	县级市	市辖区	县级单位总数
1990	4	3	2	9	59	11	3	7	6	86
1993	4	3	2	9	57	11	3	9	6	86
1996	4	3	2	9	56	11	3	10	6	86
1997	3	3	3	9	55	11	3	10	7	86
2000	2	3	4	9	56	11	2	9	9	87
2003	2	3	4	9	56	11	2	9	10	88

注：1970 年，专区改称为地区；1955 年，自治区（县级）改称自治县。

第一，地级单位的变化。

（1）新中国成立初期，贵州省设置地级单位9个，确定了地级单位的规模。1949~2003 年贵州省的地级单位设置基本上是9个，变化不是很大，地级单位数量为7个、8个、10个的时间较短。只有1955 年地级单位设置了10个，1958 年到1963 年设置了7个，设置8个的时间也不长。

（2）贵州地级单位设置共三种类型：地区、省辖市和自治州。新中国成立初期只设置了专区（1970 年改为地区）和省辖市两种地级类型。1956年后，地区、省辖市和自治州三种类型齐备。

（3）自治州和地级市的设置导致地区数量变化大。贵州省少数民族种类多、分布广，在少数民族集中的地区设置了民族自治机构自治州，实行民族自治政策，原来的地区改设为自治州，1956 年设置了 2 个自治州，1981 年有 3 个自治州，此后自治州的数量一直固定为 3 个。

贵州省的省辖市在 1978 年前，除 1955 年到 1957 年有 2 个外，其他年份都只有 1 个，即省会城市贵阳市；1978 年到 1996 年有 2 个省辖市；1997年有 3 个省辖市；2003 年有 4 个省辖市，此后一直保持 4 个省辖市。在贵州省 4 个省辖市中，只有贵阳市从 1949 年以来一直存在，其他 3 个省辖市是因实施市管县政策，由地区行政公署改设为市的。贵州省的省辖市发展比较缓慢，表明贵州的城市发展速度不快，在很长一段时间里，贵州省以农业为主，城市中心地位表现不明显。

贵州省地区数量变化的方式：撤销地区，在原地区的基础上设置地级市或者自治州。

第二，县级单位的变化。

（1）贵州省县级设置有五种类型：县、自治县、特区、县级市和市辖区。县是县级常设的类型；1952 年设置自治区，1955 年改设自治县，1986年以前，自治县数量变化较大，1986 年设置了 11 个自治县，此后固定下来；1966 年设置特区，是县级层级，特区数目变化较大；除 1949 年、1955～1957 年没有设置县级市外，其他年份都设置有数量不等的县级市，县级市的数量变化较大，2000 年设置了 9 个，此后固定下来；除 1957 年没有设置市辖区外，其他年份都设置有数量不等的市辖区，市辖区数量变化较大，2003 年设置了 10 个，此后固定下来。

（2）贵州省县级单位数量变化不大。大部分年份设置了 83～88 个县级单位；1958 年县级单位设置最少，为 59 个；1966 年县级单位设置最多，为 90 个。

（3）县的数量变化主要是由设置民族自治县、县级市以及特区引起的。在少数民族集中聚居的县，撤销县建制，建立自治县；在经济发达的县，撤销县建制，建立县级市；在有资源等优势的县，撤销县建制，设置特区。民族自治县、县级市、特区的设立，导致县的数量减少。

（4）贵州省县级行政区划的变动主要采取了以下方式。

其一，并小县为大县，扩大县的规模，使县的数量减少。1958 年，撤销 27 个小县并入其他县，扩大了县的规模，节约了行政成本。其二，撤县建县级市、民族自治县和特区，县的数量减少。在少数民族分布集中的县，撤销县建制，在原县的基础上设置自治县；在经济发达的县，撤销县建制，在原县的基础上建立县级市；在有资源等优势的地方建立相应的特区。其三，恢复被撤销、被合并的县的原来的建制。1961～1962 年，重新恢复 1958 年撤销、合并的县，恢复原县的建制，县的数量增加。

（5）贵州省的县级单位以县为主，县级市、特区数量不多，表明县级经济发展不快，县级财力不足。贵州的县农业基础薄弱，自然条件差，县域经济发展缓慢。县级市、特区数量少，规模也不大，经济发展优势不足。

三　当前贵州行政层级设置状况

2011 年 11 月 15 日，撤销贵阳市花溪区、小河区，设立新的贵阳市花溪区；同年，设立贵阳市观山湖区。

2014 年 1 月 6 日，设立贵安新区，区域范围涉及贵阳、安顺两市所辖 4 县（市、区）20 个乡镇；12 月 13 日，撤销平坝县，设立平坝区。

2016 年 3 月，撤销遵义县，设立播州区。

截至 2016 年，全省共有 9 个地级行政区划单位，包括 3 个自治州、6 个地级市；88 个县级行政区划单位，包括 54 个县、15 个市辖区、7 个县级市、11 个自治县、1 个特区。

贵阳市辖 6 个市辖区、3 个县，代管 1 个县级市，包括南明区、云岩区、花溪区、乌当区、白云区、观山湖区、清镇市、开阳县、息烽县和修文县。六盘水市辖 1 个市辖区、2 个县、1 个特区，包括钟山区、六枝特区、水城县和盘县。遵义市辖 3 个市辖区、7 个县、2 个自治县，代管 2 个县级市，包括红花岗区、汇川区、播州区、赤水市、仁怀市、桐梓县、绥阳县、正安县、道真仡佬族苗族自治县、务川仡佬族苗族自治县、凤冈县、湄潭县、余庆县和习水县。安顺市辖 2 个市辖区、1 个县、3 个自治县，包括西秀区、平坝区、普定县、镇宁布依族苗族自治县、关岭布依族苗族自治县和紫云苗族布依族自治县。铜仁地区辖 2 个市辖区、4 个县、4 个自治县，包括碧江区、万山区、江口县、玉屏侗族自治县、思南县、石阡县、印江土家族苗族自治县、德江县、沿河土家族自治县和松桃苗族自治县。黔西南布依族苗族自治州辖 1 个县级市、7 个县，包括兴义市、兴仁县、普安县、晴隆县、贞丰县、望谟县、册亨县和安龙县。毕节地区辖 1 个市辖区、6 个县、1 个自治县，包括七星关区、大方县、黔西县、金沙县、织金县、纳雍县、威宁彝族回族苗族自治县和赫章县。黔东南苗族侗族自治州辖 1 个县级市、15 个县，包括凯里市、黄平县、施秉县、三穗县、镇远县、岑巩县、天柱县、锦屏县、剑河县、台江县、黎平县、榕江县、从江县、雷山县、麻江县和丹寨县。黔南布依族苗族自治州辖 2 个县级市、9 个县、1 个自治县，包括都匀市、福泉市、荔波县、贵定县、瓮安县、独山县、平塘县、罗甸县、长顺县、龙里县、惠水县和三都水族自治县。①

从表2.3可以看出当前贵州省地级、县级行政层级设置具有以下特征。

表 2.3 贵州省9个地级行政区管辖的县级行政区数量分布情况

单位：个

地级行政区	市（县级）	县	自治县	区（或者管委会）	特区	合计
贵阳市	1	3		6		10
六盘水市		2		1	1	4
安顺市		1	3	2		6
遵义市	2	7	2	3		14
铜仁市		4	4	2		10
毕节市		6	1	1		8
黔西南布依族苗族自治州	2	6				8
黔东南苗族侗族自治州	1	15				16
黔南布依族苗族自治州	2	9	1			12

其一，地级行政单位规模大小不一，黔东南苗族侗族自治州管辖16个县级行政单位；六盘水市、安顺市管辖面积小，管辖的县级行政单位分别有4个、6个，这两个地级市的机构设置的数量、规模与大地级市的机构设置的数量、规模相同必然造成其行政人员、行政机构庞杂，行政成本增加，行政效率不高；贵阳市所辖面积不大，但设置的县级单位有10个，县级机构设置的数量、规模与大县机构设置的数量、规模一样，这些县的行政人员、行政机构多，行政成本高，行政效率低，不利于当地的经济发展。

其二，地级市对所辖县、市（县级）的带动能力不强。贵州省共有6个地级市，除贵阳市的经济实力比较雄厚外，其他各个市的经济实力并没有多少优势，很难带动所辖县级单位的经济发展。

其三，民族自治地方基本处在贵州省的边缘地区，自治地方所占面积大，自然条件差，经济欠发达，人均收入偏低，但自然资源丰富，经济发

---

① 资料来源：行政区划网，http://www.xzqh.org/html/list/10026.html。

展潜力大。

其四，县级单位基本以县为主，共有 53 个县，占 60.2%。县的农业基础薄弱，工业落后，县级财政困难，人民收入低，县域经济不强，与城市的差距大。县级市仅 8 个，基本是地级单位政府所在地，很少有由经济强县转变的县级市。

第三章

贵州省地级行政层级对县域发展的作用

第一节　贵州省市管县体制对县域发展的作用

一　贵州省市管县体制概述

（一）市管县体制的含义及其类型

1. 市制的含义

"市制是指国家通过立法和行政手段在城市地区建立行政区划建制，进行城市管理的一种制度。"[①]"市制"是一个政治、法律概念，是根据国家规定的标准，依照法定程序设置、管理城市的地方行政建制，设有相应地方政权机关，有明确的城市管理边界和确定的城市管理范围。市制起源于中世纪的欧洲，现在已成为遍及全球的城市型行政区划建制和政府管理体制。[②]市建制的出现从经济上来分析，是近代工商业发展的产物；从政治上看，又是同封建专制主义不断瓦解和资产阶级民主主义逐渐兴起有关的由城乡合治走向城乡分治的历史发展过程中的政制进化。[③]

市制作为我国地方行政区划的类型，具有行政区划一般意义上的基本属性：其一，市拥有一定的行政管理区域，有确定的管理边界，拥有一定

---

① 戴均良：《中国市制》，中国地图出版社，2000，第1页。
② 于鸣超：《市制正名》，《领导文萃》2003年第10期，第32页。
③ 孙平：《中国行政区划分析》，湖北人民出版社，2004，第282页。

数量人口，符合设市基本标准；其二，市属于行政单位，行政单位是指"行政区域"的政权机构，市行政机关包括权力机关（又称立法机关，即市人民代表大会）、行政机关（市人民政府）和司法机关（市人民法院、人民检察院）；其三，市有相应行政建制，行政建制是指行使国家权力的机构、单位或者依照行政管理的群众组织、社会团体等划分等级的制度，行政建制具有比较严格的等级划分标准。

2. 市的设置模式

第一，市领导县模式。市管县是指由地级市管辖原来属于地区管辖的县，其实质或是把一级城市政府变为辖县的一级政府，或是将派出机关即地区行政公署转变为地级市，成为省与县之间的一级政权。市领导县的空间组织模式主要形成于 20 世纪 80 年代中期，属于城乡合治型的建制模式。[①] 截至 2005 年底，全国地级行政建制共有 334 个，其中地级市有 294 个，占全国总数的近 88%。[②]

第二，县改设为市模式。将整个县改设为市，或几个县合并为一个市，或者撤销市外围县并入市。这种模式被普遍采用，全国现有城市 70% 以上为整县改市模式。1997 年国务院作出为冻结撤县而设市的决定，该模式实际上已停止运行。[③]

第三，切块设市模式。在传统计划经济体制下，依据"市县分立、城乡分离""城市工业、农村农业"的二元经济结构，在县、自治县的中心城镇或县、市（县级市）中心以外的重要工矿城镇、边境口岸、交通枢纽、风景名胜点及其近郊设置市。市县并存、城乡分治，在改革开放以前一直是中国城市的主要设置模式。[④]

第四，多中心组合模式。一个市含有若干个城区，各城市建成区之间有大片农村区域阻隔。这种模式主要适用于分散的工矿城市，或由几个市

---

① 刘君德、靳润成、周克瑜编著《中国政区地理》，科学出版社，1999，第 9~10 页。
② 中华人民共和国行政区划，中华人民共和国中央人民政府网，http://www.gov.cn/test/2005-06/15/content_18253.htm。
③ 刘君德、靳润成、周克瑜编著《中国政区地理》，科学出版社，1999，第 9~10 页。
④ 刘君德、靳润成、周克瑜编著《中国政区地理》，科学出版社，1999，第 9~10 页。

合并的市采用。[1]

3. 市管县体制的含义及贵州省市管县体制的类型

市管县体制（市领导县体制）指由直辖市和较大的市领导县的行政区划体制。市管县体制的形成是我国城乡经济一体化和政府管理一体化两个过程同步进行的重要结果，是中国由典型的农业国逐渐转向工业国的重要标志。[2] 市管县体制已经成为贵州省行政区划体制。贵州省市管县体制有以下两种类型。

类型一，地级市与地区行署合并，地级市政府取代原来的地区行署。1978 年撤销六盘水地区，改设六盘水市，辖六枝、盘县和水城 3 个特区。六盘水市具有相当的经济实力，城市工商业和科教文卫事业比较发达，非农业人口有 50 多万。

类型二，县级市与地区行署合并设立地级市，地区行署取代县级市政府，县级市政府改为市辖区政府。1997 年 6 月 10 日，撤销遵义地区和县级遵义市，设立地级遵义市，市人民政府驻新设立的红花岗区解放路，遵义市（地级市）新设红花岗区，以原县级遵义市的行政区域为红花岗区的行政区域，遵义市（地级市）辖原遵义地区的遵义县、习水县、道真仡佬族苗族自治县和务川仡佬族苗族自治县等 14 个县级行政单位。2000 年 6 月 23 日，撤销安顺地区和县级安顺市，设立地级安顺市，安顺市（地级市）辖原安顺地区的普定县、平坝县、镇宁布依族苗族自治县、紫云苗族布依族自治县、关岭布依族苗族自治县和新设立的西秀区等 6 个县级行政单位。

贵州省地市合并前，地区行署与市在管理方面分工明确，地区行署管理县同样也管理城区，市管理城区但不管理周围的县。这种行政管理体制在社会主义计划经济时期基本没有矛盾冲突，但随着我国改革开放的不断深入，商品经济迅速发展，城市规模快速扩大，地区与市的矛盾日益凸显。实施市管县体制有助于解决贵州省地区与市的矛盾、城市与乡村的矛盾，有助于城乡经济优势互补和统一管理。撤销地区行政管理机构，裁撤

---

[1]　刘君德、靳润成、周克瑜编著《中国政区地理》，科学出版社，1999，第 9 ~ 10 页。

[2]　朱光磊：《当代中国政府过程》，天津人民出版社，2002，第 370 页。

地区行署的行政人员，使行政人员编制减少，节约了行政管理成本，提高了行政管理效率。原有市工商业比较发达，第二、第三产业经济基础雄厚，实行市领导县体制推动了贵州经济发展，有助于行政管理运行通畅。但地、市合并是两个行政区域整建制合并，合并后市管理的县和市辖区数量较多，有的地市合并后管理十几个县（区），人口达数百万，面积基本是上万平方公里，并且两套行政建制的管理任务转由一套地级市完全承担，市的管理负担过重，市对县的管理过程中常常出现低效现象。另外，市常常挪用所辖县的资源，如此一来虽然市的经济发展较快，但县域经济发展常常比较迟缓。

贵州省的市领导县体制，市（地级市）的作用常常表现为以下几种情形。第一种情形是"大马拉大车"，一般适宜经济发达地区。大市（地级市）领导大县，市（地级市）、县的经济实力都比较强，市（地级市）和县为了自身发展，常常争资源、争资金、争人才、争项目，市（地级市）县之间竞争激烈，矛盾突出。贵阳市管辖的区（县级）、县、市（县级）属于"大马拉大车"的情形，贵阳市是贵州省经济力量最雄厚的地级市，所管辖的各区、县、市（县级）都是经济实力较强的县域。第二种情形是"大马拉小车"，一般适宜经济中等发达地区。大市领导小县，市（地级市）县经济实力悬殊，市（地级市）的经济实力强而县的经济实力比较弱，市（地级市）与县之间取长补短、优势互补，市（地级市）和县的经济发展成效比较明显。第三种情形是"小马拉小车"，一般适宜经济不发达或者欠发达地区。小市领导小县，中心城市还没有完全形成，市（地级市）的经济实力较弱，县的经济实力也不强大，市（地级市）与县之间的经济联系比较松散。这种市（地级市）的经济管理仍然是以传统管理方式为主，市（地级市）与县之间时有矛盾，但通常可以化解，一般不会激化。

4. 贵州省市管县体制的合理性分析

第一，从贵州省行政体制来分析。

贵州省各级人民政府的排列组合呈现金字塔结构，各级政府机关之间存在严格的上下级隶属关系，即领导与被领导关系。如果省级政府直接领导各县政府，其管理事务就会明显增多，在交通、信息等不发达的情况下，省级政府难以实现对县级政府的有效管理。

第二，从贵州省行政管理幅度来分析。

我国省级行政区的面积一般都很大，各省级政府难以直接管到县级。我国陆地面积约960万平方公里，省级行政区只有34个，其中北京、天津、上海、香港和澳门的面积非常小。我国相当数量的省级行政区管辖的面积大、人口多，甚至与中等规模国家相当，在信息技术、交通技术不是很发达的情况下，一般要实行多级行政管理层级才能有效治理。贵州省自然条件复杂，给交通、通信发展带来了很大的困难，在交通条件没有改善、通信技术不发达的时候，很难做到省级政府直管到县级；贵州省人口较多，经济社会活动繁杂，需要管理的事务多，管理任务重。因此，在政府职能和管理模式不变的前提下，贵州省政府难以实现省直管县，故在省县之间设立地级市，这是符合贵州省客观需要的。

第三，从市（地级市）取代地区管县、市（县级市）体制来分析。

20世纪80年代初期，我国经济快速发展，地区行政公署代省管县体制的弊端日益凸显，在政治、经济紧密相连的一个地区和城市内，同时存在地区行政公署、地级市政府两套领导机构，各套机构又垂直设有不同层次，行政部门交错，行政工作人员繁多；地区行政公署和地级市政府各自设立隶属行政机关，实行城乡分治，管理城乡的两套不同机构之间互不配合，行政开支大，行政成本高；这种行政管理体制束缚了城乡经济、文化事业的协调发展。市管县体制可以发挥市作为中心城市的作用，带动周边县的经济发展，同时地市合并，还可以缩减行政机构，减少行政人员，节约财政开支。实行市（地级市）管县、市（县级市）体制是解决地区与地级市之间矛盾的比较合适的方法和途径。

在实施市管县体制改革的过程中，对于市级行政区划的作用，存在两种偏向。一是低估了市级行政区划的作用。这在城市规划工作中表现得很突出，随意做出市级城市规划，不重视市级行政区划的影响，片面追求城市形态完美，不重视城市规划实施的成本和可行性，导致城市规划流于形式。二是高估了市级行政区划的作用。有些城市没有全盘考虑好自身条件和国家全局利益，盲目追求城市规模等级，通过调整市级行政区，扩大城市空间，增加城市人口和经济总量，提高城市行政级别。这两种对行政区划的态度都不利于市管县体制改革。市级行政区划的重要作用就是要改变地区"行政区划对区域经济一体化的严重阻隔"[①]，促进区域经济的发展。

行政区设立的初始意义是划分出地方管辖事权领域以及由于政府间利益分配的需要而形成的政治、经济地理边界。不论经济、社会发展到何等程度，都会有行政区划。"公共选择理论"认为，行政区划是促使区域内外各发展利益单元保持适度、有效竞争的必要条件，促使政府提供更为低廉、高质、有效的公共服务，是实现良好区域治理的必要条件。行政区划矛盾是深层次的经济与行政管理体制矛盾在行政区划这个空间载体上的外在表现。[②]

因此，对于市行政区划的作用，应秉持实事求是的原则，做出公正、客观的分析，既不要低估，也不要夸大。

市行政区划体制改革既要积极，也要稳妥；行政区划是行政管理经常使用的重要手段，但它不是万能的，根本上还是要依靠行政管理系统的制度创新。

（二）市管县体制的历史发展

市管县体制作为我国地方行政管理体制，具有特殊的时代背景。我国市领导县体制产生于20世纪50年代初期，1983年以后全面推行。实行市管县体制使我国地方政府层级结构发生了重大变革，地方政府层级结构由省—地区—县—乡准四级制为主变成省—市—县—乡四级制为主。1999年发布的《中共中央、国务院关于地方政府机构改革的意见》指出："要调整地区建制，减少行政层次，避免重复设置。与地级市并存一地的地区，实行地市合并；与县级市并存一地的地区、所在市（县）达到设立地级市标准的，撤销地区建制，设立地级市，实行市领导县体制；其

---

① 刘君德、陈占彪：《长江三角洲行政区划体制改革思考》，《探索与争鸣》2003年第6期，第12页。

② 张京祥、范朝礼、沈建法：《试论行政区划调整与推进城市化》，《城市规划汇刊》2002年第5期，第27～28页。

余地区建制也要逐步撤销，原地区所辖县改由附近地级市领导或由省直辖，县级市由省委托地级市代管。"① 市代替地区行署管理县，成了一级行政层级，对其周围县实施领导，发挥中心城市的辐射带动作用，有利于城乡合治、以城带乡、促进城乡共同发展。

贵州省的市管县体制也是在全国实施市管县体制的大背景下产生、发展起来的。当前，贵州省总共有 4 个省管辖的市，这 4 个市都实行了市管县、区、市（县级市）的体制。

（1）贵阳市管县体制的历史发展。1949 年 11 月 23 日，贵阳市人民政府成立。1954 年，贵筑县由贵阳市管辖。1958 年，贵筑县建置被撤销，贵阳市郊设置花溪、乌当两区（县级）；原属安顺专区的开阳、清镇、修文 3 县和原属黔南自治州的惠水县划归贵阳市管辖。1959 年，白云镇成立，成了贵阳市辖区一级行政单位。1963 年，惠水县由黔南自治州管辖，开阳县由遵义专署管辖，修文、清镇两县重归安顺专署管辖。1973 年恢复白云区建置。1992 年，清镇县建市（县级市）。1996 年 1 月 1 日，原安顺地区管辖的修文、息烽、开阳和清镇市（县级市）由贵阳市管辖。1997 年，贵阳市管辖南明区、花溪区、乌当区、白云区和云岩区 5 个区（县级）及开阳县、修文县、息烽县 3 个县，直辖小河镇，代管清镇市。2001 年，贵阳市管辖 6 个区、3 个县和 1 个县级市，共 10 个县级行政单位。② 2006 年末，贵阳市管辖 6 个区、1 个市、3 个县和 1 个高新技术产业开发区，分别为云岩区、南明区、小河区、乌当区、白云区、花溪区、清镇市、修文县、开阳县、息烽县和贵阳国家高新技术产业开发区。2010 年末，贵阳市管辖 6 个区、1 个市、3 个县和 1 个国家级经济技术开发区、1 个国家级高新技术开发区、1 个省级经济技术开发区及金阳新区。2012 年 11 月 15 日，撤销花溪区、小河区，设立新的花溪，贵阳市辖 6 个区、3 个县和 1 个代管县级市，分别为南明区、云岩区、花溪区、乌当区、白云区、观山湖区、修文县、息烽县、开阳县和清镇市。

---

① 《中共中央、国务院关于地方政府机构改革的意见》（中发〔1999〕2 号），1999 年 1 月 5 日。

② 贵阳市历史沿革，行政区划网，http://www.xzqh.org/html/show.php? contentid = 18713。

（2）六盘水市管县体制的历史发展。1978 年撤销六盘水地区，改设六盘水市，管辖六枝、盘县和水城 3 个特区（县级）。1987 年 12 月，撤销水城特区，设立六盘水市钟山区和水城县。2007 年至今，六盘水市一直管辖2 个县、1 个特区和 1 个区，共 4 个县级行政单位。

（3）遵义市管县体制的历史发展。1997 年 6 月 10 日，撤销遵义地区和县级遵义市，设立地级遵义。遵义市新设红花岗区（县级），以原县级遵义市的行政区域为红花岗区的行政区域，红花岗区人民政府驻新华路。遵义市辖原遵义地区的遵义县、余庆县、习水县、绥阳县、凤冈县、桐梓县、正安县、道真仡佬族苗族自治县、务川仡佬族苗族自治县和新设立的红花岗区。原遵义地区的赤水市、仁怀市由省直辖。2004 年设立遵义市汇川区（县级）。2004 年至今，全市辖 2 个区、2 个县级市和 10 个县（其中有 2 个民族自治县），共 14 个县级行政单位。

（4）安顺市管县体制的历史发展。2000 年 6 月 23 日，撤销安顺地区和县级安顺市，设立地级安顺市；安顺市设立西秀区，以原县级安顺市的行政区域为西秀区的行政区域；安顺市辖原安顺地区的普定县、平坝县、镇宁布依族苗族自治县、紫云苗族布依族自治县、关岭布依族苗族自治县和新设立的西秀区。2003 年，全市辖 1 个区、5 个县（其中有 3 个民族自治县），共 6 个县级行政单位，分别为西秀区、平坝县、普定县、镇宁布依族苗族自治县、关岭布依族苗族自治县和紫云苗族布依族自治县。2010年末，安顺市辖 1 个区、5 个县（其中有 3 个民族自治县）和安顺经济技术开发区、黄果树风景管理区。2014 年 12 月 13 日，撤销平坝县，设立平坝区。

（5）铜仁市管县体制的历史发展。2011 年 10 月 22 日，撤销铜仁地区设地级铜仁市，撤销原县级铜仁市设碧江区，撤销万山特区设万山区。2013 年，铜仁市辖 2 个区、8 个县，分别为碧江区、万山区、江口县、石阡县、思南县、德江县、玉屏县、印江县、松桃县和沿河县。

（6）毕节市管县体制的历史发展。2011 年 10 月 22 日，撤销毕节地区，设立地级毕节市和七星关区；全市辖 6 个县、1 个民族自治县和 1 个区，分别为大方县、黔西县、金沙县、织金县、纳雍县、赫章县、威宁彝族回族苗族自治县和七星关区。2011 年末，毕节市辖 8 个县区、1 个管委会。

2011 年 10 月 22 日，毕节地区、铜仁地区两地设立了地级市，地区作为省级派出的准行政区在贵州省已经成了历史。地级市作为一级行政区，与作为省级派出的准行政区的地区相比，能够更好地发挥其经济作用，促进市辖县的经济社会发展。

随着我国社会主义市场经济体制的完善，贵州省与其他省一样，进入了社会主义市场经济时期。与社会主义市场经济时期相对应的是贵州省城市化进程的加速。城市化促使贵州省的城市数量不断增加、城市规模不断扩大，同时贵州省的城市空间质量不断优化，并实现了可持续发展。这种发生在经济知识化、全球化、现代化条件下的城市化，必然冲击着原有的城市体制。21 世纪贵州省城市化的快速发展暴露了市制存在的矛盾，市制不利于市辖县在市场经济条件下快速发展经济，这必然要求对市制进行改革——取消市管县体制，实行省直管县体制。

二 市管县体制对贵州省县域发展的积极作用

1980 年，中央政府决定试行市管县体制，这一体制与当时我国计划经济体制基本相适应，因此在一定时期、一定区域发挥了积极作用。改革开放初期，条块分割、城乡分割局面严重阻碍了我国经济发展，中央政府提出试行市管县体制，发挥中心城市优势，中心城市成为市场交换中心，带动整个市辖区的经济发展。社会主义计划经济体制时期，资源、产品等物资流动以国家计划调拨为主，行政区间的各种联系主要是上下级行政区之间的纵向联系，城市的中心作用没有充分发挥，其作用仅仅局限在纵向系统内，在横向区域之间很少发挥，市管县体制改变了城乡割裂状态，城乡统一于市辖行政区内，城市统一组织整个市辖区的商品生产市场和商品流通市场。中心城市发达，县域经济相对落后，市县经济发展水平悬殊的区域，实施市管县体制具有明显的成效。计划经济条件下，计划体制为市管县体制的实施提供了重要支撑，在当时的政治和经济条件下市管县体制缓解了行政区和经济区之间的矛盾，扩大了经济区范围，促进了社会转型初期行政区和经济区的有机结合,对经济和社会发展起到一定的积极作用。[①]

经济发展水平较高的市是全市经济发展的龙头,由其发挥经济辐射作用,支持、带动市周围地区经济发展,促进市县区域、城乡区域经济协调发展,形成市区域经济实体,推动城镇化进程。这一体制的实施成功地解决了社会主义计划经济向社会主义市场经济转型时期经济发展存在的许多问题,对促进社会主义市场经济发展和社会进步发挥了积极作用。这主要体现在以下几个方面。

第一,市管县体制统一了分割的区域经济,加速了市辖区内社会资源的交流与整合,促进了市辖区各县经济的均衡发展。城市是我国社会经济活动集中的场所,是区域经济的中心,承担着组织协调生产活动、组织各种物资集散和商品流通、提供社会综合服务、促进辐射区内实现现代化等多方面的任务。长期实行市、县分治的行政管理体制,城市中心作用没有充分发挥,市在与周围县的分割中孤立发展,形成了条块分割、市县分割、城乡分割的经济,对城市与农村的经济发展都产生了很大的消极影响,不利于县域经济的快速发展,也不利于推进城市化。市管县体制打破了市县分割的局面,"市管县,有利于形成以中心城市为核心,以市域为腹地的城镇体系,有利于中心城市自身的发育、成长、壮大,从而辐射和带动区域经济和社会的发展,有利于城乡交通通信等重大基础设施的统一规划和建设,从而实现区域发展格局的优化"[②],市管县体制解除了市与市辖各县的行政壁垒和经济壁垒,为城市经济繁荣和快速发展提供了较大的腹地,从而发挥市作为中心城市的辐射作用,形成了一些开放型经济区,市、县之间摆脱了国家政策和地方保护主义的约束,市的自主发展权迅速扩大。市管县体制促进了工业与农业相融合的经济格局,市、县互补优势得到有效发挥,人流、物流和信息流等得到了自由合理的流动,实现了生产要素在城乡之间的优化配置,城乡经济日益融合、相互依托,形成了良

---

① 孙学玉、伍开昌:《当代中国行政结构扁平化的战略构想——以市管县体制为例》,《中国行政管理》2004年第3期,第80页。

② 范朝礼、储胜金:《快速城市化进程中省域行政区划改革刍议》,《中国方域:行政区划与地名》2003年第1期,第11页。

性的区域性经济，促进了城乡经济的均衡发展。市凭借自身雄厚的经济实力，通过市管县的行政隶属关系，增大了对县的支援力度，合理地组织商品流通，建立了多渠道、少环节的市场体制。市大力支持县的教育、科技、卫生等工作，快速改变了县的落后局面。市管县体制的实施理顺了经济与社会发展中重复生产、流通堵塞、多头领导、互相牵制的关系。贵州省的4个省管市发挥中心城市的辐射作用取得了一定成效，贵阳市带动了6区3县1市共10个县级单位的经济、文化事业的快速发展；六盘水市带动了1区1特区2县共4个县级单位的经济、文化事业的快速发展；遵义市带动了2区8县2自治县2市（县级市）共14个县级单位的经济、文化事业的迅速发展；安顺市带动了1区2县3自治县共6个县级单位的经济、文化事业的平稳发展，加速了所辖区工业的发展，使之在许多领域出现了新的经济增长点。

第二，市管县体制发挥了中心城市对所辖各县的农村经济发展的带动作用，推动了市周围县的城市化进程。计划经济体制下，城乡处于严重分离状态，城市周围农村的城市化发展缓慢，20世纪60年代初到70年代末，城市化基本上处于停滞阶段。1983年，实行市管县体制后，国务院和民政部提出了内部掌握执行的设市标准和市领导县条件，贵州省城市化进程加快。现在，贵州省共有4个地级市、9个县级市。市管县体制加快了贵州对农村自然资源的开发利用和城市工业向县域的扩散，大大改变了广大农村地区的经济发展格局。市管县体制有利于推进城镇化建设，促进农民向城镇居民的转变。

第三，市管县体制增大了市的行政管辖权限，迅速扩大了城市规模，形成了以中心城市为核心，以市辖城郊、农村为腹地的城镇体系，促进了中心城市的发育成长，扩大并增加了市域经济规模和经济总量，提高了市（地级市）的知名度，有利于市广泛地开展对外经济交往，拓宽招商引资渠道，在更大范围内集聚和配置生产要素。市、县分治造成的行政隔绝和市、县间的经济壁垒，阻碍了市、县间的贸易交流和资源流动，市的资金、人才、技术等优势无法充分发挥。市管县后，行政区的经济范围迅速扩大，生产要素在行政区范围内实现了优化组合，市、县的优势得以互补，乡、镇等企业在中心城市的支持和帮助下，通过联合、重组等途径，使企业规模迅速扩大，企业技术含量不断提升，企业经济效益明显提高。以贵阳市为例，在实行市管县之前，市域面积大约为 2403.2 平方千米，实行市管县之后，增加了开阳县（面积约 2026.2 平方千米）、修文县（面积约 1075.7 平方千米）、息烽县（面积约 1036.5 平方千米）、清镇市（面积约 1492.4 平方千米），总面积增加到约 8034 平方千米，面积扩大了约 5630.8 平方千米。广阔的县域为贵阳市的发展提供了充足的空间和丰富的资源。

第四，市管县体制改变了地区行署准层级和缺乏相应法律主体地位的尴尬局面。地区行署作为介于省县之间的一级行政层级的地位在虚实之间摇摆不定。《中华人民共和国宪法》第三十条规定，省、自治区分为自治州、县、自治县、市（县级市）以及直辖市，较大的市分为区（县级）、县。地区行署虽然在很大程度上行使了省县之间的一级政府职能，但是我国宪法没有明确规定将地区行署作为省县之间的一级行政层级，地区行署缺乏相应的法律主体地位，地区行署实施的行为没有宪法授权，只是作为省政府的派出机构，以省政府的名义行使一些职权，不具有行政主体的法律地位。地区行署没有设置相应的权力机关，地区行署的社会发展计划、财政预算等重大事项无法通过同级权力机关按照法定化、程序化的方式制订，只能按照上级省政府的要求执行；行署官员也是由上级行政机关来任免，无法实现法定化、程序化，地区行署工作对省政府负责；地区行署工作只接受上级政府的监督，缺乏同级权力机关的有效监督。市管县体制虽然也没有得到宪法的完整确认，但宪法对直辖市和较大的市分为区（县级）、县之规定给市管县体制发展留有很大空间。市管县体制表明，市成为省与县之间的一级行政层级，成为真正意义上的一级地方政权，地级市的重大决策、人事安排等都由市人民代表大会批准和监督；地级市的税收、财政预算等也由同级的市人民代表大会制订，在一定程度上实现了与省、中央财政的合理分割，拥有了一定的地方财政权力。

第五，缩小了政府机构规模，减少了地区行政公署的行政管理人员编制，节省了行政管理成本，提高了行政管理效率。市管县之前，地区行署只是省政府的派出机构，没有设置相应的人民代表大会作为立法机构，其他部门基本上对应着上级省政府部门，与所驻城市的市机构重复，行政人员繁多。以贵州省遵义建市为例，1997 年 6 月 10 日前，遵义地区行署是贵州省的派出机构，代表省政府管辖 2 市（县级市）12 县，共 14 个县级行政单位。1997 年 6 月 10 日，撤销遵义地区和县级遵义市，设立地级遵义市，管辖原属遵义地区的县级行政单位。设市后，原遵义地区行署被撤销，原地区行署机构人员也被裁撤，在一定程度上精减了机构、减少了层次、紧缩了人员编制、提高了行政管理效率。

"市管县"体制符合贵州省一定历史时期经济社会发展的需要，是在特定的政治经济环境下，传统计划经济体制转向社会主义市场经济体制过程中建立起来的行政体制，具有重要的历史意义。第一，贵州省地域广、人口众多，受物质条件和自治能力的制约，行政管理幅度小，在省与县之间增设管理层级，有利于加大行政管理的力度。第二，市管县体制使市将周围县作为它的发展腹地，推动了周围县的工业化和城镇化进程。县域经济协调发展，可为市的发展提供充足的粮食等生活资料以及大量的工业原材料，推动市的工业化发展，推动县的城镇化。在市管县体制下，地级市快速发展，经济规模不断扩大，成为左右贵州省经济、政治文化发展的中心城市。这也是贵州省城市化进程中的一个重要阶段。

贵州省的城市经济实力不是很强，多数城市还是处于发展中的城市，实行市管县行政管理体制，有些市不但没有实力带动县域经济发展，而且为了发展市的经济，有时还需要县的帮助，这似乎对市所管辖的欠发达的县、市（县级市）有些不公平，但从发展经济学理论来看，一定时期内实施经济重点发展战略，率先壮大作为中心城市的市经济，壮大后的市会用大量的资金、资源反哺其所辖县。从长远来看，实施市管县体制既有利于区域整体利益的最大化，又有利于县域发展利益的最大化。县域经济的发展最终得益于中心城市的辐射和扩散，县域获得的经济边际效益会更高。所以，不发达的市实施市管县体制符合整体利益，也符合县域经济发展的长远利益。

三 市管县体制对贵州省县域发展的消极影响

随着社会主义市场经济的不断发展和完善，贵州省的县域经济迅速发展，市管县体制的积极作用逐渐减弱，与市管县体制实施初期的目标越来越远，消极作用日益凸显。从市管县体制总体发展趋势看，这种体制存在一些难以克服的矛盾，行政区的相对稳定性与经济区的动态可变性，行政区边界的确定性、排他性与经济区边界的模糊性（示意性）、开放性之间的矛盾，决定了行政区很难与经济区相统一，行政区在一定程度上限制了经济区的发展，因此作为行政区的地级市与其所在经济区的矛盾就不可避免，地级市对经济区的消极作用逐渐显现。从经济学的角度看，中心城市辐射功能和范围的大小、中心城市同周围腹地联系的紧密程度，与区域经济发展水平、中心城市规模成正比。也就是说，区域经济越发达，中心城市规模越大，中心城市的辐射功能和范围就越大，同周围腹地的联系就越紧密。贵州省市管县体制的现实状况为，经济发达地区中心城市规模大，市（地级）县之间联系紧密，但由于中心城市数量多，市管辖的县数量少；而经济欠发达地区，中心城市规模小，市（地级）县之间联系松散，但由于中心城市数量少，市管辖的县的数量反而多，违背了经济规律和城市化规律，存在很多消极因素。从贵州省市管县体制的多年实践看，其发挥过一定的积极作用，带动了经济的发展，促进了城市的繁荣，加速了城市化进程，但在实行过程中也出现了许多新问题：省县之间的市成为一级政权机关，增加了行政管理机构和行政管理人员数量，降低了行政管理效率，提高了行政管理成本；行政性分权出现了更多更小的"块块"，中心城市被限制在市管县体制的行政管理框架内，不利于市场经济条件下充分发挥中心城市的辐射作用，不利于竞争性市场的形成，不利于更大范围的统筹协调，不利于市管辖的县发挥比较优势，不利于县域之间各要素的合理流动和优化重组；普遍存在重视市（地级）轻视县、重视工业轻视农业的现象，带来了"三农"问题，多数地方的市（地级）县关系不协调，"市刮县""市挤县"等现象比较普遍；市管县体制在《中华人民共和国宪法》和《中华人民共和国地方各级人民代表大会和地方各级人民政府组织法》中没有明确规定，缺乏法律主体地位依据。从经济社会发展趋势看，随着社会主义市场经济体制的完善、改革开放的推进、城乡差距的缩小，市管县体制的弊端日益凸显。

第一，市管县体制没有明确的法律规定，地级市行政主体地位缺乏宪法依据。我国宪法规定的地方政府管理层级通常是三级制：省、自治区、直辖市—县、自治县、市（县级）—乡、民族乡、镇。省与县之间通常不设置行政管理层级。我国宪法第三十条规定"直辖市和较大的市分为区、县。自治州分为县、自治县、市"。① 根据我国宪法第三十条的规定，只有国务院批准的唐山、青岛、徐州、齐齐哈尔、淄博等 18 个市以及每个省的省会城市属于"较大的市"，实行市管县体制有宪法依据，而一般地级市不属于宪法规定的"较大的市"，其实施市管县没有宪法依据，并且多数地级市的地域范围比较狭小，一般只管辖四五个县，不具备"较大的市"的条件，也不能被称作"较大的市"。按照宪法规定，贵州省只有省会城市贵阳符合"较大的市"的规定，而遵义市、六盘水市和安顺市都不符合，但现实中却把本来不属于"较大的市"的三个地级市都当作了"较大的市"，使其成为管县的主体，权力不断扩大，这与宪法的规定相违背。

贵州省的市与我国其他省级行政区的市一样，有不同的行政级别类型，即地级市和县级市。安顺市、遵义市和六盘水 3 个市是地级市，此外还有地级市、地区、自治州管辖下的 9 个县级市，仅仅从市的名称上看，一般难以区分市的等级、规模，这往往造成了城市行政区通名的矛盾和行政层级的混乱，给经济交流与城市合作带来一定的阻碍。

第二，市管县体制增加了行政管理层级，提高了行政管理成本，降低了行政管理效率。市管县体制实施之前，贵州省的行政层级由省—县、市（县级市）—乡、镇三级构成，省县之间的地区行署只是一个虚制层级，代表贵州省政府对特定的县、市（县级市）进行管理。市管县体制实施后，省与县之间的市是一个实制层级，贵州省的行政层级由省—市、州—县、市（县级市）—乡、镇四级构成，四层级地方行政结构在我国历史上是不多见的，在当今世界上的其他国家也是不多见的。市管县体制是人为创造的

---

① 《中华人民共和国宪法》（中华人民共和国第十三届全国人民代表大会第一次会议修正），2018 年 3 月 11 日。

一个中间层级，省县之间的权力被地级市部分截留[①]，必然降低省县两级的行政管理效率，增加行政管理成本。

行政管理层级越多，行政管理信息的失真率就越高，二者成反比。科学的行政管理要求行政管理信息传递的中间环节要尽可能减少，决策层和实施层的行政距离尽可能缩短，这样才能够沟通顺畅，提高行政工作效率。市管县体制将市作为一级行政机构，省县之间的行政管理信息传递必须经过市这个中间层级，阻碍了县与省之间的上情下达和下情上达，阻碍了省与县之间政策性、业务性的直接沟通，影响了行政管理信息的传递速度，降低了行政管理效率。

行政机构人员众多，行政效率低下。每多一级行政层级，纳税人就多一份纳税负担。纵向行政层级增加之后，为了降低中央政府政策传递过程中被多层折射后的失真，地方各级政府之间通常实行上下对口设置的"职责同构"管理，以维护国家的政治稳定。[②] 市管县体制下的市是省县之间的一级行政机构，市的机构通常与省的机构一一对应，因此建立了与省级政府对口的政府部门，形成了行政机构庞大、行政人员众多的市级政府。这一现状增加了行政开支，加重了纳税人的负担，不符合我国推进机构改革的方针。市管县体制导致省县之间多了一个管理层级，延缓了行政管理信息的传递，省的政策、指示通过市级传达到县级，县级反映的情况或者请示必须通过市级呈报给省级，市政府在行政管理信息流动的过程中通常结合自身利益进行过滤和选择，从而降低了行政效率。市在行政管理信息方面的消极影响比地区行政公署的消极影响更严重。

市管县体制增加了市这个中间层级，省级赋予县级的权力常常被市级截留，导致省县之间行政管理信息沟通不畅，与当下信息网络高度发达和交通便利的社会环境相背离。此外，地级市管理层级需要大批行政管理人员，在行政人员方面的财政开支大，行政成本高，以一个中等的地级市为例，一般地厅级干部为 20 人、县处级干部为 200 人、科级干部为 1000 人、

① 孙学玉、伍开昌：《当代中国行政结构扁平化的战略构想——以市管县体制为例》，《中国行政管理》2004 年第 3 期，第 81 页。
② 张志红：《当代中国政府间纵向关系研究》，天津人民出版社，2005，第 310 页。

公务员和事业单位人员在 1 万人以上，每年仅工资就要支出 2 亿元左右，再加上后勤、办公经费等各种开支，每年一个市本级的财政支出要在 5 亿元左右，而全国共有 260 多个地级市，匡算下来，全国每年单地级市本级的财政支出就要在 1300 亿元以上。① 如此巨额的财政开支，若能投入经济建设，必能为经济发展提供财政保障。按照一般地级市在管理人员上的财政开支计算，贵州省共有 4 个省管市，每年每个地级市本级的财政支出就需要大量的财政经费，在确定的财政收入中，投入经济发展的财政支出必然减少，这不利于经济发展。

第三，市管县体制下市的经济辐射作用存在"小马拉大车"的矛盾。市管县体制的最初目的是以中心城市的优势地位带动所辖县的经济发展，事实上，市管县体制下的市既要管理城市经济建设，又要管理周边县的经济建设，因城市和农村管理内容、管理方式等方面存在很大的差异，市政府在城乡管理上常常摇摆不定，城乡管理很难到位，市政府很难同时管理好城市建设和县的建设。在实际的行政管理工作中，市政府常把城市工商业和市区经济发展放在主要位置，把县域经济的发展放在次要位置，不重视县域经济的发展，也很少花费心思致力于县级经济的发展。市管县体制不但没有带动城乡一体化发展，而且进一步加剧了城乡二元化结构，农村各项建设变得更加滞后，而农村经济的缓慢发展反过来又会严重影响城市建设，制约城市的进一步发展。市管县体制是重城轻乡的行政管理体制，很难形成城乡互动的协调发展模式，这种体制既不能促进城市经济的发展，也不能引导县域经济的发展。贵州省的贵阳市、遵义市、六盘水市、安顺市、毕节市以及铜仁市等 6 个市实行市管县体制后，并非所有的市都收到了积极成效，除经济实力雄厚、城市发达的省会城市贵阳市具有较强的带动力量外，其他 5 个市的经济实力都不是很强，很难帮助所辖县发展经济。

第四，严重的城市虚化现象以及行政建制的客观存在与政府职能"空心化"的矛盾。市管县体制存在严重的城市虚化现象，城市所占面积小，

---

① 王克群、王柏：《省直管县原因及路径选择》，《实事求是》2006 年第 3 期，第 19 页。

农村所占面积大，城市的人口数量没有达到市管县体制的城市人口数量标准。市管县体制虽然推动了城市化的发展，但是造成了广域型城市的涌现，市管辖着大量的农业人口和大面积的非城市区域。贵阳市可以指贵州省省会所在地贵阳市，也可以指管辖着 3 县 1 市及 6 区的大贵阳市；遵义市可以指遵义市城市本身，即遵义市管辖的 2 区，也可以指 8 县 2 自治县2 市（县级市）2 区整个区域；安顺市可以指安顺市区，也可以指安顺市所管辖的 2 县 3 自治县 1 区；六盘水市可以指六盘水市区，也可以指六盘水市所管辖的 2 县 1 特区 1 区；铜仁市可以指碧江区，也可以指铜仁市所管辖的 2 区 8 县；毕节市可以指七星区，也可以指毕节市所管辖的 6 县 1区 1 民族自治县。市管的县、市（县级市）面积比市区要大得多，人口要多得多，这些农村都包括在城市中，大量的农村人口也就变成了形式上的市辖区内的"市民"，致使贵阳市、安顺市、遵义市、六盘水市、铜仁市及毕节市的农业人口占很大比重，第二产业和第三产业人口占很小比重，不符合现代意义上的城市标准，也称不上真正的城市。

行政建制的客观存在与政府职能"空心化"的矛盾。随着市管县体制在新中国成立后的初步发展，市级政府已成为省与县之间的一级政府，行使省县之间一级地方政府的行政职能。改革开放促使我国的社会环境、市场经济环境和政府行政环境发生了很大的变化。我国加入世贸组织后，改革行政审批制度，简化了烦琐的行政审批程序，市政府的行政审批范围急剧缩小，市政府的行政审批权力变小，市政府的行政职能出现"空心化"现象，多数市政府仅仅管理市区的经济社会事务，对县级的管理只是发挥"上传下达"的作用，通常采取"以会议贯彻会议""以文件传达文件"等方式。地级市政府为了扩大市级政府行政管理职能，开展各种调研、专项检查、评比活动等，在一定程度上干扰了县政府的日常行政工作。虽然市政府行政管理职能逐步萎缩，但市本身的行政人员没有减少，甚至有不断增多的趋势，行政上的财政开支明显增加，阻碍了经济、社会的快速发展。

第五，市管县体制表面上解决了地与市（地级市）之间的矛盾，实际上又引发了更为尖锐的市（地级市）与县之间的矛盾，尤其是进入 20 世纪 90 年代后，随着市场成为资源配置的主要方式，地级市与县、市（县级市）之间的矛盾日益明显①，有些市（地级市）与所辖县、市（县级市）矛盾加剧，导致市（地级市）与县、市（县级市）关系紧张。市管县体制实施后，地级市政府把所管辖的县当作自己的附属物，县级的经济发展从属于市级的经济发展，地级市政府通常会侵占县级政府的大量资源，从而加剧了市（地级）县两个利益主体的冲突。市管县体制实施的初衷是利用地级市政府的行政职能加强市域内经济的横向联系，促进所辖县域经济更好更快发展。但现实中的地级市政府通常从自身利益出发，利用行政层级上的优势，对所辖县域的社会资源和行政权进行剥夺与削弱，市（地级）县两个利益主体的冲突逐渐明显，"市吃县""市卡县"的现象非常普遍。按照公共选择理论的假设前提，政府既扮演公共利益的代表，又有其趋利避害的"经济人"特性。地级市作为一级政府，同样具有政府的一般特性。从财税角度可以看出市（地级市）县之间的矛盾，在"市管县"体制下，地级市政府对所辖县索取多、给予少，转移的多、支持的少，同时地级市政府为了获得更多的税源和财政收入，利用各种手段与所辖的县政府争利。其一，地级市政府往往利用其行政层级优势将原本属于县级政府的财源划归自己使用，使所辖县级财政收入减少。其二，地级市政府对所辖县级政府的中央政府资金返还不到位，采用非规范化的借款办法，或者故意压低资金返还比例，获取所辖县级财政理应从中央政府获得的返还资金。其三，地级市政府通过截留财政转移支付使自己获利，损害了县级政府利益。"由于地级中间层级的存在，中央对下级的转移支付就多了一个层次，地级市往往利用其强势地位截留转移支付资金，到达县级时已所剩无几。"② 计划经济体制后期，市管县体制下的市已经成为省县之间的一级政府，拥有相当的财政权。市管县体制实施的目的是，通过中心城市的经济发展带动周边县的经济发展，而市管县体制的实践并非如此，

---

① 陈达云、邓速：《我国地方行政层级的思考》，《国家行政学院学报》2007 年第 1 期，第 72 页。

② 孙学玉、伍开昌：《当代中国行政结构扁平化的战略构想——以市管县体制为例》，《中国行政管理》2004 年第 3 期，第 82 页。

市政府通常利用自己的行政权力夺取周边县的资金、资源以发展城市经济，加强城市各方面的建设，县级常常以超出自己的经济承受能力支持市级的经济发展，在一定程度上阻碍了县域经济的健康发展，城乡二元化体制进一步加剧。地级市政府常常没有认真贯彻执行中央出台的农村优惠政策，通常分流或截流惠农资金，地级市成了所辖县域经济发展的"抽水机"，时常出现"市刮县"现象，所辖县的财权缩小、事权扩大，财权和事权比例失衡，县财政很难满足县域经济和农村经济发展的资金需要。地级市政府往往通过截留指标和资金、争项目、财政提取和行政审批来侵占所辖县的应得利益；社会主义市场经济条件下，市（地级市）县之间的资源不是依据市场的原则来配置，而是仍然以行政手段来分配，这自然会进一步侵害所辖县的利益，形成"市压县""市卡县""市挤县""市吃县""市刮县"的不良现象。实施市管县体制后，县域的人、财、事等权力匹配不科学，功能不完备，权力大的部门通常采用"条条"管理；县的权力过小，很多行政事务无权最终决定，县域的项目审批要经过上级（省级、地级市）主管部门加盖十几个乃至几十个公章，经历的时间长，久拖不决问题常常存在，导致县级政府的行政效率低，县域经济的发展时常出现活力不足、动力不够、增长滞缓的问题。因此，县级要求改革地级市行政部门的多种审批手续，撤销市级经济关卡，改变地级市处处"卡油"的现状，使地级市政府放权让利给县级，建立县域经济自主增长、自我发展的良性循环机制，促进县域经济发展。

第六，市管县体制导致干群关系疏远，不利于群众对领导干部的近距离监督，不利于党政干部的廉政建设。行政层级多，官员的等级多，基层行政人员更换太频繁，不利于县域经济的健康持续发展。贵州省县域经济的发展活力不足、动力不够、增长滞缓的现象突出，产生了所谓的"三无"现象。

一是"无权"。县域的人、财、事等权力匹配不科学，功能不完备，权力大的部门基本上是"三权在上"条条管理；县的权力过小，很多事无权最终决定，县域项目审批的时间长、程序多。

二是"无力"。县域经济的实力不强，大多为"吃饭财政"，收支逆差很大，投入县域经济的财政资金极其有限。在财政上，市对所辖县取得多、予得少，转移的多、支持的少。

三是"无位"。县域干部的级别、工资、奖励等激励性措施不到位，干部任期工作制度不完善，干部调整调动频繁，县班子人员虽然明文规定一届五年而实际情况是两三年调换一次，这往往造成县里领导干部缺乏长远打算，不利于保持县行政工作的稳定性和连续性。

"三无"问题的解决只能从改革现行行政管理体制入手，放权让利给县行政部门，建立县域经济自主增长、自我发展的良性循环机制。

县对于现行管理体制改革的呼声很高，尤其希望改革上级行政部门多种审批手续，撤销上级层层经济关卡，改变上级处处"卡油"的现状。

第七，相互促进型市（地级市）县关系与相互制约型市（地级市）县关系的矛盾。市管县体制实施的初衷是市县之间相互促进，市发挥中心城市的辐射作用，资源在市（地级市）县之间实现优化配置，既促进市级的经济发展和社会进步，也带动所辖县的经济发展和社会进步。然而市管县体制的实践并没有实现市县体制的初衷，反而常常表现出相互促进型的市（地级市）县关系的对立面，即相互制约型的市（地级市）县关系。一方面，地级市政府把所辖县看作自己的附属单位，要求县级的经济发展从属于市级经济发展。而且，地级市经济获得巨大发展之后，不但做出没有带动和反哺县域经济的政策设计，反而把更多的资源、财力投向第三产业或者将工业资本向金融资本转化，用于市区各项建设，改善市区基础设施，满足市区发展的需求。另一方面，在现有的经济社会条件下，市（地级市）县有不同的经济发展规律和经济发展模式，市（地级市）县采取相同的治理模式不利于地级市的高度专业化治理。市辖县基本是农村地区，市级领导担心如果市对农村农业的关注和投入太少会受到社会的批评，从而对农村农业有所关注并投入一定量的资金。"一些市长出于面上工作的需要，甚至是出于'选票效应'的原因，不得不把相当一部分精力放在农业农村上，一定程度地影响了城市领导工作"[1]，由于市政府对城市和农村发

---

① 卓勇良：《关于省直接管辖县（市）的若干研究》，《经济社会体制比较》2003 年第 5 期，第 110 页。

展的关注不一样，市县关系通常不和谐。

总之，逐步完善的市场经济体制与传统的计划经济体制在管理组织上最大的区别是，完善的市场经济体制通常由市场调节，受上下对应、层层节制的地方政府管理体系的限制比较小。根据社会主义市场经济发展的需要，原来因进行逐级管理控制而设置的中间行政管理层级地级市，应该逐步退出地方政府行政层级体制。县域的经济发展也要求撤销地级市这一管理层级，构建规模合理的中国特色的地方政府行政层级体制。撤销市管县体制也是实施"全面、协调与可持续发展"战略和实现"五个统筹"① 的客观需求。

第八，市管县体制制约社会主义市场经济体制进一步完善。我国实施的市管县体制是社会主义计划经济体制的产物。社会主义计划经济体制下，农产品、原材料、劳动力等生产要素不能满足城市的经济发展需要，为了解决城市经济发展的资源、资金、劳动力等问题，我国政府通过行政措施，运用行政手段，把地级市周围的县划归市管辖，通过城乡合治的方式，周边县为地级市的经济发展提供广阔的空间和丰富的资源，地级市发挥中心城市的辐射作用，带动所辖县的经济发展。我国社会主义市场经济体制建立后，地级市在县域经济发展中的作用越来越小，已经没有足够的经济力量辐射所辖县域经济，不能发挥带动所辖县域经济发展的积极作用；市场经济要求市场主体的地位平等，主体之间平等竞争，地级市所辖县不断增强自身的市场主体意识、独立参与意识、平等竞争意识，要求摆脱地级市控制的愿望越来越大。然而地级市政府作为县级政府的上级机关，拥有管理县级的行政权力，可以采取行政手段、法律手段、经济手段等抑制所辖县参与市场竞争，地级市政府采取的这些手段通常是违背市场原则的手段，严重影响了县域经济发展。社会主义市场经济体制强调中心城市对周边县域经济的辐射作用，但是要通过市场机制调节，而不是通过地级市政府的行政强制手段分配各种资源。地级市在财政、金融、市场、信息、就业等方面曾发挥过重要带动作用，给县域经济发展带来了发展机

① 刘君德、冯春萍：《中外行政区划比较研究》，华东师范大学出版社，2002，第118页。

遇，地级市也充分利用周围县的原材料、劳动力等发展空间上的巨大潜力，为城市经济的快速发展创造条件。但是，社会主义市场经济体制下，地级市与所辖县应该通过多种渠道、多种方式，自愿互惠地发展各自经济，地级市政府不能通过行政权力把县的经济发展归于市政府管辖。市管县体制严重影响了社会主义市场经济体制的进一步完善，该体制下的市是省县之间的一级行政管理层级，市政府确定地级市经济发展规划及产业结构，形成了相对封闭的"行政区经济"，地方保护主义严重，影响了周边县自主地发展以及同其他地级市的交流和合作，不利于进一步培育和健全国内市场体系。

市管县体制存在弊端的根本原因是其不适应社会主义市场经济发展的要求。市管县体制出现弊端的表面原因是没有通过充分试点，没有进行全面调查研究、总结经验，操之过急，在许多不具备实行市管县体制条件的地区也照搬这种体制，出现"小马拉大车"的局面，根本起不到市带动县域经济发展的作用，而且地级市行政管理方式、领导方法没有及时改进。深层次的原因是社会主义市场经济体制的建立使社会、经济、政治环境与市管县体制实施初期相比发生了很大的变化，导致地级市和所辖县之间产生了新的矛盾。在社会主义计划经济时代制约市（地级市）县经济发展的因素多数已不复存在。市管县体制是社会主义计划经济时期通过行政手段设计而形成的行政管理体制，这种体制与市场经济的平等竞争原则、自由联合原则、互利共赢原则不相适应，产生了一些新矛盾，出现了一些新问题。一是有经济实力的中心城市很难在更大的范围发挥中心作用。同一区域内城市之间、市（地级市）县之间出现盲目竞争、过度竞争现象，市（地级市）县之间矛盾突出，削弱了市级区域的整体实力。二是市（地级市）县代表不同的经济利益主体，客观上存在激烈的竞争关系。市管县体制使市（地级市）县竞争处于非常不平等的地位，地级市处于竞争优势地位，县级则处于竞争的不利地位。市对所辖县的经济管理很严格，导致县级缺乏应有的竞争活力，加之地级市从所辖县获取了大量的资金、资源，导致县域经济发展缺乏资金、资源，从而使县域经济发展变得更加缓慢。大量规模偏小的市升格为地级市，这些地级市经济实力弱，为了在短时间内改变市级面貌，强化地级城市的中心城市功能，而从所辖县获得更多的资金、资源，严重影响了县域经济的良性发展，不利于社会主义市场经济体制的培育和完善。

四 改革贵州省市管县体制的必要性

我国市管县体制经历了一段较长的历史发展时期，并分别在 20 世纪 50 年代、80 年代和 90 年代出现了三次市管县体制改革高潮。1982 年，为了消除地市分割存在的弊端，发挥地级市作为中心城市的辐射作用，有关部门决定加快城乡一体化建设步伐，在全国推行市管县体制改革。然而市管县体制的实践表明，能够基本实现市管县体制初衷的市不多。在社会主义市场经济条件下，市（地级市）级、县级成了相对独立的经济利益主体，两级政府之间常常相互争投资、争项目等，变成了竞争对手，造成严重内耗，削弱了经济发展的整体实力，"如何建立一种适应经济社会发展和社会制度变迁进程的行政管理体制，就成为当前中国行政管理体制改革面临的重大现实课题。目前，比较流行的一种观点是认为只有通过调整行政区划，建立省直接管理县的领导体制，才能克服市管县体制的弊端"[1]。

在社会主义市场经济体制下，经济区是通过生产要素自由流通而形成的，城乡之间、区域之间的经济关系常常表现为商品交换关系，区域经济发展主要通过市场配置资源，较少单纯依靠行政手段调控资源、资金。社会主义市场经济体制促使区域间经济关系日益密切，同时严重冲击了行政区域的经济结构、社会结构和文化结构，行政隶属关系在经济关系中逐渐淡化。中共贵州省委、贵州省人民政府为了促进贵州经济发展，适应社会主义市场经济体制发展的需要，制定了《关于实施开放带动战略打好扩大开放总体战的决定》[2]，按照"以南下为重点的全方位开放"战略，着力抓好南下出海通道建设，开展与港澳台地区和世界各国的合作，由国内市场

---

[1] 何显明：《市管县体制绩效及其变革路径选择的制度分析——兼论"复合行政"概念》，《中国行政管理》2004 年第 7 期，第 72 页。

[2] 《中共贵州省委、贵州省人民政府关于实施开放带动战略打好扩大开放总体战的决定》（省发〔1994〕22 号），1994 年 12 月 25 日。

走向世界市场；着力抓好北上入江通道建设，加强与长江流域的经济联系，在整个贵州省的全方位开放中形成了南北两翼齐飞的发展格局；着重把贵阳市建设成为现代化内陆开放城市，建设好包括贵阳市、遵义市、安顺市在内的黔中产业带，发挥这些市对全省经济的带动和辐射作用；不断改善贵州的投资环境，提高投资服务质量，形成多层次、多渠道、多形式的开放，冲破市管县行政区划体制制约经济发展的藩篱，从而可以进行广泛的区域经济合作，为贵州省经济快速发展提供良好的政策环境。

市场取代计划成为配置经济资源的主要机制，市管县体制的经济发展环境发生了很大变化，市管县体制丧失了社会主义计划经济制度的支撑，其制度安排本身也存在一些弊端，市管县体制的预期目标难以实现，在很大程度上制约了县域经济发展。从行政管理幅度看，贵州省实施的市管县体制在发挥中心城市辐射和拉动作用方面起过积极作用，但在市管县体制的实施过程中也带来了政治、经济方面的诸多矛盾，主要表现在以下方面。

（一）降低了行政管理效率，增加了行政管理成本

位于省县之间的市成为现实一级地方政府，增加了行政层级，行政管理信息失真的可能性大，行政管理信息失真会导致行政管理成本增加。市管县体制增加了市（地级市）这个中间层级，行政管理信息传递增加了一道程序，降低了其传递的速度及行政效率，加之在政治体制改革滞后、政府职能没有根本转变的情况下，市（地级市）政府过分依靠行政手段，管了不该管、管不好的一些微观经济事务，导致经济资源配置成本增加、经济效益降低，阻碍了社会主义市场经济的健康发展。市（地级市）政府的建立，需要配备很多市（地级市）级行政机构和行政管理人员，许多财政开支花费在行政人员的工资、津贴等方面，同时这些行政人员还要消耗许多其他可见和不可见的资源，无疑增加了市行政管理成本，加重了市（地级市）财政的负担。

从行政区经济运行规律来看，市管县体制发挥了一定的积极作用，但是在社会主义市场经济条件下不实行市管县体制的城市同样能够发挥中心作用，且市管县体制的积极作用会随着社会主义市场经济体制的建立逐步减弱；从行政管理层级和行政管理幅度来看，市管县体制与地区行署管县体制相比，行政机构和行政人员编制更加精简，但行政管理层次多的弊端仍然存在；从城乡分治、市（地级市）县分治的角度来看，国内外的历史经验有力证明了贵州省实施省直管县体制、市（地级市）县分治体制的必要性和可行性。

（二）忽视了贵州省区域间的差异

贵州省推行市管县体制，没有充分注意到贵州省区域之间经济、文化历史传统以及发展水平的巨大差异，市管县的幅度很不均衡，市管县体制以城带乡的功能发挥不足。市管县体制是根据已有中心城市的分布来确定市管县规模的大小和所辖县数量多少的，市管县体制实施之初，存在市管县管理幅度不均衡现象，经济发达地区城市数量多、规模大，市领导县的数量少；经济欠发达地区，城市数量少、规模小，市领导县的数量多。经济实力雄厚、辐射功能强的市辖县的数量偏少，且市对所辖各县的主动辐射有限，带动作用不强，市的自身发展空间也受到限制；经济实力薄弱、辐射功能一般甚至较差的市管辖数量较多的经济落后的县，根本无法带动众多县域经济发展。这在很大程度上背离了市管县体制以市带县的初衷，制约了市管县体制功能的发挥。贵州省4个市的管理范围都不是很大，六盘水市只管理4个县级区域。市的管理幅度过小，导致市的行政管理事务烦琐，且市政府制定的各种"考核""创建""达标"等增加了县级的管理负担。对于县域经济而言，市（地级市）政府对其实际投入少，对其经济社会的发展关心不够，特别是本身经济实力不强的市（地级市），因为自身聚集和辐射能力不强，管不好所辖各县，甚至出现"市刮县"现象；市（地级市）、县发展水平相当的市管县，会使市（地级市）无法真正发挥城市的中心作用，从而加剧市（地级市）、县的不公平竞争，严重挫伤县域经济发展的积极性、主动性和创造性。如果市（地级市）的经济实力远远强于所辖县，那么在城市与区域经济发展的推动下，即使不实施市管县体制，县域经济发展也会受到中心城市的辐射。

（三）缺乏城乡合治的合理制度安排

在以往的行政管理工作中，对城市和农村一般实行城乡分治，城乡合治没有现成可供借鉴的经验。有效的城乡合治的管理模式必须有实行城乡合治的一系列合理的制度安排。贵州省实施市管县体制，没有触动传统的城乡二元分割的行政管理体系，重城轻乡观念下的城市各项事业发展没有建立在公平、开放的竞争机制之上，城乡资源缺乏自由流动、合理配置，"城乡合治"在经济、社会、生活各个方面缺乏实质性内容，完全靠行政干预手段来实现。贵州省实施市管县体制的过程中，在政府管理体制上还没有形成合理的分工与协调机制，没有充分考虑到城乡各自的特点，城乡互补的合作机制不健全。贵州省实施城乡合治时，城乡合治工作分别由管理城市和农村的两套行政管理系统实施，城乡两套行政管理系统的协调主要取决于分管领导的个人沟通，这极易受到分管领导个人因素的影响。由于缺乏城乡合治配套制度安排，贵州省市管县体制的城乡合治制度很难真正落实。

市管县体制要求实行城乡合治，但是城乡合治不符合国际行政管理的通用做法。城乡分治是当前治理城乡的一贯做法。改革开放以前我国一直采用城乡分治，贵州省同样如此。城市和农村是两种完全不同的地域类型，二者在人口的结构、密度、流动性，产业结构，产业集中程度，社会组织结构，社会管理模式等方面都有极大的差异。农村的生产和管理具有分散性、季节性的特点，城市生产和管理的特点是比较集中、受季节干扰小（除原料来源于农业的工业外）。城市的第二、第三产业特别是服务业集中，能量流、物质流及信息流大，对基础设施的需求远远大于农村。实行市管县体制，把城乡共置于一个行政区内，不利于实现城乡平等，也不利于按照城乡的各自特点进行分类管理、优化管理。

从世界行政管理发展的趋势来看，行政层级正逐渐减少。实行省直接领导县体制，可以剔除位于省县之间的行政层级。市管县体制向省直管县体制的转变是一项复杂的系统工程，"牵一发而动全身"，不可能一步到位，不能操之过急，而且贵州省各地差异大，实行省直接领导县的体制不能一哄而起，要在科学确立省、县政府职能的前提下，通过个别试点、分类逐步实施。

（四）市（地级市）、县政府间利益协调机制不健全

市（地级市）、县政府基于各自利益最大化的博弈导致市管县体制难

以有效地实现城乡统一领导、统一协调、共同发展。制度变迁过程是行政主体的博弈过程。市管县体制中，市（地级市）、县政府根据公共利益最大化原则做出自己的行政选择，市政府从辖区整体协调发展考虑，追求整个辖区公共利益最大化，县政府基于同样的行为逻辑自觉服从市政府的领导。这种角色预期在计划经济体制下可以达到，但是随着社会利益主体的日益多元化和政府自利性的日益凸显，行政主体基于自身利益最大化的博弈活动，致使市管县体制及其功能发生了一系列变异。

其一，地区行署、县政府在利益驱动下盲目实行"地区行署改市""县升市"。地区行署改市，行政主体地位发生根本改变，地区行署属于省政府派出机构，代表省政府管理相应县级事务，对省政府负责，其行政行为的法律后果由省政府承担；实行"地区行署改市"，市（地级市）作为省县之间的一级政府，行政地位发生了很大的变化，市（地级市）设置大量的行政机构、安排大量的行政干部，市政府行政行为的法律后果由市政府承担。县升市（地级市）后，行政机构的等级以及行政人员的工资、待遇和行政地位随之提高，还能够获得更多的国家资金投入和政策优惠，因此有些县不顾自身的条件和能力，即便不符合设市标准也想方设法通过各种途径争先恐后地升格为市（地级市）。利益驱动下的"地区行署改市""县升市"不利于行政管理，市管县体制在很大程度上变成了对虚假城市化的追求。市管县体制的法律依据不足，城市虚化严重。对于贵州省而言，只有省会城市贵阳市实行"市管县"才符合宪法规定，而贵州省实际实行"市管县"的地级市有3个，"市管县"名义上由市进行代管，但事实上省不再过问市所辖县，而由市对县进行真正意义上的管理，市（地级市）成为实际上的一级行政机构，这种体制缺乏宪法依据。市的设置也不符合标准，大量的"市民"仍在从事农业活动，市依然是以广大农村为主体的行政区域，如遵义市辖2区8县2自治县2市（县级市），14个县级单位中县就占了10个，真正的城市数量在市内所占比例不到30%，城市虚化现象严重，称不上真正意义上的市。

其二，市政府强调中心城市经济社会发展绩效的目标取向，偏离了市辖区内整体公共利益最大化的目标，在很大程度上制约了市管县体制以城带乡目标的实现。市管县体制的初衷是推进城乡共同发展，但市管县的制度安排和实践却要求所辖各县无条件服从自己的领导，各县应该为市的经济发展做出牺牲。新中国成立初期实行的市管县体制，要求乡村为城市发展做贡献，为城市发展提供廉价的农副产品和工业原料，甚至乡村很多的资金涌向城市，这导致城市经济发展迅速，农村经济受到很大的影响，城乡二元结构变得更加明显。社会主义市场经济条件下，地级城市的自利性表现得更明显，以自我为中心的倾向更强，市政府为了追求政绩，往往集中所辖县的财力建设地级城市，把所辖县的资源、资金集中投入中心城市的经济发展，这往往制约了县域经济的良性发展，损害了所辖县域的经济利益。市（地级市）、县两级职能定位不清，市（地级市）、县在经济市场中竞争激烈。省、市（地级）、县三级政府的行政管理职能不同，省级政府以宏观管理为主，县级政府以微观管理为主，处于省县之间的地级市政府既不是宏观管理也不是微观管理，其职能只是从省、县两头各拉一点，即从省政府得到一点，从县级政府收一点。县级政府具有较高的行政管理水平，而地级市政府的建立，上收了不少县级政府的权限，干扰了县级政府行政管理职能的发挥。市（地级市）、县财政体制相对独立，市（地级市）、县两个行政主体也相对独立，为实现本级政府所辖区域的经济增长，各自投资的目标往往不同，市政府为了市本身的经济发展常常损害所辖县域的经济利益，致使县域经济发展缺乏应有活力。这种以行政手段强化中心城市的极化效应，不符合市管县体制的初衷。

其三，县级政府为了自身利益，通常侵蚀市管县体制的制度安排，影响地级市政府统一协调全市范围的经济社会发展，中心城市辐射带动作用难以充分发挥。

（五）社会主义市场经济体制的建立与完善改变了行政区的经济运行规律

1. 行政区经济与社会主义市场经济条件下的资源优化配置相冲突

社会主义计划经济体制下，经济区的范围与行政区的范围完全一致。行政区经济常常处于封闭状态，市管县体制在一定程度上打破了行政区对经济区的束缚，经济区范围扩大。随着社会主义市场经济体制的日益成熟，行政区对经济区的约束力减弱，纵向的行政经济管理转变为横向的经济联合。城市与周围区域的经济联系加强，城市中心的聚集作用和外溢作用更加明显，以城市为中心的经济区形成。城市中心向周围扩散主要依靠市场力量调节，行政手段调节资源、资金能力减弱。资源配置区域与资源配置效率成正比，资源配置的区域越大，资源配置的效率就越高。市管县体制形塑了许多资源配置的"行政经济区"，资源配置在"行政经济区"中的效率不高，经济成本较高。

2. 区域经济发展对市管县行政区划体制形成很大冲击

市（地级市）、县两级政府的效用目标不同，常常发生激烈的经济利益冲突。市（地级市）、县政府都承认实行市管县体制的主要目的是"加强统一规划，统一领导，促进城乡一体化"，但对"加强统一规划，统一领导，促进城乡一体化"的理解常常是基于各取所需的考虑。地级市政府希望通过集权，获得中心城市经济、社会发展所需要的资源、资金和市场；县级政府希望获得放权的收益，能够分享地级市政府给予的各种经济政策优惠。在市管县实践过程中，市（地级市）、县政府的期望都未能实现，彼此不满的情绪增强，双方对市管县体制的兴趣减弱。市所辖县级政府认为，市管县体制下的地级市对县域经济发展所起的作用不大，地级市政府不仅对县域经济发展投入的资金少，而且常常把本属于县级的资金、资源占为己有，对周边经济落后县的带动作用非常有限，甚至阻碍了县域经济的发展，市管县体制的消极作用大于积极作用。地级市政府认为，如果市政府的权力过多下放给所辖县级政府，就无法在全市范围内有效地实现统一规划、协同发展，这导致市所辖县域经济的产业结构常常趋同，各县基础设施重复建设，资源、资金严重浪费。市、县政府的经济利益冲突和博弈致使市管县体制的制度预期很难实现。

社会主义市场经济体制的逐步建立迫切要求扩大资源配置的区域，在更大经济区内优化资源配置，市管县体制已经成为市场经济发展的障碍。

（六）现代行政组织理论对贵州省市管县体制改革的要求

改变传统多层级的线形行政组织，实现行政组织的扁平化已成为行政组织设置的必然趋势。行政管理学原理表明，行政管理层级少，行政管理信息传递速度快，行政决策层就能够尽快地处理行政信息，及时采取纠偏措施；行政管理信息传递的行政层级少，行政管理信息失真的可能性就小，有利于保证国家政令统一，行政管理信息通畅，避免官僚主义，提高行政效率。同时，随着行政层级减少，行政权力下移，基层行政权限逐渐增大，基层政府可以根据情势变化迅速做出行政反应，有利于调动基层政府的积极性、主动性和创造性。

城乡统筹发展理论表明，贵州省要改变城乡二元制结构，就必然要改革市管县体制。虽然贵州省市管县体制在实施初期促进了县域经济发展，加快了城镇化进程，但随着社会主义市场经济体制的建立，地级市和县分别成为不同的市场经济主体，彼此之间形成了竞争关系，同时地级市为了自身利益，利用行政权力获取本该属于县级的资源，这严重阻碍了县域经济发展，固化了城乡二元制结构。

中心地理论表明，随着县域经济的快速发展，市的中心地位会逐步丧失，形成以县城为中心的县域经济，县级政府比市级政府更能为县域内公民提供特定的公共服务，市管县体制成为公共管理和公共服务效率提高的阻碍。

增长极理论表明，地级市所在城市作为经济增长中心曾对周边县的经济具有较强的辐射作用，但随着科学技术的进步、生产力水平的提高，贵州县域经济发展快速，形成了新的增长极，必须打破市管县体制才能发挥县城的中心作用，带动周围镇和乡村的发展。

边际效益理论表明，如果一个行政区域的管理幅度是合理的，这个幅度与相应的行政管理机构及其职员规模之间应能构成一个最佳耦合，此时达到的管理效率最佳；继续增加其管辖幅度，或者持续减少行政机构和行政人员编制，管理的边际效能会大大降低；反之，进一步增加行政管理机构和行政职员编制，减小行政管理幅度，管理效率也会大大降低，造成行政管理资源的闲置和浪费，产生"规模不经济"。全国市管县的平均幅度一般不超过6个，贵州省市一级管辖的幅度也很小，省会城市贵阳市辖6区3县1市（县级市），遵义市辖2区8县2自治县2市（县级市），六盘水市辖1区1特区2县，安顺市辖1区2县3自治县，市管县的幅度一般只有8个。行政管理幅度过小，降低了行政管理效益，增加了行政管理成本。市管县体制中，根据已有中心城市的地域分布来确定市管县的大小和数量，越是发达地区，中心城市越密集，市管县的幅度越小。市管县体制的实施带有管理幅度的不均衡性。追求行政等级的提升，或者因发展业绩显著把县级市和县升格为地级市，通常使市的管理幅度更小，也使其带动作用更小。

解决贵州省行政区划管理幅度大、管理层级多产生的问题，常用的办法有以下几个。办法一，在行政管理幅度不变的情况下变更行政管理层级，由省直接管理县。这种办法虽然管辖行政单位的数量、辖区人口数量、辖区面积、经济发达程度都不变，但是省政府职能发生了变化，由宏观管理转为微观管理。办法二，缩小省级行政区的管理幅度，减少省级行政单位的管辖面积、行政区划层次。这是从根本上解决市管县体制矛盾的方法。根据贵州省的省情，解决贵州省行政区划管理幅度大、管理层级多产生的弊端的最佳方法是采取上述办法一，改变省政府的管理职能方式，由宏观管理转向微观管理，扩大县级的管理职能范围，提高行政管理整体效能。

（七） 市管县体制不利于广大人民群众行使权利

市管县体制下，市作为省与县之间的一级地方政府，拥有管辖县的权力，《中华人民共和国宪法》第九十七条规定："省、直辖市、设区的市的人民代表大会代表由下一级的人民代表大会选举；县、不设区的市、市辖区、乡、民族乡、镇的人民代表大会代表由选民直接选举。"① 市人大代表不由选民直接选举产生，由市人民代表大会选举市人民政府领导成员并监督市人民政府的工作。广大人民群众无法对市人民政府进行近距离的监督。

地级市为了自身发展，利用行政权力获取本属于县域的资金、资源，严重阻碍了县域经济的发展。县级政府因资金短缺，而无法改进公共基础设施，扩大基础教育规模，制约了广大人民享受经济权利、受教育权利等。

---

① 《中华人民共和国宪法》（中华人民共和国第十三届全国人民代表大会第一次会议修正），2018 年 3 月 11 日。

（八）市管县体制在一定程度上不利于民族共同繁荣和民族团结

市管县体制的初衷是以中心城市的优势带动周边县域经济的发展，但是市政府通常把县作为自己的附属物，要求县的发展从属于市的发展，多关注市区的发展，忽视了农村、农民和农业的发展。市政府为了获得更多的发展资源、资金，常常采取各种手段与所辖县争利，形成了"市压县""市挤县"等不良现象。县域经济发展缓慢，县级政府无力发展农村经济，农业技术改进慢，农民收入不高，从而拉大了市（地级市）县差距、城乡差距，加剧了市（地级市）与县、市民与农民之间的矛盾。

贵州省是一个多民族省份，少数民族主要分布在农村。市管县体制下的农村经济发展缓慢，直接影响了少数民族经济发展水平与文化水平的提高。

第二节　贵州省自治州体制的政治经济作用

一　自治州体制的含义及其类型

（一）自治州体制的含义

自治州体制是我国民族区域自治制度的组成部分，在国家统一领导下，各少数民族聚居的地方实行区域自治，设立自治州，行使自治权。

1. 自治州的性质、地位和构成

自治州是民族自治地方，民族自治地方分为自治区、自治州和自治县。自治州人民代表大会及其常务委员会和人民政府是自治州的自治机构。自治州人民代表大会和人民政府既是民族自治地方的自治机关，又是国家的一级地方政权机关。自治州自治机关的组织原则与其他地方的国家机关一样，实行民主集中制。自治州人民政府对自治州人民代表大会及其常务委员会和上一级国家行政机关负责并报告工作；在自治州人民代表大会闭会期间，对自治州人民代表大会常务委员会负责并报告工作。自治州人民政府要服从中央人民政府（国务院）的统一领导。

根据《中华人民共和国宪法》① 和《中华人民共和国民族区域自治法》② 对自治机关民族构成的规定，自治州自治机关的民族构成表现为以下几个方面。第一，自治州人民代表大会常务委员会中应当有实行区域自治的民族的公民担任主任或者副主任。第二，自治州州长由实行区域自治的民族的公民担任。自治州人民政府的其他组成人员，应当合理配备实行区域自治的民族和其他少数民族的人员。第三，自治州人民代表大会中，除实行区域自治的民族的代表外，其他居住在本行政区域内的民族也应当有适当名额的代表。自治州人民代表大会中，实行区域自治的民族和其他少数民族代表的名额和比例，根据法律规定的原则，由省、自治区、直辖市人民代表大会常务委员会决定，并报全国人民代表大会常务委员会备案。

2. 自治州自治机关的职权

自治州的自治机关行使一般地方同级国家权力机关和国家行政机关的职权，同时，依照《中华人民共和国宪法》《中华人民共和国民族区域自治法》和其他法律规定行使自治权，根据自治州的实际情况贯彻执行国家的法律、政策；在不违背宪法和法律的原则下，采取特殊政策和灵活措施，加速自治州经济、文化建设事业发展。自治州自治机关的自治权可以概括为以下几个方面。

（1）制定自治州的自治条例和单行条例的立法权。根据《中华人民共和国宪法》和《中华人民共和国民族区域自治法》的规定，自治州人民代表大会有权依照当地民族的政治、经济和文化的特点，制定自治州的自治条例和单行条例。自治州的自治条例，是指由自治州人民代表大会依照《中华人民共和国宪法》和《中华人民共和国民族区域自治法》的规定制定的自治州自治机关的组织、活动原则，自治机关的自治权以及自治地方经济、文化重大事项的规范性文件。自治州的单行条例，是指自治州人民代表大会依照当地民族的政治、经济和文化特点制定的关于某一方面具体

---

① 《中华人民共和国宪法》（中华人民共和国第十三届全国人民代表大会第一次会议修正），2018 年 3 月 11 日。

② 《中华人民共和国民族区域自治法》（中华人民共和国第九届全国人民代表大会常务委员会第二十次会议修正），2001 年 2 月 28 日。

事项的规范性文件。自治州的自治条例和单行条例报省、自治区、直辖市人民代表大会常务委员会批准后生效，并报全国人民代表大会常务委员会和国务院备案。自治州的自治条例和单行条例有利于保障自治州的少数民族更好地发展经济、文化事业，更好地参与国家事务的管理，更好地享受法律规定的权利。

（2）变通执行或者停止执行上级国家机关的决议、决定、命令和指示的权力。上级国家机关的决议、决定、命令和指示，如不符合自治州民族的风俗习惯、经济文化发展等实际情况，自治州自治机关可以报自治州上级国家机关，经批准可变通执行或者停止执行。对于自治州的自治机关行使变通执行的权力，法律作了条件规定，《中华人民共和国立法法》第七十五条规定："自治条例和单行条例可以依照当地民族的特点，对法律和行政法规的规定作出变通规定，但不得违背法律或者行政法规的基本原则，不得对宪法和民族区域自治法的规定以及其他有关法律、行政法规专门就民族自治地方所作的规定作出变通规定。"[①] 对自治州的自治机关行使变通执行权力的条件规定，有利于保障《中华人民共和国宪法》和《中华人民共和国民族区域自治法》等基本法律在自治州的贯彻实施，确保法律的统一，也有利于自治州的少数民族充分享受《中华人民共和国宪法》和《中华人民共和国民族区域自治法》等基本法律所规定的权利。

（3）自主地管理自治州财政的权力。《中华人民共和国宪法》第一百一十七条规定："民族自治地方的自治机关有管理地方财政的自治权。凡是依照国家财政体制属于民族自治地方的财政收入，都应当由民族自治地方的自治机关自主地安排使用。"[②]《中华人民共和国民族区域自治法》规定，民族自治地方在全国统一的财政体制下，通过国家实行的规范的财政转移支付制度，享受上级财政的照顾。根据《中华人民共和国宪法》和《中华人民共和国民族区域自治法》，自治州的财政收入由其自治机关管

① 《中华人民共和国立法法》（中华人民共和国第十二届全国人民代表大会第三次会议修正），2015 年 3 月 15 日。
② 《中华人民共和国宪法》（中华人民共和国第十三届全国人民代表大会第一次会议修正），2018 年 3 月 11 日。

理。自治州的自治机关可根据具体情况，合理地安排财政支出，发展自治州的经济、社会事务。

（4）自主地安排和管理自治州经济建设事业的权力。根据《中华人民共和国宪法》和《中华人民共和国民族区域自治法》的规定，自治州的自治机关可根据自治州的特点和需要，制定经济建设的方针、政策，自主地安排和管理自治州的经济建设事业；在坚持社会主义原则的前提下，根据法律规定和自治州经济发展的特点，合理调整生产关系和经济结构，努力发展社会主义市场经济；根据自治州的财力、物力和其他具体条件，自主地安排自治州的地方基本建设项目，自主地管理隶属于自治州的企业、事业；自治州根据本地经济和社会发展的需要，可以依照法律规定设立自治州商业银行和城乡信用合作组织。自治州的自治机关要努力发展经济建设事业，提高自治州的经济水平，促进自治州内各民族经济共同繁荣。

（5）自主地管理自治州的教育、科学、文化、卫生及体育事业的权力。根据《中华人民共和国宪法》和《中华人民共和国民族区域自治法》的规定，自治州的自治机关可根据国家教育方针，并依照法律规定自主地制定自治州的教育规划；自主地发展自治州的民族教育，提高自治州各民族的文化水平，培养各少数民族专业技术人才。自治州人民政府在财政方面扶持少数民族文字出版物的编译与出版工作，发展少数民族文化。自治州的自治机关自主地发展具有民族形式和民族特点的文学、艺术等民族文化事业，加大对文化事业的投入力度，加强文化设施建设，加快各项文化事业的发展，为少数民族充分享受民族文化提供有利条件；组织、支持有关单位和部门收集、整理、翻译和出版民族历史文化书籍，保护民族的名胜古迹、珍贵文物和其他重要历史文化遗产，继承和发扬优秀的民族传统文化；制定适合自治州科学技术发展的规划，普及科学技术知识，提高自治州各民族的科技水平；自主制定自治州医疗卫生事业的发展规划，发展现代医药和民族传统医药，加强对传染病、地方病的预防控制工作和妇幼卫生保健工作，改善医疗卫生条件，保障自治州各族人民的身心健康；保护和改善自治州的生活环境和生态环境，防治污染和其他公害，实现自治州人口、资源和环境的协调发展。

（6）组织自治州公安部队的权力。自治州的自治机关依照国家的军事制度和当地的实际需要，经国务院批准，可以组织维护社会治安的公安部队。公安部队有利于维护自治州社会稳定，保障各族人民生命财产安全。

（7）使用和发展自治州通用的一种或者几种语言文字的自主权。自治州的自治机关在执行公务的时候，可依照《中华人民共和国民族区域自治法》及有关法律规定，使用当地通用的一种或几种语言文字；同时使用几种通用的语言文字执行公务的，可以实行区域自治的民族的语言文字为主。自治州的自治机关执行公务使用当地通用语言便于少数民族参与政治生活，维护自己的各项权利。

（8）培养自治州的少数民族干部、专业人才和技术人才的权力。自治州的自治机关可根据社会主义建设的需要，在当地采取各种措施培养各级干部，各种科学技术、经营管理等方面的专业人才和技术工人，充分发挥他们的作用，并注意在自治州的少数民族妇女中培养各级干部和各种专业技术人才；录用工作人员的时候，可对实行区域自治的民族和其他少数民族给予适当的照顾。自治州的自治机关可以采取特殊措施，优待、鼓励各种专业人员参与本地各项建设工作。自治州的企业、事业单位依照国家规定招收人员时，可优先招收少数民族人员。这项权力的行使有利于调动少数民族的主动性、积极性和创造性，充分发挥少数民族的聪明才智，增强少数民族的责任感和主人翁意识。

我国实行民族区域自治，体现了国家充分尊重和保障各少数民族管理本民族内部事务的权利，体现了国家坚持各民族平等、团结、互助和共同繁荣的原则。

（二）贵州自治州体制的类型

我国自治州大致有三种典型类型：类型一，以一个少数民族聚居区为基础建立的自治州；类型二，以一个人口较多的少数民族聚居区为基础，同时包括一个或几个人口较少的其他少数民族聚居区的自治州；类型三，以两个或两个以上少数民族聚居区为基础建立的自治州。

贵州省的黔东南苗族侗族自治州、黔南布依族苗族自治州和黔西南布依族苗族自治州基本属于我国民族区域自治的第三种类型，都是以两个或两个以上少数民族聚居区为基础建立的自治州，黔东南苗族侗族自治州是以苗族、侗族聚居区为基础建立起来的自治州，其中苗族和侗族等少数民族人口占该自治州总人口数的 80% 以上；黔南布依族苗族自治州和黔西南布依族苗族自治州都是以布依族、苗族聚居区为基础建立起来的自治州，黔南布依族苗族自治州有布依族、苗族、汉族、水族、侗族、壮族、瑶族等民族，以布依族、苗族为主；黔西南布依族苗族自治州有布依族、苗族、汉族、回族、彝族、瑶族、仡佬族等民族，以布依族、苗族为主。

二 贵州省自治州体制的重要意义

贵州省是一个多民族省份，共有 18 个世居民族，其中有 17 个是世居少数民族。贵州省地域分布广泛，由于开发时间晚，人口密度小，大多地处边远地区，有限的自然资源也大部分分布在少数民族地区，其中矿藏、森林更是集中分布在少数民族地区。妥善处理好少数民族地区的行政边界争议，明确自治地方的行政区域边界，是民族区域自治的客观要求，是促进少数民族地区繁荣与发展的需要，是解决贵州省人口与资源矛盾的需要。

贵州省民族居住特点是多民族交错杂居和一些民族成片聚居。各民族的风俗习惯、历史文化各不相同。民族语言基本上属于普通话、苗瑶、壮侗、藏缅等语族，并将汉语作为交流的基本工具。贵州少数民族信仰多种宗教，各民族信仰宗教的程度不同，尊重各民族的宗教信仰，有利于促进民族团结和合作。

1. 自治州体制对于贵州经济发展、民族繁荣的积极作用

实行民族区域自治制度，有利于加快发展民族经济和文化，促进各民族共同繁荣。实行民族区域自治，能把党和国家的方针、政策同本民族、本地区的实际情况结合起来，因地制宜、因时制宜地采取适合本民族、本地区的特点的方式和步骤发展经济文化事业，达到各民族共同繁荣的目的。

2. 自治州体制对于促进民族平等、团结的积极作用

第一，实行民族区域自治制度，有利于保障少数民族自主地管理本民族事务的权利。

贵州省设置了三个自治州，保障了自治州内少数民族管理本民族事务

的权利。黔西南布依族苗族自治州分布有布依族、苗族、汉族、瑶族、回族、彝族、仡佬族等民族,《中华人民共和国宪法》和《中华人民共和国民族区域自治法》作了以下规定。(1)自治州的人民代表大会常务委员会中应当有实行区域自治的布依族或者苗族的公民担任主任或者副主任。(2)自治州州长由实行区域自治的布依族或者苗族的公民担任。自治州人民政府的其他组成人员,应当是实行区域自治的汉族、瑶族、回族、彝族、仡佬族等本族公民。(3)自治州的人民代表大会中,除实行区域自治的布依族或者苗族的代表外,其他居住在本行政区域的汉族、瑶族、回族、彝族、仡佬族也应当有适当名额的代表。自治州的人民代表大会中,实行区域自治的布依族或者苗族和汉族、瑶族、回族、彝族、仡佬族等民族代表的名额和比例,根据法律规定的原则,由省、自治区、直辖市的人民代表大会常务委员会决定,并报全国人民代表大会常务委员会备案。黔西南布依族苗族自治州主要由布依族、苗族管理自治州事务,保证了自治地方的少数民族当家做主。

第二,实行民族区域自治制度,有利于巩固平等、团结、互助的社会主义民族关系,有利于保障少数民族的平等权利。

贵州省设置黔东南苗族侗族自治州、黔南布依族苗族自治州和黔西南布依族苗族自治州三个自治州是为了聚居在自治州的少数民族可以充分地享有民族区域自治的权利,管理好自治州的事务,更好更快地发展民族经济,繁荣民族文化,保障自治州各民族间的平等、团结,保障各少数民族的平等权利。

贵州省自治州体制是在充分考虑欠发达地区的少数民族经济落后和少数民族较多的特殊情况的基础上建立起来的民族自治地方,这种体制对维护民族大团结、促进民族地区发展、尊重历史文化传统和民族风俗习惯、保护利用民族文化遗产和加速区域历史文化的现代整合等发挥了重要作用。

三 继续完善贵州省自治州体制

我国是一个以汉族为主的拥有56个民族的社会主义大家庭,我国民族分布的总体特点是：少数民族和汉族一样，遍布全国各地，其中汉族主要分布于我国的中部和东部，少数民族主要分布于西南、西北和东北地区，同一少数民族一般聚居在一个或少数几个地区，形成全国范围内各民族的"大杂居"与局部地区少数民族的"小聚居"。这种民族分布特点产生了两方面的影响，一方面各民族"大杂居"决定了我国不能实行由"民族自治国家"组成的联邦制，只能实行单一制；另一方面各少数民族的"小聚居"又要求必须给予少数民族实施某些与汉族地区不同制度或政策的权利。根据马克思主义基本原理，中国共产党创立了"民族区域自治"制度，这是我国解决民族问题的一项基本国策，也是我国当代政治制度的一项重要内容。"民族区域自治"既能保证国家的统一领导，又能保证各少数民族聚居区实行区域自治、行使自治权，体现了民族自治与区域自治的和谐统一。

在贵州省的自治州实行"省直管县"体制不符合我国现行的法律规定。《中华人民共和国宪法》第三十条规定："省、自治区分为自治州、县、自治县、市。"[①]《中华人民共和国民族区域自治法》第二条规定："各少数民族聚居的地方实行区域自治。民族自治地方分为自治区、自治州、自治县。各民族自治地方都是中华人民共和国不可分离的部分。"[②] 依据《中华人民共和国宪法》和《中华人民共和国民族区域自治法》，我国民族自治地区行政区划的基本模式为：自治区（省）—自治州—自治县（县、市）。自治州管县、市（县级市）是依据民族区域自治政策以及相关民族区域自治的法律法规设立的行政体制。在贵州省民族自治地方，自治州已成为宪法规定的一级地方政权建置，如果为了推行"省直管县"而简单地撤销自治州的建制，也许会给民族自治地区的社会心理和社会秩序带来负面影响，破坏民族地区的和谐稳定，也与《中华人民共和国宪法》和《中华人民共和国民族区域自治法》的精神相违背。

---

① 《中华人民共和国宪法》（中华人民共和国第十三届全国人民代表大会第一次会议修正），2018 年 3 月 11 日。

② 《中华人民共和国民族区域自治法》（中华人民共和国第九届全国人民代表大会常务委员会第二十次会议修正），2001 年 2 月 28 日。

在贵州省的自治州实行省直管县、市（县级市）体制也不符合贵州省省情。贵州省少数民族地区的情形比较复杂，这里有比较传统的民族习惯，改革现有的行政体制不是十分容易的事情。少数民族地区交通条件差，贵州省政府很难直接管辖县，在一定时期内自治州的存在可能更有利于少数民族地区的稳定和发展。因此对于贵州省内的自治州和自治县，只能严格按照党和国家的民族政策，充分考虑少数民族民众的宗教信仰、民族感情、风俗习惯和历史文化等方面的特殊情况，促进少数民族地区加快发展。

自治州的行政体制变革须谨慎。自治州不同民族具有不同的文化传统、宗教信仰、思想观念、社会习俗、生活方式和利益要求。重视民族问题、协调民族关系，是各级政府都必须认真对待的重要问题。在建设和谐社会的过程中，要充分尊重各民族的文化传统、宗教信仰、风俗习惯和生活方式，要着力促进各民族和睦相处、团结协作、互利互惠、共同繁荣。地方政府层级结构体制的创制与改革需要同民族关系问题密切地联系在一起，民族关系是地方政府层级结构设立与变动不容忽视的因素。只有在不影响民族自治地区和谐稳定的前提下，才能逐步将有利于县域经济发展的权力下放给县（自治县），让县、自治县等有更多的发展自主权。

自治地区实施"省直管县"体制应该符合以下条件。

第一，自治地方的各民族之间相互融合。贵州省的民族分布与我国其他省级行政区一样，呈现"大杂居、小聚居"的特点，这种分布特点有利于各民族之间的相互融合与和睦相处。自治机构不断推进自治地方经济、文化快速发展，使各民族能够获得更多实惠。通过繁荣民族地区的经济、文化促进各民族之间的融合和文化认同，形成强大的民族凝聚力，为在民族自治地区顺利实施"省直管县"体制创造良好的社会思想文化条件。

第二，有比较发达的县域经济。发达的县域经济是实施"省直管县"体制的经济基础。当前，贵州省少数民族聚居的县域，一般都处于边缘地区，经济落后，只有大力发展县域经济，形成能够促进经济发展的强大内生动力，才能为"省直管县"体制提供强有力的经济支撑。民族地区要大力发展交通事业、通信技术，保证民族地区行政信息能够及时反馈到省政府，以便省对县级政权进行领导。

当前，应该继续完善贵州省自治州体制，发挥其重要作用，促进自治州所辖区域政治、经济、文化等各方面的迅速发展，促进贵州省各民族的共同繁荣。

第三节　贵州省地区行政公署体制对县域发展的作用

一　贵州省地区行政公署体制的概况

1. 地区行政公署体制的含义

地区是指我国省、自治区根据行政管理的需要划分的区域，其行政地位相当于省和县之间的行政区，之前被称为"专区"，1970 年开始将"专区"改称为"地区"，属于第二级地方行政区划；包括若干个县、自治县、市（县级），但不是一级实质的行政区域，属于虚级；地区再设立行政公署，作为省、自治区人民政府的派出机关。1983 年推行地级行政区划改革，有些地区被撤销，其管理的县、自治县、市（县级市）改由地级市领导。1984~1998 年这 15 年时间内，每年平均新增领导县的市 6.2 个、市领导的县 45.7 个，减少地区 4.8 个。[①]

地区行政公署是行政督查机构名称，不属于一级政府，属省级政府的派出机关。地区行政公署相当于现在的省辖市，即行政级别在省级与县级之间。

2. 地区行政公署的发展概况

随着地级市和民族自治地方自治州的建立，贵州省的地区行署设置经历了几次大的调整，发生了很大的变化，1949 年贵州省设置了 8 个专区，现在只设置了 2 个地区。[②]

---

① 民政部主编《中华人民共和国县级以上行政区划沿革》（第 2 卷），测绘出版社，1988，第 74 页。

② 资料来源：行政区划网，http://www.xzqh.org/html/gz/。

1949 年底，贵州省辖 8 个专区：兴仁专区管辖 10 个县，安顺专区管辖 6 个县，镇远专区管辖 12 个县，贵阳专区管辖 10 个县，遵义专区管辖 11 个县，铜仁专区管辖 9 个县，毕节专区管辖 9 个县，独山专区管辖 12 个县。

1956 年底，贵州省辖 4 个专区：铜仁专区管辖 1 个自治县、8 个县，安顺专区管辖 19 个县，毕节专区管辖 1 个自治县、8 个县，遵义专区管辖 12 个县。

1965 年底，贵州省辖 5 个专区：铜仁专区管辖 1 个自治县、8 个县，毕节专区管辖 1 个自治县、8 个县，安顺专区管辖 2 个自治县、9 个县，遵义专区管辖 12 个县、1 个县级市，兴义专区管辖 4 个自治县、5 个县。

1970 年，各专区更名为地区，贵州省辖 6 个地区：六盘水地区管辖 3 个特区，遵义地区管辖 12 个县、1 个县级市，铜仁地区管辖 1 个自治县、8 个县和 1 个特区，安顺地区管辖 8 个县、2 个自治县和 1 个县级市，兴义地区管辖 4 个自治县、4 个县，毕节地区管辖 1 个自治县、7 个县。

1978 年底，贵州省辖 5 个地区：兴义地区管辖 4 个自治县、4 个县，遵义地区管辖 12 个县、1 个县级市，铜仁地区管辖 1 个自治县、8 个县和 1 个特区，毕节地区管辖 1 个自治县、7 个县，安顺地区管辖 8 个县、2 个自治县和 1 个县级市。

1981 年底，贵州省辖 4 个地区：安顺地区管辖 7 个县、3 个自治县和 1 个县级市，遵义地区管辖 12 个县、1 个县级市，铜仁地区管辖 1 个特区、1 个自治县、8 个县，毕节地区管辖 1 个自治县、7 个县。

1997 年底，贵州省辖 3 个地区：毕节地区管辖 6 个县、1 个自治县和 1 个县级市，铜仁地区管辖 4 个县、4 个自治县、1 个县级市和 1 个特区，安顺地区管辖 2 个县、3 个自治县和 1 个县级市。

2000 年底，贵州省辖 2 个地区：毕节地区管辖 6 个县、1 个自治县和 1 个县级市，铜仁地区管辖 1 个特区、4 个县、4 个自治县和 1 个县级市。此后，地区数量和管辖的领域一直没有变化。2011 年 10 月 22 日，撤销毕节地区、铜仁地区，分别设立了地级毕节市、铜仁市。

二 地区行政公署体制对贵州省县域发展的积极作用

贵州省的地区行政公署建立之初，仅是一个虚级，作为省政府的派出机构，代表省政府指导所辖各县、自治县、市（县级市）的经济、文化发展，检查、督促中央和省政府的各项政策在所辖各县、自治县、市（县级市）的执行，当时地区行政公署在所辖各县、自治县、市（县级市）没有领导权力。现在的地区行政公署已经取得了准行政主体的地位，贵州省政府对地区行政公署与其他地级市一视同仁，实施一样的考核方式，地区行政公署的行政地位不断提升。地区行政公署在贵州经济发展过程中发挥了积极的作用，主要表现在以下几个方面。

1. 地区行政公署承担了省政府管理县的很多职能

贵州省山地和丘陵占全省总面积的 92.5%，是个"地无三里平"的山区，在交通条件、通信条件还不发达的时候，贵州省政府无法直接管辖各个县（自治县、县级市）。为了加强对各个县（自治县、县级市）的有效管理，省政府只能把全省划分为几个比较大的区域，设置派出机构管理相应的县（自治县、县级市）。省政府的派出机构在 1970 年前叫专区，1970年后改为地区。省政府的很多职能就是通过地区行政公署来行使的，地区行政公署代省政府行使行政职能有助于提高行政效率，缩减行政人员编制，也可以节省政府行政成本。

2. 地区行政公署有助于辖区内区域经济的发展

地区行政公署设在所辖区域内，打破了县与县之间的经济壁垒，加强了县与县之间的经济联系，促进了县与县的经济优势互补，有利于所辖各县资源的充分开发和利用。

例如，毕节地区管辖 8 个县级单位，包括 1 个县级市、6 个县和 1 个自治县。各个县的资源优势不一样。

毕节市矿藏有煤、高岭土、硫、铁、硅、砂、黏土、草炭、大理石、高岭土、重晶石等；文物古迹有新石器时代遗址，明清时代的摩崖，苗族农民起义的古战场遗址；革命纪念地有红军长征到毕节时创建的"中华苏维埃人民共和国川滇黔省革命委员会""贵州省抗日救国军司令部"等遗址。

大方县矿藏有煤、高岭土、坡缕石、黏土、硫铁矿、石灰石等；名胜古迹有全国重点文物保护单位奢香夫人墓、百里杜鹃风景名胜区、九洞天风景名胜区等；革命纪念地有"中华苏维埃人民共和国川滇黔省革命委员会"旧址。

黔西县矿藏有煤、大理石、铁、高岭土等；旅游景点有百里杜鹃风景名胜区、观农台、水西公园、八仙洞。

金沙县矿藏有煤、铁、铜、硫、磷、硅、镁、矾等；名胜古迹有菜籽坳红军战斗遗址、高岩寺和建于清光绪年间的敖家坟墓群石刻等；是全国生漆、油菜籽基地县之一。

织金县矿藏有重晶石、煤、磷、铝矾土等；名胜古迹有织金洞国家级风景名胜区（又名地下天宫）等。

纳雍县矿藏有铁、煤、铅锌、大理石、锑等；文物古迹有沙落宣慰洞、硅化木遗址和杨家店宣慰府遗址。

威宁彝族回族苗族自治县矿藏有煤、铜、铁、铅、锌、石膏等；名胜古迹有建于明代的凤山寺、草海（海拔2100米，水域面积达425平方公里，是贵州省面积最大的高原淡水湖）等。

赫章县矿藏有煤、铁、铅、锌等；文物古迹有窝皮摩崖、可乐古人类文化遗址、可乐古墓群、辅处汉墓、石板古彝文"弧耳岩碑"等

毕节地区管辖的8个县级单位，都藏有丰富的煤、铁等资源，可以在地区行政公署的统一规划下进行综合开发和利用，同时要在地区行政公署的统一领导下，加强各区域的资源出口协调，保证资源出口的有利地位。毕节地区每个县级单位都有丰富的旅游资源，毕节地区公署要根据各个县的旅游优势，加速发展旅游业，促进各县经济发展。

三 地区行政公署体制对贵州省县域发展的消极影响

1. 地区行政公署的职权超限行使，不符合我国宪法和相关法律的规定

在行政实践中，地区行政公署的职能和权力扩张超出了其自身的权限范围，成为省与县之间的一级行政机构，地区行政公署对县级实施全面管

理的做法与我国宪法和相关法律相抵触。《中华人民共和国宪法》第三十条明确规定："中华人民共和国的行政区域划分如下：（一）全国分为省、自治区、直辖市；（二）省、自治区分为自治州、县、自治县、市；（三）县、自治县分为乡、民族乡、镇。"① 宪法规定我国地方行政机构实行三级政府管理体制。《中华人民共和国地方各级人民代表大会和地方各级人民政府组织法》② 第一条和第三条对我国的行政层级也做了明确规定，"省、自治区、直辖市、自治州、县、自治县、市、市辖区、乡、民族乡、镇设立人民代表大会和人民政府"，"自治区、自治州、自治县的自治机关除行使本法规定的职权外，同时依照宪法、民族区域自治法和其他法律规定的权限行使自治权"；第五十九条明确规定了县级以上地方人民政府的行政管理权，也仅仅是针对省、自治区、直辖市、自治州、县、自治县、市、市辖区，地区行政公署不在法律规定的范围内；第六十八条规定："省、自治区的人民政府在必要的时候，经国务院批准，可以设立若干派出机关。"第六十八条对省、自治区设立派出机构的条件做了法律规定：首先，强调了"在必要的时候"，表明设置派出机构不是一种普遍现象，并不是在任何情况下都可设置，只有在非设不可的情况下，才设置派出机构；其次，强调了"经国务院批准"，这对省、自治区人民政府设置派出机构的批准单位做了法律上的规定，可以批准省、自治区设置派出机构的机关只能是国务院，其他任何机关都无权批准。而地区行政公署作为省、自治区的派出机构，只是代表省、自治区人民政府督促、检查、指导所属县、市（县级市）的工作，负责管理省、自治区人民政府主管部门交办的事项，宪法和相关法律没有赋予行政公署作为一级政府的管理权限。地区行政公署的职能和权力的扩张已经超过了法律赋予它作为监督、检查机构和派出机构的职权范围，违背了我国宪法和相关法律的规定。我国是社会主义国家，依法治国是社会主义国家的本质特征，各级政府应该依据宪法

---

① 《中华人民共和国宪法》（中华人民共和国第十三届全国人民代表大会第一次会议修正），2018 年 3 月 11 日。

② 《中华人民共和国地方各级人民代表大会和地方各级人民政府组织法》（中华人民共和国第十二届全国人民代表大会常务委员会第十六次会议修正），2015 年 8 月 29 日。

和相关法律行使权力，地区行政公署权力的扩张同我国依法治国和依法行政的原则相背离。

2. 地区行政公署的上下关系复杂，行政管理比较混乱

新中国成立之初，我国实行高度集中的政治经济体制，政府管理政治、经济、文化、社会等方方面面的事务，社会财富的分配、企业的生产经营、国民经济发展计划的制订等都由政府负责。当时，交通不畅、通信技术比较落后，还不具备省直管县的客观条件，省直管县的管理幅度过大，很难直接把各个县管理好。中央政府根据当时的国情，在省与县之间，设置了若干地区行政公署，作为省级政府的派出机构，协助省管理一定数量的县、市（县级市），但地区行政公署不是一级政府，没有设置同级权力机关——人民代表大会。根据中央政府和贵州省的实际情况，贵州省确立了地区行政公署的地位、职能，贵州省地区行政公署的设立在很大程度上缓解了贵州省政府管理幅度大、管理任务繁重的压力，因此地区行政公署体制在一定程度上适应了贵州省当时行政管理体制和经济管理体制的需要。

当前我国的经济体制和行政管理体制与新中国成立之初相比已经发生了很大的变化，社会主义市场经济体制代替了原来的社会主义计划经济体制，行政管理体制也应随之变化，过去计划经济时代的行政管理体制已经不适应社会主义市场经济体制下行政管理体制的需要，地区行政公署的积极作用日益减弱，消极作用日益显露。贵州省设置地区行政公署的毕节地区、铜仁地区存在的弊端主要有以下几点。首先，毕节地区、铜仁地区所管辖的县在接受贵州省直接领导的同时，还要分别接受毕节地区行政公署、铜仁地区行政公署的领导，虽然毕节地区行政公署、铜仁地区行政公署只是虚化的一级政府，代表贵州省政府及其职能部门对相应的县进行监督、管理，原则上没有任何决定权，但是在实际操作过程中地区行政公署对所辖区域的许多重大问题有很大的决定权。贵州省政府及相应职能部门和毕节地区行政公署、铜仁地区行政公署对所辖县的领导范围和权限范围没有划分清楚，各县常常政出多门，出现了多头领导的现象。地区行政公署、贵州省政府及相应职能部门为了各自利益，制定的政策有时不统一，

有时甚至出现矛盾，这样既不利于县级政府对上级政策的理解，也不利于县级政府对上级政府或部门方针政策的贯彻执行。其次，对于贵州省政府来说，行政管理变得更复杂，既要领导那些作为自己权力延伸的毕节地区、铜仁地区机关的各项工作，又要直接领导地区行政公署所辖县的各项工作，还要协调毕节地区行政公署、铜仁地区行政公署和所辖县之间的利益冲突。通过设立地区行政公署减小管理幅度的初衷不仅很难充分实现，而且加大了贵州省政府行政管理的强度。最后，不利于夹在贵州省政府和县级政府之间的毕节地区行政公署、铜仁地区行政公署的工作开展。毕节地区行政公署、铜仁地区行政公署不是一级政府，只是省级政府的派出机构，其对于所辖县的领导力有限，基本上采用协调和指导方式。毕节地区行政公署、铜仁地区行政公署没有相应的权力机关，经济社会发展计划无法通过权力机关认可；各行政公署的组成人员不经人民代表大会及其常务委员会选举或决定任免，任职没有明确的届期规定，行政公署及其工作人员缺乏必要的监督；行政公署没有一级财政；财权和事权不对等，这些都将影响地区行政公署自身的工作效率和效果，无法达到省政府的要求。地区行政公署代省管县致使省对县、市（县级市）的管理更加复杂，管理关系变得更加混乱，在一定程度上降低了省政府及相关职能部门的行政效率。

3. 地区行政公署的机构编制不断扩大，行政成本增加，行政效率不高

随着经济、社会的不断发展，地区行政公署的职能不断增加、机构人员编制不断扩充。毕节地区行政公署、铜仁地区行政公署设立了与省级、县级对口的职能部门和事业单位，建立了"上下对口"的行政管理体制。贵州省政协、省人大在毕节地区行政公署、铜仁地区行政公署设立了具有派出性质的联络组，毕节地区行政公署、铜仁地区行政公署设置了与贵州省政府对口的职能部门，并不断扩充相应的行政人员和行政机关编制，给贵州省的机构改革带来了困难。我国在20世纪80年代进行地区行政公署的机构改革时，中央政府曾明确规定：地委工作机构设5~7个，行署工作机构设15~20个，总数不超过30个。但是，贵州省毕节地区行政公署、铜仁地区行政公署的机构设置数量要远远超过这个数。仅毕节地区行政公

署就设置了40个机构，加上党委机构，就显得更加庞大了，地区行政公署的机构设置与地级市的机构设置数量差不多。毕节地区行政公署、铜仁地区行政公署机构数量多，行政人员数量多，行政人员编制也相应增加，这加重了贵州省的财政负担，降低了贵州省的行政效率。在实际的行政管理工作中，贵州省政府对毕节地区行政公署、铜仁地区行政公署与其他地级市政府一视同仁。同时，把各项任务先部署到毕节地区行政公署、铜仁地区行政公署，再由其安排给所管辖的县、市（县级市）。这些县、市（县级市）向贵州省政府报告工作、请示问题时，须先汇报或请示管辖自己的地区行政公署。可见，职能和权力不断扩张的毕节地区行政公署、铜仁地区行政公署成为贵州省与地区行政公署所辖县之间的一级地方政府建制，导致行政管理层级增加一级，这容易使行政管理信息失真，行政管理效率下降。

四　改革贵州省地区行政公署体制

虽然我国宪法和相关法律从来没有规定地区行政公署是一级合法政府，但它在我国行政区划中占有一定的地位，既有积极的作用也有消极影响。若要实施省直管县体制，最好做出取消地区行政公署的决定，最低要求是必须对地区行政公署进行以下实质性改革。

1. 对地区行政公署的职权进行严格限制，贯彻落实地区行政公署只作为省政府派出机构的规定

地区行政公署不能作为一级准行政机构，只能作为省政府的派出机构，代表省政府及其职能部门行使职权，只能在所辖区检查、监督全国人民代表大会及其常务委员会、中央人民政府、省人民代表大会及其常务委员会、省人民政府所下达的法律、法规等的执行，并把检查、监督的情况及时向省政府汇报，以便省政府掌握情况，制定适应全省经济、社会、文化发展的政策，促进全省经济快速发展、社会稳定、文化繁荣。

2. 从地区行政公署机构设置、行政人员编制方面进行改革

若要实施省直管县体制，必须保证地区行政公署只作为省政府的派出机构，必须改变现在地区行政公署的机构设置与省政府机构设置一一对应

的做法，纯粹职能部门应该大力削减，教育局、公安局、监察局、财政局、民政局、司法局等职能部门必须撤销。地区行政公署的人员编制主要由巡视员组成，编制不能过多，只能因事设岗，裁减冗员，坚决杜绝人浮于事。

2011 年 10 月 22 日，贵州省人民政府根据国务院的批复，撤销了毕节地区、铜仁地区，分别设立了毕节市、铜仁市，地区行政公署体制在贵州不复存在。

第四章

贵州省实施省直管县体制的原因分析

第一节　贵州县制和县域经济

一　贵州县制的历史变迁[①]

贵州省县制历史悠久，从最初设置到现在已经经历了漫长的历史变迁。

秦始皇建立了统一的中央集权制国家后，在夜郎国设置了郡县，派遣官吏治理。西汉王朝建立后，汉武帝在夜郎国继续推行郡县制，公元前28年到公元前25年，夜郎国灭亡，郡县制在今天的贵州地区最终确立。至清朝贵州疆域基本形成，贵州全省设置了33个县。

民国2年（1913年），府、州、县一律改为县。

民国24年（1935年），贵州全省共设置81个县，分别由11个行政督察区管辖：第一行政督察区辖定番、贵阳、龙里等10个县；第二行政督察区辖安顺、织金、郎岱、镇宁等8个县；第三行政督察区辖兴仁、兴义、安龙、普定等8个县；第四行政督察区辖毕节、大定、威宁等5个县；第五行政督察区辖桐梓、遵义、威宁等7个县；第六行政督察区辖思南、德江、沿河、婺川等8个县；第七行政督察区辖平越、瓮安、贵定、麻江等6个县；第八行政督察区辖镇远、黄平、岑巩等7个县；第九行政督察区

---

① 资料来源：贵州概览，行政区划网，http://www.xzqh.org/html/gz/。

辖铜仁、玉屏、江口等6个县；第十行政督察区辖黎平、永从、榕江、锦屏等7个县；第十一行政督察区辖独山、三合、都匀等9个县。同年，撤销凯里分县，将之并入炉山县。贵州省大部分县已经形成。

1949年11月15日，贵阳市解放，11月22日中国人民解放军贵阳市军事管制委员会成立，11月23日贵州省人民政府成立，设立86个县级单位，包含79个县、7个市辖区。经过多次撤并、恢复调整以及撤县设自治县、县级市，到2003年底，贵州省共辖88个县级单位，包含11个自治县、56个县、9个县级市、2个特区和10个市辖区，这种县级行政区划格局一直持续到现在。1949~2003年，贵州省县级行政区划变化见表4.1。

表4.1　新中国成立后（1949~2003年）贵州省县级行政区划变化

单位：个

年份	县	自治县	县级市	市辖区	特区	合计
1949	79			7		86
1952	76	3	1	5		85
1954	72	7	1	4		84
1956	76	3		4		83
1957	75	3				78
1958	49	3	3	4		59
1961	68	3	4	4		79
1962	75	3	1	4		83
1963	74	4	1	4		83
1965	69	9	1	4		83
1966	69	9	3	4	5	90
1970	66	9	3	4	4	86
1978	66	9	3	5	4	87
1981	69	6	3	5	4	87
1983	66	7	4	5	4	86
1986	62	11	4	5	4	86
1987	61	11	6	6	3	87
1990	59	11	7	6	3	86

续表

年份	县	自治县	县级市	市辖区	特区	合计
1993	57	11	9	6	3	86
1995	56	11	10	6	3	86
1997	55	11	10	7	3	86
2000	56	11	9	9	2	87
2003	56	11	9	10	2	88

注：本书第二章第四节对新中国成立后贵州省的县级行政层级设置状况有过阐述；1955 年，自治区（县级）改称自治县。

从表 4.1 可以看出，1949～2003 年，贵州省的县级行政区划经历了多次变化，大致可以分为几个大的阶段：第一阶段，1949～1951 年，贵州省建立了新的县级行政层级；第二阶段，1952～1957 年，民族自治地方建立自治县；第三阶段，1958～1960 年，县级市的数量增加、撤并小县合成大县；第四阶段，1961～1986 年，自治地方恢复、被撤并的县恢复；第五阶段，1987～2003 年，县改市，县级市增加。

贵州省的县级行政单位设置数量基本为 80～88 个，1958 年，贵州省因小县撤并，将 27 个县合并到其他县，县级行政单位减少很多，仅仅有 59 个。贵州省的县级行政单位变化总体情况为：县的数量变化最大，最多的时候设置了 79 个，最少的时候设置了 49 个；自治县从 1952 年的 3 个增加到 1986 年的 11 个，此后固定下来；1966 年设置了 5 个特区，此后逐渐减少，最后固定为 2 个；1958 年建立了 3 个县级市，县级市的变化较大，现在有 9 个；市辖区设置变化比较大，2003 年之后为 10 个。

1949～2003 年，贵州省县级行政区划变化的主要原因有以下几点。第一，由于实行行政机构改革，精简机构，裁撤冗员，节约行政成本，并小县为大县，扩大了县的规模，减少了县的数量。第二，由于健全完善民族区域自治政策，属于少数民族集中的县逐步改为民族自治县，原有的县数量减少。第三，改革开放政策实施后经济快速发展，一些经济发达的县被改为县级市，县级市的数量增加；一些有资源优势或经济优势的地方被设置为县级经济特区，县的数量减少。

新中国成立以后，县仍然是贵州省的县级设置的最主要类型。县主要以发展农业为主,工业基础薄弱,第三产业不发达。贵州省是没有平原支撑的多山地形,素有"八山一水一分田"之说,基本地貌是高原、山地、丘陵和盆地,这些地貌不利于机械化现代农业的发展。贵州省的农业受地理环境影响很大,目前仍然是以农业技术水平不高的、经营规模较小的传统农业的经营方式为主,农业基础相当薄弱,导致县域经济发展缓慢,甚至比较落后。贵州省很少有发展成县级市的经济强县,其县级市多是地级行政机关所在的城市建立起来的。自治县是少数民族聚居的地方,自然条件比较差,居民收入低,因此贵州省的县域经济整体发展缓慢。

二 贵州县域经济发展的现状

2018 年,贵州省辖县级行政单位 88 个,包括 15 个市辖区、1 个特区、7 县级市、54 个县和 11 个自治县。各县(市、区、特区)的一般公共预算收入均超过 1 亿元。一般公共预算收入超过 50 亿元的有 3 个,10 亿元至 50 亿元之间的有 30 个,5 亿元至 10 亿元之间的有 19 个,低于 5 亿元的有 36 个。其中,仁怀市公共预算收入最高,达到 67.28 亿元。[①]

改革开放以后,贵州省委、省政府高度重视发展县域经济,尤其从 1995 年起制定了大量有关县域经济发展的政策:1995 年的《关于加快县域经济发展的决定》[②],阐明了县域经济在贵州省经济全局中的战略地位,提出贵州省发展县域经济的总体设想是"统筹规划,分类指导",把贵州省的县分为四类,部署了每一类县的发展目标和重点方向。1995 年的《关于扩大周边县若干管理权限的意见》[③],提出了针对贵州省 32 个周边县下放、放宽项目审批权等 11 项权力。1996 年的《关于加快经济发展进一步做好财政工作的意见》[④],提出了财政工作要从源头抓起的指导思想和增强县级财政实力的相关政策措施。1998 年的《关于进一步加快小城镇建设的若干规定》[⑤],提出要加快推进以县城为重点的小城镇建设。1999 年的

---

① 资料来源,澎湃新闻网,https://www.thepaper.cn/newsDetail_forward_4563917。
② 《关于加快县域经济发展的决定》(省发〔1995〕24 号)。
③ 《关于扩大周边县若干管理权限的意见》(省发〔1995〕30 号)。
④ 《关于加快经济发展进一步做好财政工作的意见》(省发〔1996〕2 号)。
⑤ 《关于进一步加强小城镇建设的若干规定》(省发〔1998〕3 号)。

《关于建设经济强县的实施意见》①，提出实施"非均衡推进"，进一步放宽县级管理经济的权限，使县具备统筹县域经济发展、协调部门关系所必需的权力和责任，提出先予后取、放活促强、讲求实效的原则，积极建设第一批 20 个经济强县，在计划调节、劳动工资、干部人事、工商行政、资金调解等方面赋予经济强县与市、州（地级）同等的管理权限，赋予经济强县在外商投资、行政机构设置和编制确定方面一定的自主权。2000 年的《关于实施西部大开发战略的初步意见》②，提出了到 2010 年把贵州省 1/3 左右的县建成经济强县的目标。2004 年的《关于进一步推进经济强县建设的意见》③，确定了贵州省第二轮经济强县建设从 2004 年起到 2007 年，第三轮经济强县建设从 2008 年起至 2010 年；在扩大经济管理权限、项目建设、对内对外开放、金融支持、财政支持、领导班子和干部队伍建设等方面对经济强县给予政策支持。2008 年，贵州省县域经济（不含市辖区）增加值为 2341 亿元，占全省的 68.5%，人均生产总值为 7102 元；城镇固定资产投资为 1001.07 亿元，占全省的 68.8%；规模以上工业增加值为 679.03 亿元，占全省的 65.5%。县域经济为贵州省经济社会加快实现历史性跨越做出了重要贡献。"十五"期间，贵州全省经济强县生产总值增速由 2000 年的 10.7% 提高到 2005 年的 15.4%，五年平均增长 13.2%，高于全省同期平均增速 3 个百分点。2008 年，27 个经济强县（市、区）生产总值达到 2193 亿元，占全省经济总量的 65.8%；税收总收入达到 223.57 亿元，地方税收收入达到 99.03 亿元，分别比 2007 年增加了 23.5% 和 21.2%，占全省县级总额的 66.7% 和 67.2%；人均地方税收收入为 636 元，比上年增长 22.7%，比全省县级人均地方税收收入 392 元多 244 元。城镇居民人均可支配收入和农民人均纯收入高于全省平均水平，城镇登记失业率绝大多数低于 4%，符合政策生育率、社会治安综合治理、环境保护和建设均在模范及良好等次。④ 2011 年，贵州省辖县级行政单位 88 个，

---

① 《关于建设经济强县的实施意见》（省发〔1999〕8 号）。

② 《关于实施西部大开发战略的初步意见》（黔党发〔2000〕9 号）。

③ 《关于进一步推进经济强县建设的意见》（黔党发〔2004〕6 号）。

④ 贵州省经济强县领导小组办公室：《贵州省：深化经济强县建设 推进县域经济发展》，人民网，http://www.people.com.cn/，2009 年 7 月 27 日。

包括 10 个市辖区、2 个特区、9 个县级市和 67 个县。除市辖区外，属于县域经济范畴的共有 78 个县、市（县级）、特区、自治县，占全省县级行政单位的 88.6%，县域人口为 3516 万人，占全省的 89% 左右。

1. 贵州省的县域经济发展速度较快，但在经济发展中的地位不高

改革开放以后，贵州省的县域经济得到了很大的发展。但是，由于客观条件的限制，贵州省的县域经济仍然不发达：（1）贵州省县域经济规模小，与全国百强县的经济规模差距很大，贵州省县域经济整体发展水平还相当低；（2）贵州省的县域经济竞争力不强。贵州省的县域人均财政收入、农民人均纯收入等重要指标与东部发达省份存在明显差距。在"西部百强县"排序中，贵州省每年入围的县比较少，同时，其县域经济竞争力总体实力不强。

2. 贵州省的县域经济结构调整取得一定成效，但仍然有相当多的县产业结构不合理，县域内工业发展落后

尽管贵州省不具备现代农业的平原支撑，但是贵州省的农业占据范围广，在县域经济中所占比重高。贵州省非农产业取得了较快发展，县域经济发生了变化，从"一、二、三"① 型变更为"二、三、一"型，根据《贵州统计年鉴2009》数据，县域经济以第一产业占优势的县有 23 个，以第三产业占优势的县有 25 个，以第二产业占优势的县有 40 个。②

贵州省农业基础薄弱，农业结构单一。从表 4.2 可以看出，贵州省县域经济的第一产业构成中，农业占第一产业的一半以上比重，林业、渔业的比重相对较小。

表 4.2　2005~2008 年贵州省第一产业产值分布情况

单位：亿元

	2005 年	2006 年	2007 年	2008 年
总产值	571.84	601.54	697.01	843.80
农业	335.53	347.97	392.20	464.80

① "一、二、三"指第一产业农业、第二产业工业、第三产业服务业。
② 贵州省统计局、国家统计局贵州调查总队编《贵州统计年鉴2009》，中国统计出版社，2009，第 482~483 页。

续表

	2005 年	2006 年	2007 年	2008 年
林业	23.91	25.85	27.77	35.63
畜牧业	194.20	189.79	231.60	291.65
渔业	9.41	7.44	9.04	10.49
服务业	8.79	30.49	36.40	41.23

注：第一产业产值指农林牧渔业总产值；服务业指农林牧渔服务业。

资料来源：贵州省统计局、国家统计局贵州调查总队编《贵州统计年鉴 2009》，中国统计出版社，2009，第 110 页。

根据表 4.3 和表 4.4，贵州省农民家庭人均总收入构成反映出贵州省第一产业所占比重过大，第二产业收入很少，第三产业收入也不多，表明了三大产业结构不合理。贵州省的农民家庭总收入主要来源是家庭经营收入，尤其是种植业收入。贵州省很多县域拥有丰富的烟草、花卉、生物制药原料，但由于农户采取传统种植方式，产量不高，农作物附加值低，阻碍了贵州省的农业发展，影响了农民收入的提高。

表 4.3　2005～2008 年贵州省第一产业在农民家庭人均纯收入中的分布情况

单位：元

	2005 年	2006 年	2007 年	2008 年
第一产业总收入	960.65	906.07	1116.45	1246.85
农业收入	717.62	690.93	789.52	864.19
林业收入	24.80	24.49	24.94	29.00
牧业收入	216.53	188.13	301.20	349.84
渔业收入	1.70	2.52	0.79	3.82

资料来源：贵州省统计局、国家统计局贵州调查总队编《贵州统计年鉴 2009》，中国统计出版社，2009，第 297 页。

表 4.4　2005～2008 年贵州省第一、第二、第三产业在农民家庭纯收入中的分布情况

单位：元

	2005 年	2006 年	2007 年	2008 年
第一产业收入	960.65	906.07	1116.45	1246.85

续表

	2005 年	2006 年	2007 年	2008 年
第二产业收入	36.76	39.57	44.94	51.33
第三产业收入	155.95	167.18	158.67	214.27

资料来源：贵州省统计局、国家统计局贵州调查总队编《贵州统计年鉴 2009》，中国统计出版社，2009，第 297 页。

从第二产业的收入看，贵州省的县域工业发展速度不快，这主要有两方面原因：一是县域内工业结构不合理，重工业比重偏大，轻工业比重偏小，轻重工业发展不协调；二是贵州省的工业化水平不高。贵州省县域工业不能满足县域经济发展的需要，县域内工业水平不高。

从第三产业的收入看，贵州省县域的第三产业发展滞后。贵州省的市场化程度不高，除服务业、商业、运输业中的陆运等传统产业市场化程度较高外，其他领域的市场化程度都较低，尤其是文化、金融、保险、电信、教育、铁路、卫生、信息媒体等发展潜力大的新型产业基本上是垄断经营。贵州省县域的第三产业发展缓慢，远远低于全国第三产业的平均发展水平。

3. 贵州省的县域专业化程度低、分工不明确

贵州省县域间的自然资源和人文资源存在很大差异，一般情况下，省内各县应形成很强的特色经济，而贵州省具有特色经济的县不多。贵州省的县重复建设现象严重，县域之间常常出现产品、产业结构趋同现象，如贵州省各县之间的三大产业结构基本相同或相近。贵州省的县域农业产业结构"趋同"现象严重，影响了农业经济收入。县域产业结构的趋同导致市场集中度不高，同时受贵州省地形的影响，各县之间交通不便，县域市场一般规模狭小，多数是"小而全""小而散"的市场。市场发育的不完善使县域经济发展处于自发、无序状态，县域间的低水平竞争超过分工协作，县域内很少形成专业化行业布局，专业化水平不高。贵州省县域之间产业结构趋同，在很大程度上减弱了县域经济的整体竞争力。

4. 贵州省的县域经济发展不平衡、地区差异比较大

贵州省所辖 72 个县、市（县级）拥有的资源不同，不同县域发展水平参差不齐，县域经济发展存在较大差异。盘州市的煤炭等自然资源丰

富，与那些自然资源匮乏的县相比，其经济发展优势显而易见。此外，贵州省经济总量居于领先地位的仁怀市公共预算收入已经达到 67.28 亿元，还有 36 个县的一般公共预算收入不到 5 亿元，可见贵州省的县域经济发展不平衡问题十分突出。

三 贵州县域经济的基本特征

县域经济被界定在县级行政区划范围内，这一地域的限定就决定了县域经济发展具有独特性。县域经济与大中城市经济、更大范围的区域经济以及系统经济相比较具有自身的独特性。贵州省的县域经济与东部地区和中部地区的县域经济存在差别，也与东部地区和中部地区的县域经济有许多共性。贵州省县域经济的基本特征主要表现在以下几个方面。

1. 贵州省县域经济总量小，发展不平衡

与全国县域经济发展水平相比，贵州省县域经济发展水平不高，工业化、市场化水平较低，经济基础薄弱，自我积累、自我发展能力严重不足，扶贫开发重点县数量多，基础设施落后；全省城镇化平均水平仅为 29.1%，低于全国平均水平（45.68%）16.58 个百分点。二轮建强县、市（县级市）生产总值达 61.72 亿元、人均生产总值为 9788.62 元，仅分别相当于西部县域经济百强县平均规模的 66.15% 和 52.45%。目前只有盘县、仁怀、兴义、遵义和清镇 5 个县、市（县级市）进入中国西部百强县行列；没有一个县进入全国县域经济百强县行列。全省经济强县农民纯收入也仅相当于全国平均水平的 70%。[1]

随着西部大开发战略的实施，国家对西部基础设施建设的投入力度加大，并对西部实行了政策倾斜，同时目前国家正在实施促进中部地区崛起的战略，从政策、资金等方面给予中部地区支持。贵州省的县域经济遇到难得的发展机遇，若抓住这一机遇，其县域经济必将得到很大发展。

2. 贵州省县域经济的地域性明显

县域经济的地域性，指县域经济在空间上具有确定的范围，在地理上

---

[1] 贵州省经济强县领导小组办公室：《贵州省：深化经济强县建设 推进县域经济发展》，人民网，http://www.people.com.cn/，2009 年 7 月 27 日。

具有确定的位置和相互间可分割的行政界线。县域经济是典型的区域经济。贵州省各县基于历史的、地理的和自然条件等方面的原因，其县域经济千差万别，具有鲜明的地域特点，有些县具有资源优势，有些县具有区位优势等。

3. 贵州省的县域经济具有农村经济特性

农村经济是贵州省县域经济的基础和主要构成部分，农民是县域经济的主要创造者。农村性是贵州省县域经济的一个基本特征。在贵州省县域内，农业人口占绝大多数，他们从事农产品生产、城镇及乡村的服务业等与农村生活、生产有关的活动。贵州省的大部分县域经济实力比较薄弱，农民收入比较低，农村比较贫困。

4. 贵州省的县域经济具有综合性

县域经济部门齐全，既包括农业、工业、建筑业、商业、交通运输业等产业部门，又包括计划、物价、财政、税收及教育、文化、卫生等职能部门，是集各产业、各部门乃至社会单位于一体的综合性很强的经济。县域经济是一个相对完整的经济运行体系，第一、第二、第三产业在县域经济中并存，既有生产性活动又有非生产性活动，既有经营活动又有管理活动，县域经济具有很强的综合性。

四 贵州县域经济发展的主要制约因素

贵州省的县域经济基础薄弱、利益层面分散、历史遗留问题多、利益主体的参与水平低，使其成为贵州省体制改革中最为矛盾、最为敏感的区域。体制障碍是制约贵州省县域经济发展的关键。

第一，贵州省县域经济的核心问题是"三农"问题。在长时期的社会主义建设过程中，贵州省为了大力发展工业、实现工业化，把大量的资金用于工业发展；贵州省在农业上的投入远远少于在工业上的投入，农民的利益受到了很大影响，县域经济与城市经济相比，属于弱势经济，处于向城市经济供应廉价资源同时被迫接受城市高价工业品的双重挤压的不平等地位；改革开放后，县域内的资本、人才、农村青壮年劳动力等大量流向城市，严重制约了县域经济的发展，加剧了贵州省城乡分割的二元结构，

"三农"问题日益凸显。不公平的财政分配体制和公共政策造成贵州省农村封闭落后，长期失衡的产业政策和僵化的土地制度是贵州省农业落后的根本原因。

第二，县政府的行政管理体制存在一些弊端，县政府管理社会经济的权力发生扭曲。县政府是贵州省县域公共事务的管理者，是贵州省县域经济发展的主要推动力量；担负着改善县域经济投资环境和招商引资等责任，参与企业的一系列活动。县政府通过在县域内设卡、收费等方式来保护本县企业和利益，将经济发展限制在封闭的县域内，制约了县域内社会主义市场经济的健康发展，也影响了县域自身的经济发展。县政府的这种权、责、利不清的行政管理体制，造成其行政机构庞大、行政效能低，县域经济发展迟缓。

第三，贵州省省—市（地级）—县三级财政体制的财权与事权划分不尽合理，尤其是县级承担的责与权不相称、事权与财权不统一。教育、社会保障、就业和再就业等事权和责任下放给县，财权从县往上移，县级政府经济调控能力小。随着农村税费改革的推进，作为县域财政主要收入来源的特产税、屠宰税、农业税等被完全取消，税源缺乏导致县域财力不足，而贵州省县域财政困难又导致县级政府无力从事县域建设，失去了培育和控制县域经济的基本财力保证，县域经济难以形成自主发展能力。贵州省县域财政总支出常常超过总收入，2008 年贵州省财政总收入为 674.58 亿元，全省财政一般预算支出为 1055.39 亿元，县级财政一般预算支出为 572.39 亿元①，县域财政赤字常常较大，公共设施缺失、产业投入资金不足、产业结构难以及时转换。省对县的财政扶持资金通常要经过市一级的审批，如此一来，财政管理成本增加、运转效率降低；县级政府财权与事权不一致，尽管事权变大，但事权的下放增加了县级政府的行政管理成本，不同程度地制约了县域经济的发展。

第四，现行的金融管理体制造成贵州省县域融资困难，资本准备不足。为防范金融风险，20 世纪 90 年代中期以来，商业银行县级机构的发

---

① 贵州省统计局、国家统计局贵州调查总队编《贵州统计年鉴 2009》，中国统计出版社，2009，第 249~251 页。

放贷款权被全部收回，县级支行的贷款权限大大缩小，有的县级支行甚至没有放贷权力，县域金融体系趋于萎缩。商业银行在县域的营业网点基本上成了单一的储蓄机构。贵州省县域经济发展基本上失去了金融体系的有力支持，同时县域资本向大城市大量集聚，使贵州省县域经济发展的资金非常短缺。

第五，县域经济对"三农"问题重视不够，尤其对农业的支持力度不够。贵州省县域经济的发展没有充分利用丰富的农业资源、农村劳动力资源优势，没有大力发展农副产品的工业、流通业和服务农村、农业与农民的第三产业，农业资源包括农村劳动力资源常常被闲置浪费，农副产品售价低、销售困难。农民收入增长缓慢，不利于消除城乡差别和解决"三农"问题。农民经济困难制约了县域经济的发展。

贵州省的县域资金大部分用于工业发展，但其县域经济在工业上的定位不准，没有充分考虑当地的实际情况和发展条件，常常采取各种手段把本来应当在产业链比较完备的大中城市发展的工业项目搬到县域内，造成重复建设和工业资源的浪费，县域内的工业实力不足，在市场竞争中，县域经济缺乏竞争优势，碰到强悍的竞争对手只能面临失败的结局，这种状况反过来会进一步影响县域内农业的发展和农民收入的提高。

第六，省政府和管辖县的市存在"惜权"思想。其没有把应该赋予发展县域经济的权力和政策真正落实到县级，省政府和管辖县的市在放权过程中时常表现出"先放后收、放小不放大、放虚不放实、明放暗不放"的特点。在发展县域经济的过程中，新矛盾凸显出来，县域经济遇到了一些新困难。

一是县投入协调县级与上级关系的财政金额增加。县域经济实力强大的县接受上级市的管理逐步减少，基本上接受省政府直管。为了创造良好的经济、社会的发展环境，县域经济实力强大的县既要主动争取对省级部门的话语权，还要维护好与原上级市的关系，这无疑增加了县政府的工作量。省与市（地级市）都成了制约经济实力强大的县进一步发展的上级部门，为了协调好省政府和管辖县的市这两个上级，必须在协调工作上有额外的财政投入，这导致行政成本增加，影响了县域经济实力强大的县在自身经济发展上的资金投入。

二是省辖市对县的支持力度减弱。在财政配套资金问题上，对于一些已经审批的项目，省政府的资金下拨后，省辖市配套的资金没有及时到位或者根本没有到位，导致县域经济发展的资金短缺。

三是中心城市化水平高的地区，实行市管县体制的时间长，这些县域经济与中心城市之间存在较密切的分工和协作关系，且依附于中心城市的发展。

四是一些职能部门的领导体制及工作机制不适应县域经济发展。一些职能部门采取垂直管理，造成了县域经济行政管理体系的不完整，不利于县级政府调控经济社会发展。国家为了增强中央宏观调控能力，对许多原列入地方政府序列的税务、土地、金融、工商、质量技术监督等职能部门实行了垂直管理，但垂直部门的权力缺乏明确界定。垂直管理的体制便于上级管理和增强上级的宏观调控能力，但也产生了一些弊端，越来越多的县政府职能部门由上级职能部门垂直管理，增大了县政府的行政管理难度，削弱了县域经济发展的主动性、积极性和创造性；县级党委和政府对这些垂直部门的影响有限，垂直管理部门与县级党委和政府在工作上的协调不够。县级党委政府难以对垂直管理部门实行权力监督，不利于对垂直管理部门在经济领域中的违规违法行为进行纠正。

五是县、市（县级市）缺乏土地、项目、规划、技改等行政审批权。土地、项目、规划、技改等审批权多集中在省级部门，县、市（县级市）、区（县级）办一个项目需要报批的行政许可管理层次多，审核程序繁杂，严重阻碍了县域经济的发展。

第七，边缘化与落后经济影响了县域发展。贵州省县域经济大多数处于区位条件较差和基础设施落后的地区。区域经济发展不平衡规律表明，区位优势强、交通便利的地区总是率先取得经济发展。贵州省农村发展缓慢，农民增收不多，农村市场对外开放水平低，外资投入少，农产品市场竞争能力整体不强，远远落后于城市的经济发展。资本、劳动力和其他生产要素不可避免地从落后县向经济发达的城市集中，拉大了经济发达的城市与落后县之间的差距，经济落后的县变得越来越边缘化，使贵州省城乡二元结构矛盾突出。边缘化和落后经济是阻碍贵州省县域经济发展的重要原因。

第八，市场化与小农经济不协调。我国已经建立起社会主义市场经济体制，但是，贵州省绝大多数的县域经济仍然以传统的小生产方式为主。市场经济与传统生产方式之间存在不协调的关系，突出表现为社会大生产方式和小生产方式的不协调。这两者的不协调在很大程度上制约了贵州省县域经济发展工业及农业产业化，主要表现为以下几点。其一，小生产方式不适应农业产业化合理配置资源的需要；其二，小生产方式不适应农业产业化规模经营的需要，分散经营的产品即使符合市场需求，也会因为规模太小而在激烈的市场竞争中处于劣势；其三，小生产方式不适应开放、灵活的农业产业化的需要。解决小生产方式的制度性障碍是推行农业产业化的重要条件。市场化与小农经济的不协调制约了县域经济的发展。

第九，贵州省的县域经济缺乏规模经济的投入。市场经济本质上是效益经济，资源随着效益流动。市场经济发展历史表明：在工业化阶段规模决定效益，只有规模经济才能产生高效益。规模经济需要大规模的投入，包括资金、技术、人才等。实际上，在发展中国家及不发达地区的经济发展中都存在规模经济投入短缺，即资金、技术和人才的短缺，尤其是资金短缺，处于西部的贵州省更是如此。贵州省县域经济发展落后，资本积累能力低下，自身资源流失严重，并由此形成恶性循环。资金、技术、人才等因素的缺乏制约了贵州省县域经济的进一步发展。

第十，贵州省县域经济受自然灾害影响，增长缓慢。贵州省的自然灾害给其县域经济带来了很大的影响，尤其是2008年初贵州省遭受历史罕见低温雨雪凝冻灾害，2010年底省内大部分地区又遭受冻雨影响，一些行业经营困难、经济增长缓慢，甚至经济总量出现负增长现象。2008年贵州省有相当多的县在生产总值、人均生产总值、税收总收入、地方税收收入等重要指标方面呈现负增长。

五　大力发展贵州省县域经济

2009年中央经济工作会议明确提出将"壮大县域经济"作为2010年

经济工作的主要任务之一："要坚持走中国特色城镇化道路，促进大中小城市和小城镇协调发展，着力提高城镇综合承载能力，发挥好城市对农村的辐射带动作用，壮大县域经济。"① 壮大县域经济有利于促进贵州省经济结构调整、推动贵州省城乡统筹发展、保障贵州省经济均衡发展；有利于改革现行的财政税收政策、减少行政管理层级，为实施省直管县体制创造良好环境。首先，作为县域经济的广阔腹地的贵州农村具有巨大的市场容量，是贵州省最大的潜在内需所在。贵州省发展壮大县域经济，可有效拓宽非农就业渠道，开辟广大农民增收空间，提高广大农民收入，激活广大农村消费市场，变潜在需求为现实内需，改变贵州省经济结构中内需与外需的失衡状况，实现贵州省经济发展模式由依赖外需转向内需驱动，推进贵州省经济结构调整。其次，积极发展县域经济，实现以乡村为依托，以农业和农村经济为主体的贵州省传统县域经济，向以县城为依托，以非农经济为主导，第一、第二、第三产业协调发展的贵州新型县域经济的转变，这有利于解决贵州省的"三农"问题，实现城乡统筹发展。为此，贵州省政府要积极制定有利于县域经济发展的政策，借鉴国外乡村发展和国内县域经济发展的经验，结合贵州省省情，大力发展贵州省县域经济。

1. 贵州省政府要制定有利于县域经济发展的政策和措施

（1）贵州省政府应该在制度和政策上为县域经济发展创造更好的条件。

第一，贵州省政府要改革影响城乡二元结构的制度。制定和实施有利于解决城乡二元结构的户籍制度、劳动就业制度、社会保障制度、行政管理及公务员薪酬制度等，确保县域与城市的制度相一致，为城乡平等竞争提供制度保障。

第二，贵州省政府应进一步深化农村土地制度改革、完善土地流转制度，保障农民土地承包经营权益，使农民享有土地经营产权，明晰农村土地产权，优化土地资源配置。

第三，贵州省政府应制定、完善产业政策、财税政策、金融和信贷政策等。这些政策要具有合理的激励机制条款，政策内容要向县域经济倾

---

① 《中央经济工作会议在北京召开》，《人民日报》2008 年 12 月 8 日，第 1 版。

斜，要能够刺激县域经济快速发展，增加县级财政总量，提高县域财政的自给能力和发展能力。

第四，贵州省政府应制定完善的交通、电信、水利等基础设施和市政公共设施投入政策，加大对县域经济的支持力度，改善县域的区位条件和发展环境，以推动县域经济的快速发展。

（2）贵州省政府应正确引导县域经济参与国内国外市场竞争，充分发挥县域经济自身竞争优势。

县域经济既要参与国内市场竞争，又要参与国际市场竞争，这样才能在市场竞争中不断发展壮大。贵州省县域经济工业化程度低，迫切需要加速推进工业化进程，提升县域经济在国内市场的竞争力；同时，县域经济要想挤入国际市场，必须尽快实现县域的信息化，提高县域内的信息技术水平，如此才能提高县域经济在世界市场的竞争力。从客观现实来看，贵州省县域经济落后于我国城市经济，更落后于西方发达国家经济水平，因此在发展县域经济战略上，应该贯彻三大战略原则。其一，县域经济比较优势原则。比较优势指一个国家或地区与另一个国家或地区在经济发展上相比较而具有的优势，两个国家或地区进行贸易时，比较优势使双方能够从中得到不同的利益。贵州省县域经济可以从城市或发达国家那里获得很多的技术、管理方法等，推动县域企业实现产业和技术升级，使各种资源得到综合利用，取得最佳的经济效益和社会效益，如此县域经济就能以比发达国家、发达地区更快的速度实现产业和技术结构升级，也能快速赶上国内城市和发达国家的经济水平。其二，落后经济后发优势原则。后发优势指在先进国家或地区与发展中国家或地区并存的条件下，发展中国家或地区所具有的内在的、客观的有利条件，能使发展中国家或地区比先进国家或地区实现更快的发展。贵州省县域经济虽然比国内城市、发达国家的经济落后，但其劳动力市场大，劳动力资源比较丰富，在此基础上可以借鉴国内城市和发达国家的经济发展成果，快速发展经济。其三，县域经济注重经济社会和人的全面发展原则。贵州省政府实施人力资源开发、科教兴县政策，发展县域经济的目的是使贵州省广大人民群众摆脱贫困，走向富裕；县域经济快速增长的落脚点，是贵州省广大人民群众的利益得到保障。

2. 贵州省政府应该借鉴发达国家的乡村发展经验，发展县域经济

第二次世界大战后，发达国家对乡村经济发展非常重视，乡村区域资源利用充分，非农产业发展速度快，城乡差别小，乡村区域经济现代化进程很快。

（1）发达国家城市周边乡村经济发展的经验

城市周边的乡村在发达国家的区域经济发展中占有重要地位，是发达国家整体乡村区域的重要组成部分。发达国家城市周边乡村区域经济的发展状况及趋势，对于发达国家整个乡村区域经济的发展具有特殊意义。大多数城市周边的乡村区域主要生产蔬菜，随着城市服务业的发展，越来越多的菜农将大部分时间用于从事城市服务业，成了兼业菜农。发达国家对城市周边乡村区域经济发展采取的主要措施为：第一，制定适合城市周边乡村区域经济发展的土地使用政策，农业用地采取优惠税法；第二，提高城市周边乡村的贷款额度，用以推进城市周边乡村区域经济的发展；第三，要求城市周边乡村经济区积极采取环保措施，防止环境污染；第四，发展城市周边乡村产业，提高城市周边乡村区域经济效益；第五，根据专业化区域的具体要求，改革城市周边乡村经济生产结构；第六，统一规划城市周边乡村经济建设布局，促进城乡协调发展。

（2）发达国家发展沿海地区乡村区域经济的经验

荷兰西部沿海地区、法国地中海沿岸地区是沿海地区乡村区域经济发展的典型。荷兰西部沿海地区采取的措施为：第一，立足于外贸，开拓国际市场，外贸决定了荷兰西部沿海地区乡村区域经济发展的程度和速度；第二，建立乡村区域专门的交易市场或者交易所；第三，重视科学技术在乡村区域生产中的应用，实行科研与生产推广紧密结合。法国地中海沿岸发展乡村区域经济采取的主要政策为：第一，努力改变沿海地区乡村产业结构，实行集约经营，形成葡萄种植业、加工业和销售业以及水果、蔬菜等多元化的区域经济结构；第二，充分利用沿海地区乡村区域农产品原料充足的优势，大力发展沿海地区乡村区域食品工业。

（3）发达国家发展内陆和边远地区的乡村区域经济的经验

内陆和边远地区的乡村区域经济一般比较落后，但是，发达国家在内

陆和边远地区的乡村区域经济的开发和发展过程中为我们提供了许多可资借鉴的经验。美国田纳西河流域乡村经济发展较快。田纳西河流域曾是美国最贫穷的地区之一，美国政府根据现实状况，采取全流域开发政策，实现流域内资源的合理利用，促进流域内经济效益、社会效益和生态效益的统一。流域的综合开发以河流的利用与治理为核心，主要包括防洪、航运、发电、旅游、提高水质等利用与治理工作。田纳西河流域治理与开发的主要经验有以下几个方面。

第一，政府设置专门的开发机构，制定法规，完善管理。田纳西河管理局是国会立法建立的独立机构，经济上完全独立，行政上不受流域各州政府人事更替影响，保证了流域治理与开发的长期稳定。

第二，因地制宜地选择流域开发重点，形成各具特色的流域开发模式。田纳西河流域管理局从防洪入手，重点发展水运、水电，配合火电、核电，优先发展高耗能的化学工业，促进流域旅游业的发展，取得了良好的经济效益与生态效益。

第三，不断加大开发流域力度。便利的运输条件和廉价的电力供应吸引了国内外大量的投资者，田纳西河流域得到了更为充分的开发利用。

第四，提高流域的开放度。田纳西河流域注重创建一个开放的宽松环境，在招商引资、扩大外贸、基础建设等方面采取了一系列得力措施。通过长期的开发与开放，田纳西河流域奠定了现代化新兴工业的坚实基础，并大幅度加强了对外交流与联系。

田纳西河流域综合治理与开发的经验措施，可以为贵州省河流综合治理提供借鉴，促使河流附近乡村经济快速高效发展。

3. 贵州省应借鉴我国其他省级行政区发展县域经济的经验

我国县域经济发展经过多年实践，已积累了丰富的经验，形成了独具特色的县域经济发展模式，其中农安县域经济发展模式、顺德县域经济发展模式、苏南县域经济发展模式和温州县域经济发展模式最具典型性，这些县域经济发展模式对贵州省县域经济发展具有一定的借鉴价值。

（1）农安县域经济发展模式

农安县域经济发展模式是吉林省在农安县发展县域经济过程中创造的

模式，这种模式是通过狠抓农业产业化经营来带动县域经济社会全面进步的发展模式。农安县域经济发展模式的形成具有三个典型条件：一是农业资源丰富，农业发展条件优越；二是除了农业资源优势外没有其他资源优势；三是该区域离大城市远。农安县域经济发展模式非常注重农业的基础地位，大力发展农业，以增加粮食产量为目的，确保国家粮食安全，提高广大人民的收入，增强经济实力。农安县域经济发展积累的经验，对于贵州省那些远离大城市、仅有农业资源的农业县发展经济具有一定的借鉴意义。

（2）顺德县域经济发展模式

顺德县域经济发展模式是广东省顺德区在发展县域经济过程中创造的发展模式，其形成于20世纪80年代中期。顺德县域经济发展模式是以集体经济转制为民营经济为主要特征，通过"三资企业"、依托外向型经济发展来带动县域经济社会全面发展的模式。顺德县域经济发展模式具有三大优势：一是政策优势；二是区位优势；三是海外侨胞的投资。顺德县域经济发展模式在广东珠三角地区和福建闽南地区发展县域经济过程中被广泛采用，并且成效较好。在贵州省县域经济发展中也可以适当采用顺德县域经济发展模式。

（3）苏南县域经济发展模式

苏南县域经济发展模式是江苏省在苏州、无锡和常州等地区通过发展乡镇企业实现非农业发展而形成的典型方式，是以混合型经济为主体，以规模经济和外向型经济为支撑，发展具有鲜明特色和优势的产业为主要特征的发展模式。"苏南模式"的主要特征是：农民依靠自己的力量发展乡镇企业；乡镇企业的所有制结构以集体经济为主；乡镇政府主导乡镇企业的发展。苏南县域经济通过发展乡镇企业，走出一条"先工业化，再市场化"的发展道路。苏南县域经济发展积累了一些经验：通过开放，推动持续的改革、创新；引进资本经营，推动科技进步，培育企业集团，发展规模经营，以企业带动产业集聚；走混合经济发展之路；走农村城镇化道路。苏南县域经济发展模式的优势为：发挥了政府的力量以及政府的信誉优势；地方政府统一组织领导，确保各产业保持协调关系；积累的支配权由地方政府掌握；经济决策权由地方政府直接行使。苏南县域经济发展模式本质上为"政府超强干预模式"，即一种政府主导的经济发展模式。

（4）温州县域经济发展模式

温州县域经济发展模式是浙江省在温州地区以家庭工业和专业化市场的方式发展非农业，从而形成"小商品、大市场"的发展模式，是通过发展个体、私营经济来带动县域经济社会全面进步的发展模式。温州县域经济发展模式适合条件落后、交通闭塞、缺乏城市带动和辐射的县，通过自发地发展商品经济，促进县域经济迅速发展。温州县域经济发展模式具有三个促成因素：一是该区域人多地少，人地矛盾十分突出；二是政府的行政干预较少；三是具有重商传统。温州县域经济发展模式的成功之处在于确立了明晰的产权制度。

贵州省在发展县域经济过程中，既要立足贵州省省情，又要借鉴其他省级行政区在实践中积累的经验，积极推进贵州省县域经济又好又快发展。

第二节　贵州省实施省直管县体制的必要性

贵州省行政管理层级过多、规模过小，造成行政机构臃肿、人浮于事、行政效率低下、行政成本过高，县域经济发展活力不足，现行的行政区划体制越来越不适应整体经济发展的需要。随着经济、社会、科技的发展以及行政管理思维的转变，从贵州省现行经济发展状况和自然条件出发，必须减少行政管理层级和中间环节，科学合理地调整县级政府的设置和布局，增强县域经济的发展活力。推行省直管县体制已成为一种必然趋势。

一　省直管县能够减少贵州省地方行政管理层级、提高省县行政效能

省直管县、市（县级市）体制改革是行政管理体制改革的重要内容，行政管理体制改革必须以优化行政职能和提高行政效率为目标，改革的结

果必须使行政机关在行政职能和行政效率上有更大的改进,这是省直管县、市(县级市)体制改革的首要原则。

贵州省实行省直管县体制,可使四级地方行政管理层级减少一级,基本变为三级地方行政管理体制(自治州除外),实现行政组织结构的扁平化。行政组织结构扁平化是其发展趋势,贵州省政府采用这种行政组织结构,可减少行政管理层级,适当增加行政管理幅度,促进行政组织的横向与纵向沟通,激发行政组织各层次之间的横向和纵向互动。省直管县、市(县级市)体制有利于政府信息及时传达,加强沟通,促进政令畅通,提高行政管理效率。贵州省实行省直管县体制以后,县级政府将不再接受地区或者地级市政府的管理和领导,而是直接受省政府的领导和管理,县级的情况直接反映给省政府,省政府能及时帮助县级政府解决县域经济发展中的困难。贵州省地处我国西部,偏远县的经济发展非常落后,需要省政府给予强有力的支持,特别是资金、技术、项目和政策方面的支持。地区行政公署和市政府都很难为县级的经济发展提供帮助,即使能提供一些帮助,力度也不大,而贵州省政府的实力比地级市政府、地区行政公署的实力雄厚,实行省直管县体制以后,贵州省级政府可以对偏远县的经济发展进行专项扶持和重点支援,促进其加强基础设施建设,改善投资环境,建设重点项目,转变经济发展观念,逐渐发展壮大县域经济。从贵州省政府的角度看,实施省直管县体制后,贵州省政府将直接管理县级,其制定的方针、政策能够及时地传达到县级,减少和避免管理层级过多导致的行政管理信息传递的变样和走调,增强省政府宏观调控的及时性和有效性,提高省政府、县政府的行政效率。

1. 实施省直管县体制,能够精简贵州省地方行政机构和人员,降低行政管理成本

贵州省行政区划层级多、规模过小、机构臃肿、人浮于事、行政效率低、行政成本过高,区域经济发展活力不足,扩权强县、发展县域经济成为必然趋势,通过实行省直管县、市(县级市)体制改革,调整规模过小的县级行政区划建制,减少区划建制数量,扩大省的行政管理幅度,减少管理层级,去除市(地区行政公署)这个中间环节,减少行政机构编制,

节约行政管理成本，提高行政效率，可在更大区域范围内优化配置资源。截至 2019 年，贵州省有地级行政建制 9 个，包括地级市 6 个、自治州 3 个。地级市占比最大，约占全省地级行政建制的 67% 以上；市领导的县约占全省县总数的 62%。实行省直管县体制以后，那些管县的市只管理市区，不再管辖周边县，市的规模和设置必然比实行市管县体制时要小得多，在精简行政机构和行政管理人员编制上的空间是很大的。2019 年，贵阳市机构改革后，党委机构设置了 16 个，政府工作部门设置了 36 个，党政机构共设置了 52 个。撤销市（地级市）后，行政机构和行政人员将大幅减少。然而对精简行政机构和人员的改革，一定要牢牢把握优化行政职能和提高行政效率这个首要目标，否则，省直管县（含县级市）体制改革就会变成仅仅追求行政机构和人员的精简、行政层级的减少等机械性操作。在省直管县（含县级市）体制改革的过程中，只有对省、市（地级市）、县和市（县级市）之间的关系进行优化变革，从行政职能和行政效率的角度考虑裁减行政人员、行政机构、行政层级，改革才能最大限度地优化行政职能和提高行政效率。省直管县、市（县级市）体制改革涉及行政机构和行政人员的调整，要从行政职能的角度出发，对行政机构和行政人员进行合理调整，需要强化的行政职能对应的行政机构要不断充实，确保行政职能的充分行使，与需要弱化甚至转变的行政职能相对应的行政机构则要精简。涉及行政区划重新调整和行政管理方式的改革更要坚持优化行政职能和提高行政效能的原则。

在省直管县、市（县级市）体制改革的过程中，要把精简行政机构与合理安置精简的行政人员相结合。省直管县、市（县级市）体制实施后，市（地级市）政府不再直接管辖县级事务，管理范围会大大减小，地级市没有必要维持原来那么大的规模，因此会撤并不必要的行政机构，精简多余的行政人员；地区行政公署同样会大量精简行政机构人员；在扩大县的规模的同时，对县级行政区进行的局部调整也会导致行政机构和行政人员的精简。政府要通过多种途径妥善安置精简的行政工作人员，以确保省直管县、市（市级县）体制改革顺利进行。

2. 实施省直管县体制，能够促使贵州省经济高效、快速、和谐发展

当前，贵州省的行政层级有四级，省级处于最顶端，乡处于最底层，

市（地级市）、县处于中间层。这种多层级的行政管理，导致行政管理信息的传播和反馈不畅，行政管理效率低下，行政管理成本高。按照行政效率、效能最优化原则，行政组织的纵向层次不可太多，要尽可能地实施扁平化的组织结构，以缩短领导层次与实施层次的距离，便于上下行政机关沟通，降低行政信息失真率，提高行政工作效率，克服多层次组织结构的弊端。[1]

贵州省实施省直管县体制，是由科学技术、行政管理目的、行政管理理念等多种因素决定的。实施省直管县体制可减少市级行政层级，提高省政府、县政府的行政管理效能。管理科学揭示了管理主体控制幅度与管理层级之间存在一种内在的对应关系：在一个巨型组织中，管理主体控制幅度大，就会减少管理层级；管理主体控制幅度小，就必然增加管理层级。技术条件、管理目的、管理理念等因素制约管理主体控制幅度的大小。在交通、通信等技术条件不够发达的时期，管理手段受到很大的限制，管理主体为了达到有效管理，其管理幅度不可能太宽，在管理范围没有变化的情形下，唯有通过增加管理、控制层级，才能达到管理、控制的目标与实效。自改革开放以来，贵州交通、通信条件发生了很大的变化，机械化、电子化、交通通信工具遍及乡（镇）、村庄，固定电话、移动电话、网络逐渐普及。交通技术和通信技术日益现代化，为扩大管理主体的控制、管理幅度提供了强有力的技术支撑，大大增强了管理主体的控制、管理能力。日趋激烈的市场竞争要求政府、企业在管理上由过去自上而下的控制型管理转变为自主创新型管理。市场竞争的巨大压力，管理主体自主创新的内在需求和交通、通信等技术手段的现代化，会促使管理组织结构扁平化。管理组织结构的扁平化又会促使政府管理更加符合当代实际、更加机动灵活、更加富有创新精神，极大地提高了整个政府管理系统的效能。

《中华人民共和国宪法》规定，地方政府层级主要实行省—县—乡三级制，只是在较大的市和自治州可以实行省—自治州、市—县—乡四级制。但是，自从1982年实行市管县体制以后，我国地方政府层级由以三级

---

① 何伟：《组织扁平化与行政区划》，《行政论坛》2003年第7期，第21页。

制为主变成以四级制为主，即省政府、直辖市、自治区、特别行政区—地级市政府、自治州、盟—县政府、市辖区、县级市、自治县、旗、自治旗—乡政府、民族乡、镇。贵州省政府层级过多，存在一些弊端，主要表现在以下三个方面。一是贵州省政府难以及时准确地把政策等下达给每个县政府，县政府也难以及时准确地把情况反映给贵州省政府。二是贵州省政府下放给每个县的权力和划拨给每个县的资金，很容易被地级市政府、地区行政公署等中间层级截留，县政府很难得到省政府下拨的全部资金以发展县域经济，同时，县政府的一些权力有时也会被地级市政府、地区行政公署行使，县域资金往往流向了地级市政府、地区行政公署，县政府的自主权难以得到落实，一定程度上制约了县域经济的快速发展。三是不符合组织结构扁平化，不利于调动县政府的主动性、积极性和创造性，不利于提高省政府、县政府的行政管理效能。解决贵州省政府层级过多的问题，唯一出路就是减少政府层级，尤其要裁撤地级市，恢复市原来的地位，即市只管城市本身的事务，严格按照《中华人民共和国宪法》《中华人民共和国地方各级人民代表大会和地方各级人民政府组织法》的规定，实行省直接管理县的体制。

二 省直管县体制能够促进贵州省县域经济快速发展

1. 实施省直管县体制，使省政府能够充分放权给县政府，发展县域经济

贵州省绝大部分人口在农村，农村一般在县级的管辖之下。改革开放进入攻坚阶段以后，县域经济的发展对于贵州省全面建成小康社会，全面实现现代化具有十分重要的意义。长期以来，贵州省的县域经济发展受到种种因素的制约，其中一个很重要的因素就是管理体制，在市管县体制下，县级政府的管理权受到市级的限制，省级政府对每个县的政策和资金支持不能直接到位。实行省直管县、市（县级市）管理体制改革，能使县级政府直接接受省级政府的领导、管理，县与地级市不再存在行政隶属关系，也不再受到市级的限制。地级行政建制被虚化或撤销后，应该下放原属于地级行政部门管理的部分适合县行使的权力。改变市管县体制后，市级将无权管理县级事务，而只管理市本身的经济、社会等事务，原来属于

市的权力凡是适合县级行使的，也应该交由县级行使，这有助于增强县域经济的实力，有助于省直管县体制的顺利实施。省直管县体制的关键是省直接掌握县的财政权和用人权，即省直接管理县的财政体制和直接任命县主要领导人的人事体制，在财权和人事权方面实行省直管县行政体制。省通过管理县的财政体制，直接取消了市管县财政体制和地区行政公署代省管理县的财政体制，如此一来，县财政就可以减少市财政和地区行政公署财政的支付负担，同时省财政能及时解决县财政的困难，让县有更大的财力来发展自身的经济、社会、文化等各项事业。省通过直接任命县主要领导人，从人事上摆脱了市和地区行政公署对县的控制，有利于省的各项政策在各县顺利落实，并且能更好地掌握各县的发展情况，更有利于省对县的宏观调控。

实施省直管县体制会在很大程度上强化县政府的权力，当县政府拥有较大的行政审批和财政方面的权力后，便会扭转财权和事权失衡的局面。体制制约被解除以后，县域经济将得到进一步的发展，这对农村的经济建设具有很强的推动力。县域涵盖"三农"、联结城乡，是解决"三农"问题的主阵地，县域经济是城乡融合发展的区域经济，其实力和活力直接关系着社会主义新农村的建设，社会主义新农村建设离不开县域经济的发展和支柱产业的强大。①

2. 实行省直管县体制，是扩大县级政府的自主权、推动县域经济发展、实现城乡协调发展的重要举措

实行市管县体制之前，市级与县级之间没有上下级行政隶属关系。实行市管县体制之后，市级与县级之间有了明确的行政隶属关系和行政等级关系。市级、县级都是相对独立的经济利益主体，当涉及利益关系时，中心城市往往会通过其有利的行政地位，采用各种方式、方法侵占本来属于县级的经济利益。在执行资源、资金等分配任务时，市级通常出于自身经济利益考虑，对省级下达的资金、资源、物资、农转非指标等，采取中间截留办法，把本应该属于县级的资金、资源等转变为自己所用。甚至有的

---

① 章猛进：《县域经济：社会主义新农村建设的重要载体》，《求是》2005 年第 22 期，第 18～20 页。

市政府以行政命令的方式，从所辖县低价购买农副产品，这严重影响了县域经济收入，导致县域经济缺乏应有的资金投入，制约了县域经济的健康发展，有损县的经济利益。市管县体制下，市政府对市区和县的重视程度不同，有亲疏之分，市政府往往重视市区的经济建设和发展，对县的经济发展只是出于形式上的重视，市级领导县级形式上是为了市级帮县级、市级带县级，促进县域经济发展，但其在实际操作中却严重压制了县级经济发展的积极性，制约了县域经济发展，导致城乡之间经济发展不协调，市级、县级差距拉大。贵州省实行省直管县体制是克服市管县体制弊端的最佳措施。

3. 实行省直管县体制是促进贵州省区域经济一体化的内在需要

贵州省的经济发展与全国的经济发展一样，出现了一种特殊的地缘经济——行政区经济。行政区经济在一定时期内对加速贵州省地方经济发展起到了促进作用，但随着社会主义市场经济体制的建立与完善，行政区经济的弊端逐步凸显，甚至带来了贵州省经济小而全、大而全、重复建设、结构雷同等不利于经济发展的问题，致使县域内资源很难优化整合、生产布局不合理、资源浪费严重。行政界线像一堵看不见的墙，将县域与其他行政区域分割开来，阻碍县域与其他行政区域之间产品、资源、生产要素的流动，不利于统一市场的形成，阻碍了市场经济的发展。贵州省推行省直管县体制，有利于打破行政区经济格局、保持经济区的完整性以及对资源的统一规划、开发管理，促进贵州省区域经济一体化快速发展，合理利用省内各种资源，快速发展当地经济，提高广大人民的生活水平。

三 省直管县体制能够促进贵州省的稳定和发展

1. 省直管县体制能够促使贵州省实行城乡分治，推动城乡协调发展

实行省直管县体制改革，有利于根据贵州省农村和城市的不同特点推动城乡进一步发展，最终实现城乡一体化。城市和农村分开管理是世界发达国家行政管理的通常做法，也是我国几千年来行政管理所采取的普遍方法。在行政管理实践中，城市和农村在人口素质、生活方式、产业结构、基础设施等方面存在差别，采取不同的管理方式，对城市和乡村的发展都

有利。县政府根据长期管理农村的经验，结合农村的实际，因地制宜，正确贯彻实施中央和省级政府制定的各项农村政策，总结管理农村的经验教训，探索社会主义新农村建设的新思路、新途径，创造性地解决新农村建设过程中遇到的种种问题。城市和乡村分治，可以使市政府从繁重的农村管理中解脱出来，集中精力发展城市，创造良好的投资环境，合理调整城市产业布局，大力发展城市工商业和服务业，推动城市化进程。经济强大的城市可以发挥自身优势，实施工业反哺农业、城市支持农村，推进社会主义新农村建设和城乡协调发展。

2. 省直管县体制能够促进市（地级）县互动，构建统一的市场体系

我国建立了完善的社会主义市场经济体制，这要求经济活动遵循市场经济的运行规律。市场经济是竞争经济，市场竞争主体在公平竞争中实现优势互补和优胜劣汰。市场经济的良性运行需要建立统一、规范、有序的市场体系。贵州省长期实行市管县和地区行政公署代省管县的体制，地区行政公署之间、地级市之间、地区行政公署与地级市之间的经济联系不多，经济联系一般只局限于地区行政公署、地级市内部，形成的是行政区经济。这种行政区经济是运用地区行政公署、地级市政府的行政权力建立起来的，不是通过市场竞争建立起来的，因此统一有序的市场体系难以形成制约了贵州省经济的发展。贵州省实行省直管县、市（县级市）以后，市（地级市）与县的政治地位平等，公平地参加市场竞争，由于市（地级市）和县各自的功能和特点不同，可在市场竞争中达到优势互补，县级为市（地级市）级的经济发展提供原材料、农产品、能源和人力，市（地级市）级为县级的经济发展提供资金、技术和各类专业人才，还为县级大量农村剩余劳动力提供充足的就业机会。此外，市（地级市）级、县级还可为对方提供产品和服务市场。在公平竞争的市场经济环境中，经济实力强大的市（地级市）对周边县的辐射和拉动作用得到更加有效的发挥。相邻的县与县之间、县与市（县级市）之间可以摆脱各自属于不同行政区域的束缚，更好地加强彼此经济上的交流与合作，形成统一、有序的社会主义市场体系，推动社会主义市场经济又好又快发展。

地方各级政府的关系处理对贵州省经济社会发展影响很大，关系着贵

州省的稳定与发展。若市（地级市）、县政府拥有的权力过大，省政府又缺少强有力的制约措施，那么省政府对市（地级市）、县地方政府的宏观调控能力就会削弱。通过推行省直管县体制，消除目前贵州省行政区划中的不合理因素，结合各市（地级市）、县的政治、经济、社会、自然等因素，划清市（地级市）级、县级边界，有利于改善省政府与市（地级市）、县政府的关系，为贵州省经济发展创造良好的行政区划体制环境。

四　省直管县财政体制要求实施省直管县体制

实施省直管县财政体制后，以往的市管县财政体制被撤销，市（地级市）财政与县财政的关系由上下级关系转变为平等关系、平行关系，市（地级市）财政无权干预县财政收支、资金结算等，市（地级市）财政与县财政完全分治。

市（地级市）财政失去了对县财政的控制、管理权后，如果还继续实行市（地级市）管县体制，则会出现很多弊端。第一，市（地级市）财政实力大大减弱，缺乏足够的财力帮助县发展经济、文化等事业。贵州省实施市（地级市）管县财政体制时，贵阳市、六盘水市、遵义市、安顺市、铜仁市、毕节市等6个市的财政实力都大大超出了所辖县的财政实力，各个市（地级市）都有比较强大的财政实力帮助所辖县发展经济、文化等事业。实行省直管县财政体制后，贵州省财政既管辖贵阳市、六盘水市、遵义市、安顺市、铜仁市、毕节市的财政，也直接管辖这些市原来所辖县的财政，每个市（地级市）的财政实力大大减弱，已无权管辖市本身以外的各个县的财政，也无力帮助其管辖的县发展经济、文化等事业。第二，随着市（地级市）级财政对县级财政管辖权的丧失，市（地级市）级对县级管理缺乏财力支撑。实施省直管县财政体制后，贵阳市、六盘水市、遵义市和安顺市与所管辖的各个县财政处于同等的财政地位，彼此无隶属关系，都直接受省财政的领导。贵阳市、六盘水市、遵义市、安顺市、铜仁市、毕节市等市的财政实力必然无法保障它们管辖的县级的行政支出，市（地级市）管县的行政管理必然无法正常运转。第三，根据财权与事权相一致的原则，实施省直管县财政体制后，市（地级市）级管理县级财权被撤销，市（地级市）级管理县级事权也必然被撤销。现代行政管理要求财权与事权相一致，有多大的财权就行使相应的事权，行使多大的事权就要掌握相应的财权。如果只有事权，没有相应的财权，就无法保证事权的顺利实施。实施省直管县财政体制，以往的市（地级市）级管理县级的财政体制被撤销，贵阳市、六盘水市、遵义市、安顺市、铜仁市、毕节市只能管理本市的财政事务，无权干预它们所辖各县的财政。随着贵阳市、六盘水市、遵义市、安顺市、铜仁市、毕节市等市财权的丧失，其管辖各个县的事权也就无法发挥。因此，实施省直管县的财政体制必然要求实行与其财权相适应的省直管县行政管理体制。

第三节　贵州省实施省直管县体制的可能性

一　中央提出的新政策为贵州省实施省直管县体制提供了政策保障

中央提出了科学发展观、城乡一体化、发展县域经济、构建社会主义和谐社会、建设社会主义新农村等战略思想，指导贵州省经济社会快速发展。温家宝在 2005 年的全国农村税费改革试点工作会议上指出："要改革县乡财政的管理方式，具备条件的地方，可以推进'省直管县'和'乡财乡用县管'的改革试点。"[①] 这是中央高层领导人首次公开对省直管县财政体制改革进行理论阐述。此后"十一五"发展规划、党的十七大报告、党的十七届三中全会报告等重要文献先后对省直管县体制改革进行了科学论述，这些理论为贵州省政府大胆创新改革行政管理体制提供了科学的理论指南。

胡锦涛在党的十七大报告中指出，"精简和规范各类议事协调机构及其办事机构，减少行政层次，降低行政成本，着力解决机构重叠、职责交

---

① 温家宝：《全面推进以税费改革为重点的农村综合改革》（在全国农村税费改革试点工作会议上的讲话），2005 年 6 月 6 日。

叉、政出多门问题"①，这为省直管县行政体制改革提出了总体要求，贵州省实施省直管县体制也必须遵循这一总体要求。实施省直管县体制，可以减少地级市这一中间层级，原来的地级市机构和人员也会相应裁减，必然会大大节约财政开支。地级市撤销后，县政府可以直接接受省政府管理，避免出现以前那种政出多门的局面，为县域快速发展创造条件。

2008 年 10 月，《中共中央关于推进农村改革发展若干重大问题的决定》指出："推进省直接管理县（市）财政体制改革，优先将农业大县纳入改革范围。有条件的地方可依法探索省直接管理县（市）的体制。"②

2008 年 12 月 31 日发布的《中共中央国务院关于 2009 年促进农业稳定发展农民持续增收的若干意见》明确提出："推进省直接管理县（市）财政体制改革，将粮食、油料、棉花和生猪生产大县全部纳入改革范围。稳步推进扩权强县改革试点，鼓励有条件的省份率先减少行政层次，依法探索省直接管理县（市）的体制。"③ 这说明中央鼓励地方政府大胆探索、推进省直管县的行政管理体制改革。2009 年 6 月 20 日发布的《关于推进省直接管理县财政改革的意见》明确提出了省直管县财政体制改革的总体目标："2012 年底前，力争全国除民族自治地区外全面推进省直接管理县财政改革，近期首先将粮食、油料、棉花、生猪生产大县全部纳入改革范围。"④ 深化财税体制改革，为贵州省实施省直管县体制改革指明了方向。

党的十八届三中全会指出，"转变政府职能必须深化机构改革"，"积极稳妥实施大部门制。优化行政区划设置，有条件的地方探索推进省直接管理县（市）体制改革。严格控制机构编制，严格按规定职数配备领导干部，减少机构数量和领导职数，严格控制财政供给人员总量。推进机构编

---

① 胡锦涛：《高举中国特色社会主义伟大旗帜，为夺取全面建设小康社会新胜利而奋斗——在中国共产党第十七次全国代表大会上的报告》，人民出版社，2007，第 38 页。

② 《中共中央关于推进农村改革发展若干重大问题的决定》（中国共产党第十七届中央委员会第三次全体会议通过），2008 年 10 月 12 日。

③ 《中共中央国务院关于 2009 年促进农业稳定发展农民持续增收的若干意见》，2008 年 12 月 31 日。

④ 《关于推进省直接管理县财政改革的意见》（财预〔2009〕78 号），2009 年 6 月 20 日。

制管理科学化、规范化、法制化"。①

党的十九大报告指出："赋予省级及以下政府更多自主权。"②

二　市场经济体制的完善为贵州省实施省直管县体制提供了经济保证

我国实施社会主义计划经济体制时期，政府是"全能型"政府，政府管理范围很广，从国民经济和社会发展计划的制订，到企业的日常生产、经营、销售等活动都有参与；企事业单位必须服从政府部门管理；政府常常直接插手企业的微观事务，事务性管理工作多，工作量大，导致对企业的宏观管理不够，常常出现政企不分的现象。政府除了制定企业经济指标外，还须统一管理企业生产、经营、销售等各个环节以及生产生活物资分配等，长期处于高负荷运转状态，严重影响了其行政管理幅度。政府管理职能的多少一定程度上决定了政府管理幅度的大小，繁重的企业事务性管理任务，必然会影响政府对行政事务的有效管理，降低管理幅度，因此，在政府直接管理企业的情况下，省政府无法直接管理好几十个县。在高度集中的管理体制下，政府必须不断以加强计划、增加行政管理层级、缩小行政管理幅度的方式达到有效管理、巩固行政管理权力的目的，因而省与县之间的行政层级地级市和准行政层级地区行政公署就应运而生了。我国实施市管县和地区行政公署代省管县体制，在一定意义上是社会主义计划经济体制的需要。在计划经济时期的行政管理体制下，行政权力效力很大，这为市管县和地区行政公署代省管县体制提供了权力上的保障，地区行政公署和地级市凭借行政级别和行政权力上的优势管辖相应的县。社会主义计划经济不再适应社会发展的需要，社会主义市场经济体制建立，经济体制的改变推动着行政管理体制的转变，行政管理体制要与社会主义市场经济体制相适应。我国政府角色和职能的转变，也引起了行政管理方式

---

① 《中共中央关于全面深化改革若干重大问题的决定》，人民网，http://politics.people.com. cn/n/2013/1115/c1001-23559482.html。

② 习近平：《决胜全面建成小康社会　夺取新时代中国特色社会主义伟大胜利——在中国共产党第十九次全国代表大会上的报告》，人民出版社，2017，第39页。

的变革，地方政府与企业之间、地方各级政府之间，要求实行党政分开、政企分开，企业成为市场主体，自主经营、自负盈亏，转变国有企业的管理方式，国有企业的所有权和经营权分开，建立现代企业制度，赋予国有企业更多的经营权；政府将部分管理企业的权力下放给社会中介组织和行业协会组织，从那些不该管也管不好的企业管理中退出来，集中精力做好所辖区域的经济社会发展规划，加强所辖区域内经济的宏观调控，为市场监督和经济社会发展提供优质的公共服务。摆脱了烦琐的企业事务管理后，行政管理的幅度增大，层级减少，政府组织趋向扁平化结构，这又促使政府加强内外交流、加快行政信息传递，促进社会主义市场经济的发展。同时，社会主义市场经济条件下行政命令的效力不再像社会主义计划经济时期那样明显，因此市管县体制下的市能否影响所辖周边县，主要取决于市级经济辐射能力的大小而不是市政府行政命令的效力。市政府的事务性工作大大减少，行政管理方式发生很大的转变，宏观调控成为其主要职能，资源配置由市政府主导型转向市场主导型，直接管理经济的权限和范围大大缩小，把大量管理经济的权力和职能交给市场行使；市政府的服务意识增强，重新调整了市县政府之间的权力关系、职能范围和管理方式。省级对县级的领导和管理，由微观转向宏观，由多层级的科层组织向扁平化组织转化，省政府及其所属部门管理的下属单位数量大幅度增加，完全能直接领导、管理几十个县的工作。社会主义市场经济体制日益成熟，行政区对经济区的约束力减弱，纵向经济必然朝横向经济延伸；生产要素自由流通形成经济区，城乡之间、不同区域之间的经济关系更明显地表现为商品交换关系。区域经济发展以资源最优配置为前提，利用行政力量配置资源不利于区域经济健康发展。同时，社会主义市场经济体制的确立，不仅使不同区域的经济联系更加密切，"而且使行政区域的经济结构、社会结构、文化结构受到严重冲击，原有行政隶属关系在经济上日益淡化"。① 在社会主义市场经济体制下，必须要改革市管县体制和地区行政公署代省管县体制，实行省直管县体制，让市级、县级获得独立、公平的市场竞争主体

---

① 孙学玉：《公共行政学论稿》，人民出版社，1998，第 104~106 页。

地位。市级对县级的经济辐射和带动主要通过市场规则来实现，市级发挥城市工商业优势，为周边县域经济发展提供市场和资金，周边县发挥劳动力、原材料、农产品等优势，通过市场竞争形成平等和互惠的市、县经济辐射关系，从体制上避免"小马拉大车"和市级、县级之间经济矛盾的出现，促进市级、县级经济协调发展。在市场经济条件下，市级与县级按照市场规律办事，通过市场作用实现市级对县级的影响，如果地级市经济实力太弱，单凭行政级别优势不能带动所辖县的经济发展，则会成为市、县经济发展的严重阻碍。社会主义市场经济体制取代社会主义计划经济体制的事实，为减少中间行政管理层级、扩大行政管理幅度提供了可能性，为贵州省实施省直管县行政管理体制提供了必要的经济环境。

三　政府职能的转变为贵州省实施省直管县体制提供了制度保证

政府行政职能的行使是影响经济发展的主要因素之一，政府行政职能行使的范围、程度和方式对区域经济发展具有双重影响，可能促进经济发展，也可能阻碍经济发展。W. 阿瑟·刘易斯在《经济增长理论》中阐述了政府对经济发展的作用的悖论："如果没有一个明智的政府的积极促进，任何一个国家都不可能有经济进步……另一方面，也有许多政府给经济生活带来灾难的例子，以致要写满几页警惕政府参与经济生活的话也是很容易的。"更明确地说，"政府的失败既可能是由于它们做得太少，也可能是由于它们做得太多"[①]。经济快速发展的发达国家、经济腾飞的发展中国家以及我国东部沿海地区经济迅速发展的实践证明：适度的政府干预有利于促进国家、地区经济发展，实现经济的快速增长。政府干预经济主要表现为通过制定经济发展战略来推动经济发展，如二战后的日本快速实现经济腾飞的奇迹，新加坡、韩国等亚洲新兴工业国家成功实现赶超，还有发展中国家摆脱困境、快速发展经济的例子，这些都是政府适度干预的成功案

---

① 〔美〕W. 阿瑟·刘易斯：《经济增长理论》，梁小民译，上海三联书店，上海人民出版社，1994，第 475～476 页。

例。我国经济的健康快速发展是我国政府根据社会主义市场经济发展理论制定并实施科学的具有前瞻性的经济发展战略的结果。

发挥各级政府职能的根本途径在于转变职能,有效地解决各级政府在经济社会管理中存在的越位、缺位和不到位等问题,进一步理顺政企关系。各级政府要转变参与经济运行的方式,由直接参与经济生产、管理、销售等具体事务转变为间接参与,由微观管理经济转变为宏观管理经济,不干预企业内部事务,主要采用经济手段、法律手段进行宏观调控,为企业发展培育各种市场、健全市场体系。政府不该管的事坚决不管,把不该管的事交给社会、企业,由社会相关组织、企业管理,这样更有利于政府行政效率的提高和行政成本的降低,把政府该管的事务管好;进一步理顺党政关系,党要管党、从严治党,党要从日常的行政事务中摆脱出来,做好自身工作,党对行政机关的领导只是思想领导、政治领导和组织领导,政府行政事务由行政机关负责,要切实解决好党政不分、以党代政的矛盾;建立学习型政府,增强政府适应社会主义市场经济的管理、调控能力。

社会主义市场经济体制的建立健全要求我国各级政府转变政府职能,在经济管理方面,要从微观转向宏观,区域经济的运行方式要由以纵向为主的计划经济的运行方式转向以横向为主的市场经济的运行方式;大量行政法律、法规的颁布,尤其是《行政许可法》的颁布,使政府部门的行政审批项目减少,审批程序简化、规范,精简了行政管理的事务性工作,为扩大行政管理幅度创造了条件;同时也对行政管理提出了新的要求:行政区划结构体系由行政层级多、行政管理幅度小向行政层级少、行政管理幅度大的扁平化、民主化、效能化转化。社会主义市场经济体制建立后,由市场来配置资源,政府职能发生转换,社会中介组织建立,政府大量的行政审批手续被取消、转移,摆脱了繁杂的社会性事务、经济性事务,逐渐向"大社会、小政府"和"服务型政府"转变,为行政区划的改革创新、减少行政管理层级、扩大行政管理幅度提供了制度基础。

贵州省实施省直管县体制是社会主义市场经济对法治的要求。我国确立了社会主义市场经济的法律地位，市场经济倡导"小政府，大社会"，企业不再依附于政府，成为市场的独立主体，积极性、主动性和创造性增强，积极地改进技术工艺、管理方法，积极地开拓国内和国外两个市场；市场经济是法律经济，各市场主体的行为由法律规定，各级政府的行为也受法律约束，政府不能随意干预市场主体，要依法从宏观上对企业进行有效的调控，为市场经济的发展提供良好的服务；社会主义市场经济的发展与完善要求打破条块分割和地方保护主义，建立完整、统一、有序的市场体系，实施省直管县体制有利于推进区域经济合作、打破条块分割和地方保护主义。社会主义市场经济条件下的区域经济需要开放与合作，区域经济开放意味着经济要素在更大范围内自由流动，打破制约区域经济发展的各种壁垒，实现更大范围的资源整合和重组，发挥经济要素在向城镇集聚过程中的效能。波兰经济学家萨伦巴和马利士提出的区域经济的点轴理论认为，由控制一点的极化过程发展为控制一线的不断延伸和聚集，可以完成整个区域的平衡发展。发展区域经济合作，可以达到利用区域内增长极——城市的极化作用产生的经济辐射效应，促进城乡一体化。目前，贵州省的县域经济发展存在区域合作不畅的现象，主要有以下几个方面的原因：一是贵州省各县的经济发展差异大，各县担心本地的市场、就业和人才流动等会给自己带来负面影响；二是贵州省县域经济之间的利益分配没有形成相应的协调机制；三是贵州省县域经济市场体系尚不完备；四是贵州省现行的政府政绩考核制度不利于县域经济的发展。其中，贵州省县域经济发展过程中区域合作不畅的主要原因是利益协调机制未落实。作为上层建筑的各级政府应该满足经济基础的要求，法律规定了各级政府的活动边界，减少了行政管理层级，尤其是要取消不符合宪法和相关法律要求的市管县和地区行政公署代省管县的体制，解除经济发展壁垒，促进统一市场的形成；省、县政府要转变各自职能，精简政府工作人员，提高行政效率。社会主义市场经济体制下的政府已经不是计划经济体制下的无限政府，而是有限政府，政府与市场对经济的管理有着比较明确的界限，以市场自发调节为主，以政府宏观调控为辅，政府活动的范围由宪法和相关法律界定。

依法治国是我国政府治理方式的根本改变，也是政府职能转变的重要内容。依法治国就是广大人民群众在中国共产党的领导下，依照《中华人民共和国宪法》和法律规定，通过各种途径和形式管理国家事务，管理经济、文化事业，管理社会事务，保证国家各项工作依法进行，逐步实现社会主义民主的制度化和法律化，使这种制度和法律不因领导人的改变而改变，不因领导人看法和注意力的改变而改变。依法治国要求有法可依、有法必依、执法必严、违法必究，是我国政府职能转变的重要内容，要求行政机关依法行政，各级政府设立的法律依据是我国宪法和相关法律，政府的各项权力由宪法和相关法律明确规定，政府作为执行机关必须严格执行法律规定，若做出宪法和相关法律不允许的行为，则是违法行为，不具有法律效力。行政区划也是行政管理的主要内容之一，必须依法划分。《中华人民共和国宪法》第三十条明确规定："中华人民共和国的行政区域划分如下：（一）全国分为省、自治区、直辖市；（二）省、自治区分为自治州、县、自治县、市；（三）县、自治县分为乡、民族乡、镇。"宪法明确规定了我国地方政府实行三级行政管理体制，无论是市管县体制还是地区行政公署代省管县体制，都缺乏明确的宪法依据，不符合宪法和相关法律的规定。我国采用市管县体制和地区行政公署代省管县体制是社会主义计划经济体制下的现实需要，但随着社会主义市场经济体制的建立，各省行政管理体制要符合当下的社会需要以及宪法和相关法律的规定。

四　我国部分地区实施省直管县体制的成效为贵州省实施省直管县体制提供了经验

我国省—市—县行政管理体制的弊端日益凸显，引起了各级政府和社会的高度重视。为了解决我国行政层级过多、县级财政收支不均衡等问题，中央政府在部分省级行政区实行了省直管县财政体制，这一体制是进一步明确省级和县级的职责、发挥省级政府在区域财力调节上的作用、缓解县财政困难、促进县域经济发展的重要措施。中央政府在浙江省、广东省、江苏省、河南省等省级行政区进行了县级扩权改革，这为贵州省实施

"省直管县"管理体制提供了一些有益的参考。①

山东省对省直管的县实施一定的政策倾斜，发达强县帮扶欠发达的县，对欠发达的县实施更优惠的财政经济政策。2003 年 12 月，山东省通过了《关于加快县域经济发展的意见》②，对山东省县域经济的发展做了全面规划：扩大县级经济管理权限，按照"能放都放、权责统一"和"谁投资、谁决策、谁受益"的原则，将投资项目的决策权下放给各类投资主体；为县域经济提供宽松、良好的发展环境。山东省政府确定了 30 个经济强县和 30 个经济欠发达县，对它们分别采取不同的政策。山东省政府赋予经济强县更大的发展自主权，扩大经济强县的分配自主权，在建设用地使用指标分配上向经济强县倾斜，鼓励经济强县大力发展外向型经济等。此外，山东省政府对于经济欠发达的县实行更加开放和灵活的政策，省、市（地级市）财政转移支付进一步向欠发达县倾斜，国家和省对交通等社会事业投资重点向欠发达县倾斜，鼓励欠发达县加大招商引资力度，30 个强县对口帮扶 30 个欠发达县，实施人才引进等。山东省政府通过采取上述政策，使县域经济得到了快速发展，强县更强，欠发达的县发展势头良好。

河南省下放审批权限，实行了财政体制改革。河南省政府把由地级市行使的部分经济管理权和社会管理权，下放给省政府直管的县、县级市；赋予省直管的县计划直接上报、项目直接申报等权力，省财政直接结算到县级财政，县、市（县级）享有原地级市掌握的在用地报批、证照发放等方面的经济管理权限，以及部分税收调整权限。2009 年河南省发布了《河南省人民政府关于完善省与市县财政体制的通知》③，新增 15 个县为省直管县，扩大了省直管县的范围，完善了财税体制。这些措施促进了河南省县域经济的发展。

江西省的省直管县体制改革独具特色，首先在国家扶贫县推行。2005

---

① 湖北省、浙江省和重庆市实施省（直辖市）直管县体制在第一章第四节做了详细阐述，在此节不再赘述。

② 《中共山东省委、山东省人民政府关于加快县域经济发展的意见》（鲁发〔2003〕25 号），2003 年 12 月 23 日。

③ 《河南省人民政府关于完善省与市县财政体制的通知》（豫政〔2009〕32 号），2009 年 5 月 22 日。

年江西省人民政府在全省 21 个国家扶贫开发工作重点县开展省直管县财政体制改革试点，积极理顺省县财政分配关系、探索促进县域经济发展的新方法。江西省财政直接管理试点县财政，试点县财政收支划分范围暂不调整，省财政直接和试点县财政结算各类补助、资金等。江西省财政体制试点按照"规范管理、保障需要、激发活力、加快发展"的总体思路，从 21 个国家扶贫开发工作重点县切入，建立起有益于这些试点县经济发展的财政分配机制。2007 年，又将 38 个转移支付县（市）纳入省财政直管范围，财力分配进一步向省直管的县倾斜。2009 年，江西省所有县都实行省直管县财政体制。

安徽省的省直管县财政体制改革采取了稳妥渐进的方式。2004 年发布的《安徽省人民政府关于实行省直管县财政体制改革的通知》①确立了实施省直管县财政体制改革的基本原则：维持现行利益分配格局；坚持权责统一；坚持积极稳妥、循序渐进；共同支持县域经济发展。省财政的收入目标直接分解下达到直管的县财政；年终财政结算项目、结算数额，由省财政直接与省直管的县财政结算。在省财政的帮助下，省直管的县财政困难逐步得到了解决。

广东省在省直管县体制改革方面采取激励型的财政体制。广东省政府出台了激励型的财政政策，将经济管理权限下放给省直管的县政府，已下放给地级市的审批权，除另有规定外，一律下放到省直管的县政府，主要涉及市场准入、外商投资、企业投资、税收优惠、资金分配和管理等权限。这些措施的推行，增强了县的财力、减轻了县财政的负担、扩大了县级政府的经济管理权限，促进了县域经济的快速发展。

吉林省通过下放审批权限、创新制度的方式推进省直管县体制改革。通过制度创新，全面扩大县、市（县级市）政府的自主权，采取的主要措施有：按税种划分财政收入，适度扩大县、市（县级市）政府财权；明确地划分省、市（地级市）、县各级财政职责；省财政的体制补助、专项拨款等转移支付由省财政分配并下达到市（地级市）、县、市（县级市）财

---

① 《安徽省人民政府关于实行省直管县财政体制改革的通知》（皖政〔2004〕8 号），2004 年 1 月 21 日。

政，减少财政拨款的效率损失；强化省级财政在结算和债务方面对县、市（县级市）级财政的管理；完善省财政对县、市（县级市）的财政分配激励机制；全面推行"乡财县管"制度。这些措施扩大了县级财政的权限，也加强了省财政对县财政的监管。吉林省政府还实施了省、市（地级市）、县联动，使各级、各部门协力合作，开展了责任部门联席会议，建立了垂直部门双重管理的互动互促机制，保证县域各项工作的协调运转。省委直接管理县、市（县级）党政领导，加强了县、市（县级）的人事控制权。

云南省政府通过加大对县财政的扶持力度来推行省直管县财政体制改革，尽量把资金和项目向省直管的县集中，帮助这些县发展龙头企业等。

我国省直管县试点的省级行政区在改革中积累了一些经验，这些经验为贵州省实施省直管县行政管理体制改革提供了有益的借鉴。中央政府制定的关于省直管县改革的政策，为贵州省实施改革提供了宏观指导。在全国农村税费改革试点工作会议上，温家宝指出："具备条件的地方，可以推进'省直管县'和'乡财乡用县管'的改革试点。"这表明了政府改革从减人、减事、合并机构的行政职能调整，扩展到"减少层级"的行政改革。

我国实施省直管县体制已经取得了较好的成效，这主要表现在以下几个方面。

第一，省直管县的县域经济发展迅速，县域经济在全省经济中的地位提高很快。2006 年，湖北省 76 个县（市、区）的生产总值达 3866.61 亿元，比 2005 年增长 11.86%。全省县域一般预算收入为 111.94 亿元，占全省地方财政收入的 23.8%。[①] 2007 年河南省县域经济生产总值为 10624.4 亿元，年均增长 16.2%，高出全省经济平均增速 2 个百分点，比 2003 年增长 82.2%；县域生产总值占全省的比重由 2003 年的 65.9% 提高到 70.6%；对全省经济增长的贡献率由 2003 年的 57.8% 提高到 77%，年均提高 4.8 个百分点。[②]

第二，调动了县、市（县级市）级政府的积极性、主动性和创造性，

---

① 湖北省委政研室、湖北省经济委员会、湖北省统计局：《湖北省县域经济 2006 年度发展报告》，《当代经济》2007 年第 4 期，第 10 页。

② 吴海峰：《在新的起点上壮大河南县域经济》，《中州学刊》2008 年第 11 期，第 76 页。

促进县域经济又好又快发展。湖北省实施省直管县财政管理体制后，32 个部门制定了促进县域经济发展的具体措施。由于实施了激励性财政政策，2004 ~ 2006 年，县（县级市）新增企业所得税等地方留成部分全部返还，促进了县域经济的发展。

第三，县、市（县级市）财政收入增长速度快。湖北省 2006 年县域规模工业利税为 237.97 亿元，高出全省规模工业增幅 23.7 个百分点，县域工商税收为 61.92 亿元，比 2003 年增长 68.26%，是同期县域地方财政收入增幅的 3.8 倍，占县域地方财政收入的比重也由 2003 年的 38.8% 提高到 55.3%。①

第四，县域内城乡经济发展迅速，城乡居民收入增长较快。江苏省 2004 年城镇居民人均可支配收入为 10482 元，农村居民人均收入为 4840 元，分别比 2003 年增长了 13.2% 和 14%。② 吉林省 2008 年城镇居民人均可支配收入为 12800 元，农村居民人均纯收入为 4930 元，分别比 2007 年增长 13% 和 17.7%。③ 浙江省 2008 年城镇居民人均可支配收入为 22727 元，农村居民人均纯收入为 9258 元，扣除价格因素后，分别比 2007 年增长 5.4% 和 6.2%。④

贵州省根据县域发展的现状，借鉴其他省级行政区的相关改革经验，在全省实施强县扩权改革。1995 年贵州省委、省政府提出将 32 个周边县作为第一轮建强县，下放、放宽项目审批权等 11 项权力。2004 年第二轮建强县为 23 个，2007 年强县生产总值绝对值总和达 1710 亿元，占全省完成数的 63.1%。⑤ 2008 年 11 月，息烽、桐梓、平坝、修文 4 县成为第三轮建强县。强县扩权为贵州省实施省直管县体制提供了现实可能。

强县扩权是一项政府财政体制改革，这项改革是从理顺省级、市级、

① 湖北省委政研室、湖北省经济委员会、湖北省统计局：《湖北省县域经济 2006 年度发展报告》，《当代经济》2007 年第 4 期，第 11 页。
② 《2005 年江苏省政府工作报告——2005 年 1 月 19 日在江苏省十届人民代表大会第三次会议上》，中华人民共和国中央人民政府网，http://www.gov.cn/test/2006 - 02/10/content_185287.htm，2005 年 1 月 19 日。
③ 《2009 年吉林省政府工作报告》，《吉林日报》2009 年 1 月 24 日，第 3 版。
④ 《2009 年浙江省政府工作报告》，《浙江日报》2009 年 1 月 17 日，第 1 版。
⑤ 《贵州省经济强县建设工作会议在贵州省贵阳市召开》，《贵州日报》2008 年 11 月 15 日。

县级的财政管理体制入手的，为了改变市对县的财政管理体制，省在财政上实行了省级政府直接对县级政府的管理体制，在财政收支划分、专项拨款、预算资金调度、财政年终结算等方面，由省直接分配下达到各县，县财政和地级市本级财政不存在隶属关系，两者都直接由省财政管理；省政府下放管理权给县政府，赋予经济比较发达的县更大的管理权限。强县扩权的核心内容是省政府确认和扩大了经济强县的经济管理权限和社会管理权限，从制度上突破了市管县体制，使县级政府具有更大的自主权，为促进和发挥县级政府的经济发展和社会管理职能奠定基础。浙江、福建、湖北、辽宁、河南等省级行政区强县扩权取得的显著成效，对贵州省实行省县直辖管理体制具有重大推动作用。

2004 年 1～9 月，湖北省 20 个扩权县市完成工业增加值 224 亿元、固定资产投资 176 亿元，比上年分别增长 17.9% 和 59%，比全省县域经济平均水平分别高出 5.4 和 14 个百分点。[①] 这为贵州省全面推行省直管县体制提供了宝贵的经验。

五　生产力水平的提高为贵州省实施省直管县体制提供了技术保证

网络通信技术的普遍应用是贵州省实施省直管县体制的可靠保障。传统办公条件下，传递一份文件需要的时间长，一般需要几天甚至十几天时间；项目审批的一个环节需要一整天或者几天的时间；政府管理的幅度非常有限，只能管理一定数目的行政层级和行政人员，超过一定的限度，就会造成行政管理的失控和混乱。

贵州省大力推进经济社会信息化，信息化整体水平较高。1958 年起，贵州省开始发展电子产业。经过几十年的建设、调整和发展，已经形成了通信设备制造、雷达及配套设备制造、电子计算机制造等高新技术产业体系，形成了以微电子产品为中心，以通信设备、计算机及网络设备等为重点的生产经营格局。电子信息新产品的开发，成效显著。贵州省的信息化

---

① 李剑军等：《强县扩权：兴县富民的选择》，《湖北日报》2004 年 12 月 29 日，第 B2 版。

从纵深方向进入扩展和创新时期，进而迈向信息化的核心领域，推动了全省经济社会发展的历史性跨越。信息技术的普及有力地推动了贵州省生产力的提高，改变了全省人民的思维方式和生活方式，并对传统技术和传统产业提出了极大的挑战。政府信息化的发展对贵州省行政管理提出了新的要求，行政管理的幅度和行政管理效率都发生了很大的变化。1999 年我国启动"政府上网工程"，贵州省政府积极建立各级政府网站，到 2005 年，绝大多数政府建立了自己的网站，几乎所有政府部门都建立了核心办公类应用系统。计算机网络技术发展非常迅速，在经济发达区域实现了"村村通光线，户户可上网"，改变了政府、居民的互动关联方式。

电子信息技术被广泛应用在办公设备上，尤其是电子政务的广泛应用。电子政务的发展带来了政府服务方式的新变化："一站服务"，指民众只要去一个政府综合办公地点即可解决需要办理的所有事务；"居民关系管理"，指掌握某些居民的具体信息，以便有针对性地提供特殊政府服务；此外还有"无站式服务"、"24×7"全天候服务等。贵州省几乎所有的县级政府都建立了自己的门户网站。政府信息化日益改变着行政组织的结构形态，如出现了网上办公、远程会议、虚拟机关，打破了政府工作的时空界限，提高了行政管理效率，加强了政府部门之间的行政信息沟通，大大减少了行政组织的中间管理层级，实现了行政组织结构形态的扁平化。同时，政府信息化对行政组织运作方式的民主化产生了影响，这种影响表现在两个层面：一是行政组织内部运作方式的民主化；二是行政组织外部运作方式的民主化。总之，信息化、网络化的发展，推动了政府信息化、电子政务的发展，有利于改变行政机构庞大、层级多、管理幅度小的行政区划体制；推行电子政务打破了社会主义计划经济体制下的行政管理模式，政府的管理体制和管理方式发生了深刻变革，原有的科层制下的金字塔式的权力模式被打破，扁平组织成为政府组织形式的必然选择。这就为贵州省实行省直管县体制提供了技术条件。

贵州省的电信业发展迅速，形成了完备的电信通信系统。贵州省已经具有完善的备网、业务网和支撑管理网等电信通信系统，已经达到世界先进水平并与国际接轨。电信通信系统已经覆盖全省、连通全世界，以光导纤维电缆传输为主，数字微波和卫星传输为辅，容量规模大、技术层次高，形成了综合化、立体化和数字化的现代信息通信网络。"十一五"时期，固定通信和移动通信加快转型，宽带业务发展迅速。2007 年，贵州省实现了乡乡通电话和接入互联网宽带、村村（行政村）通电话的目标。2008 年，贵州省电话交换机总容量为 2969.19 万门，固定电话用户为 499.61 万户，移动电话用户为 1276.75 万户。电信业的快速发展，为行政管理提供了更加先进的管理手段。

先进的办公设备和手段，为行政管理人员的现代化行政办公提供了技术条件，延伸了行政管理工作的触角，扩展了行政工作的范围，缩短了行政工作周期，提高了行政工作效率，为实现层级少、幅度大的行政管理模式提供了可能；各级政府之间的信息沟通便捷，能更有效地发挥行政效能；现代行政管理人员的文化素质和专业技术水平高，管理能力强，能够处理更多的行政事务，如此一来，便可以扩大行政管理幅度，减少行政管理层级，"劳动力已受到更好的教育，已成为更有技术和更专业化的职工，他们需要较少的指挥和结构"①。

交通是联系地理空间社会活动、经济活动、政治活动的纽带，有助于促进社会化的不断发展。交通技术决定了空间相互作用的深度和广度，从一个地区交通水平的高低可大致判断该地区经济发展水平如何和社会进步与否。生产力水平不高，交通不发达，便会一定程度上造成行政区划建制的规模偏小，层级多。交通网络发达的区域，交通条件好，交通网络结构完善、客货周转能力强，公路、铁路、航空运输四通八达，尤其是高速公路、高铁的迅猛发展会使人群的出行机会和出行模式增加，出行费用减少和出行时间缩短，一定程度上拉近了人们交往的空间距离，区域内联系增多。随着科技的进步、交通的改善和行政管理手段的现代化，行政管理效率大大提高，行政区域管辖下一级行政区的数量增加，管理机构精简，有助于从整体上适当减少行政管理层级，扩大行政区域的管理幅度，为行政区划体制改革创造了条件。

---

① 〔美〕丹尼尔·A. 雷恩：《管理思想的演变》，孙耀君等译，中国社会科学出版社，1986，第 505 页。

现代交通网络主要由铁路、公路、水运、航空、管道五种方式构成。"十五""十一五"期间，贵州省的现代交通网络发展迅速，交通条件得到了明显的改善。"十五"期间，贵州省交通设施建设取得了较大成绩。第一，航空方面，完成了铜仁机场续建工程，建成了兴义、黎平、荔波机场，完成了安顺机场改造工程，除荔波机场在2006年建成通航外，其余机场均在"十五"期间实现通航。第二，公路方面，建成重点公路总里程达1629千米，能顺利通车的里程达1021千米，其中高速公路长425千米，通车的一级公路长13千米，通车的二级公路长583千米；到2005年底，贵州省公路总长达到46894千米，其中高速公路长577千米，一级公路长92千米，二级公路长2629千米。第三，路网改造及农村公路建设达52686千米，2002年贵州省实现了乡乡通公路，油路比例提升很快，2005年底通乡油路比例达到61.7%，全省85%的行政村通了公路。第四，水路方面，实施了西南水运出海通道中线起步工程（贵州段）、赤水河（岔角—合江）航运建设工程等重点项目，建设航道达495千米，新建、改扩建泊位码头15处，2005年底全省通航航道里程达3322千米。第五，铁路方面，建成了株六复线、水柏铁路、盘西支线电化改造和渝怀铁路等，铁路建设总里程达823千米，新增铁路长335千米，2005年底铁路营运总长达1993千米。"十一五"期间，贵州省的交通发展更为迅速。第一，公路方面，全面贯通"一横一纵四连线"高等级公路主框架，实施"三纵三横八联八支"公路网建设，加大以经济路、旅游路、连接中心城市的跨区域公路为重点的路网改造力度，基本建成连接中心城市、主要工业区、旅游目的地的二级以上高等级公路网络。继续推进农村公路改建工程，到2010年贵州省公路通车里程达50000千米，二级公路以上里程从"十五"期末的3298千米增加到7500千米以上，其中高速公路从"十五"期末的577千米扩建到1300千米，实施通乡油路工程以及通达工程，提高了农村公路的质量，到2010年等外公路下降到20%以下，乡镇通沥青或水泥路率达到90%以上，95%的行政村通公路。第二，铁路方面，做好贵阳至广州、威宁至吉首铁路新通道和黔渝、南昆铁路通道扩能前期工作，改扩和新建一些重点工业基地铁路支线。第三，航空方面，进一步完善民用支线机场建设布局规划，开工建设仁怀、六盘水等旅游支线机场，完善省内机场与省外周边机场间的航线网络，初步形成了以贵阳龙洞堡机场为中心、干线机场和支线机场协调运行的民用航空网络。第四，内河航运方面，建设水运主通道，提高了北入长江、南入珠江的水运通道能力，到 2010 年改善航道里程达 474 千米，其中四级航道累计 364 千米，五级航道累计 29 千米，六级航道累计 81 千米。2020 年贵州省综合交通运输发展目标为：全面建成以铁路、高速公路为骨架，铁路、公路、航空、水运等各种运输方式相协调，适应经济社会发展的安全、高效、可持续的综合运输体系，构建出省交通，中心城市、主要资源开发区、旅游景点交通，农村交通较为便捷的综合运输网络，建成各种运输方式有效协作和无缝衔接的、实现客货运输"一站式"综合服务功能的、信息资源共享的综合交通运输体系。[①]

经过"十二五""十三五"两个五年的发展，到 2020 年底，贵州省高速公路里程已突破 7600 公里，普通省道建设规模约 8500 公里。全面实现"村村通油路、村村通客运、组组通公路、村寨路硬化"的"美丽乡村小康路"目标。铁路方面实现了市域（郊）铁路的迅速发展。航空方面着力打造了贵阳花洞堡机场（西南重要区域枢纽机场）。内河航运发展很快，疏通了水运航道；全面提升了乌江航运能力；实施了赤水河航运保护性开发建设；加大了库区航运工程建设的力度。

贵州省已经建立的空港、高速公路和国道、省道等交通网络、枢纽，使省县之间的空间距离变得越来越短。在公路、铁路和现代通信技术不断发展完善的条件下，贵州省政府的政策传达可以在省县之间直接进行，县政府的需求能及时地向贵州省政府反馈，在贵州省实施省直管县体制的技术条件已经成熟。高速公路成为贵州省名副其实的"黄金大道"，大大加强了全省与国内外市场的联系，推动了贵州省经济快速与国际接轨。公路、铁路、内河航运和航空的迅速发展，特别是高等级公路和铁路的发展，增强了贵州省政府的管理能力，为贵州省实施省直管县体制奠定了良好的基础。

[①] 《贵州省"十一五"综合交通发展规划》，豆丁网，https://www.docin.com/p - 130223371.html。

第五章

贵州省实施省直管县体制的有效路径

第一节 实施省直管县体制的基本原则

一 行政效率原则

省直管县（县级市）体制改革是行政管理体制改革，按照行政管理体制改革的要求，必须以优化行政职能和提高行政效率为目标，改革的结果必须是各级行政机关在行政职能和行政效率上有更大的进步，这是省直管县（县级市）体制改革的首要原则。

贵州省科学技术、交通等的快速发展为行政效率的提高提供了技术保障。自改革开放以来，贵州交通、通信条件发生了很大的变化，机械化、电子化、交通通信工具普及到乡（镇）、村，固定电话、移动电话、网络走进千家万户，这些变化为提高行政管理水平和公共服务能力，扩大政府管理的幅度范围，减少管理层级等行政区划改革创造了条件。贵州省行政区划层级多、规模过小、机构臃肿、人浮于事、行政效率低、行政成本过高，区域经济发展活力不足，强县扩权、发展县域经济成为必然趋势，通过实行省直管县（县级市）体制改革，调整规模过小的县级行政区划建制，来减少区划建制数量，扩大省的行政管理幅度，减少管理层级，减少行政机构编制，节约行政管理成本，提高行政效率，在更大区域范围内优化配置资源。撤并乡镇工作改革，扩大了乡镇规模；撤并建制村改革，减少了村级开支，减轻了农民负担，大大提高了县级政府的管理效能。当然，决不能单纯依靠撤并行政区划建制来提高地方政府行政效率，更重要的是根据党的重大部署，科学合理地划分地方各级政府之间的职能，该由下级政府行使的职权，要交给下级政府行使，上级政府不得截留；该由社会自理的事务，要交给相关的社会组织处理，政府不应包揽一切事务，政府只有管得少而精（只管该管的事）才能管得多（行政区的数量多）而好。

省直管县体制改革涉及领域很多，要牢牢把握优化行政职能和提高行政效率这个首要目标。省直管县体制改革既涉及行政管理方式、行政管理体制的改革，也涉及行政组织和行政人员的改革，在一定程度上还涉及行政区划的重新调整。这次改革是一项复杂、系统的工程，一定要牢牢把握优化行政职能和提高行政效率这个首要目标，在省直管县体制各项改革中也要始终坚持这一原则，否则省直管县体制改革就会变成仅仅追求行政机构人员的精简、行政层级的减少等机械性操作。在省直管县体制改革的过程中，要对省、市（地区行政公署）、县（县级市）之间的关系进行改革，从行政职能和行政效率的角度考虑裁减行政人员、行政机构、行政层级，使改革最大限度地优化行政职能和提高行政效率。省直管县体制改革涉及行政机构和行政人员的调整，要从行政职能的角度出发，对行政机构和行政人员进行合理调整，需要强化的行政职能所对应的行政机构要不断充实，确保行政职能的充分行使，需要弱化甚至转变的行政职能对应的行政机构则要坚决精简。涉及行政区划的重新调整和行政管理方式的改革更要坚持优化行政职能和提高行政效能的原则。

在省直管县体制改革的过程中，要牢牢把握提高行政效率和优化行政职能这个基本原则，同时把精简行政机构与合理安置精简的行政人员相结合。实施省直管县体制后，市不再直接管理县的事务，管理范围大大缩小，也没有必要维持原来的规模，因此要撤并不必要的行政机构，精简多余的行政人员；地区行政公署要大量精简行政人员；在扩大县的规模时对县级行政区进行的局部调整也会导致行政机构和行政人员的精简。政府要通过多种途径妥善安置被精简的行政工作人员，以确保省直管县体制改革顺利进行。

二 有利于社会主义市场经济发展原则

有利于社会主义市场经济发展原则是实行省直管县体制改革的根本原则和主要目标。省直管县体制改革必须适应且促进经济的发展，为社会主义市场经济的发展服务。这项改革必须紧紧围绕社会主义建设的总任务，以有利于生产力的发展为检验标准，根据国民经济长远计划、国土规划、经济区划、区域规则、城镇总体布局等需要，有计划、有步骤、科学合理地实行，县域边界尽可能与自然区域、经济区边界相一致，以利于县域经济内部以及县与周边行政区的商品流通，促进县域经济的全面、均衡、持续发展。

发展社会主义市场经济是各级行政机关的第一要务，每项改革举措都必须适应社会主义经济发展的要求。从政府与经济的关系来看，不同的国家对区域经济的干预程度与表现形式是不同的。一般来说，在相对成熟的市场经济国家中，地方政府拥有较大的地方自治权，政府与市场的关系相对明晰，政府对经济生活的介入会受到经济法律、法规以及市场规则的限制，区域经济发展能够获得较好的市场竞争的保障，政府对经济生活的不合理干预比较少，对市场的影响被限制在一定的范围内。从单一计划经济逐渐向市场经济转型的国家，企业不能通过政府的"经济性分权"获得完全的市场主体地位，市场经济受行政权力制约比较大，政府与市场的关系不是非常明晰，经济区域常常与行政区域重合，区域经济受所在区域的行政影响较大。

我国的区域经济更多地表现为各地方行政区之间相互分割与竞争的地方保护主义，经济学界通常把这种经济称为"诸侯经济"。刘君德教授通过对我国行政区划与经济发展之间关系的深入研究，明确指出这种经济属于"行政区经济"，它具有独特的运行特点：企业竞争中包含着强烈的地方政府经济行为，政府经常通过直接的行政手段干预经济领域的竞争，市场规律很难发挥其应有的作用，重复建设、重复布局现象严重；生产要素很难在不同行政区之间自由流动，区域之间经济矛盾时常发生；地方政府直接对企业、公司的竞争以及市场各要素的流通施加强大的行政干预，行政区经济结构稳定；行政中心与经济中心具有高度一致性，行政中心也是经济中心；中心城市的经济影响力对周边各行政区的辐射力弱，行政区边界区域经济发展比较缓慢甚至处于非常落后的状态。实行省直管县体制改革有助于打破"行政区经济"格局，促进各生产要素的自由流动，推动社会主义市场经济又好又快发展。

三 有利于民族团结原则

国家的统一，民族的团结，从来都是我们的事业取得胜利的基本保证。民族区域自治制度是我国的基本政治制度之一。贵州省实行省直管县体制必须充分考虑民族分布情况，充分尊重少数民族的切身利益，保障民族区域自治制度的实施，加强各民族间的协作，巩固和发展全国各族人民的大团结，促进各民族的共同繁荣。

贵州省是一个多民族的省，共有18个世居民族，其中有17个是世居少数民族。贵州省地域分布广泛，因其开发时间短，人口密度小，大多地处边远地区，有限的自然资源也大部分分布在少数民族地区，其中矿藏、森林更是集中分布在少数民族地区。妥善处理好少数民族地区的行政区域边界争议，明确自治地方的行政区域边界，是民族区域自治的客观要求，是促进少数民族地区繁荣与发展的需要，是解决我国人口与资源的矛盾的需要。

贵州省的民族居住特点是多民族交错杂居和部分民族成片聚居。各民族的风俗习惯、历史文化不同，民族语言基本上属于普通话以及苗瑶、壮侗、藏缅等语族，并将汉语作为交流的基本工具。贵州省实行省直管县体制时必须充分考虑到欠发达地区、不发达地区、经济落后和少数民族较多的地区的特殊情况，以促进"民族大团结"为原则，把巩固民族区域自治制度与促进民族地区发展结合起来，避免引发甚至激化民族矛盾，把尊重保护历史文化传统和民族风俗习惯结合起来，把民族文化遗产的保护利用和加速区域历史文化的现代整合结合起来，做好少数民族地区的行政体制改革工作。

对待民族自治地方的行政区划改革需要十分谨慎。少数民族地区的形势比较复杂，改革其现有的行政体制不是十分容易的事情。贵州省内的自治州和自治县的情况比较特殊，这些地区要严格实施党和国家的民族政策，不能以改革市管县和地区行政公署代省管县的方式来改革自治州，自治州管县（县级市）是依据民族区域自治政策以及相关法律法规设立的行政体制。自治县（自治州管辖的除外）直接接受省政府的管理，可以更好地落实民族区域自治政策，帮助这些地区加快发展。在具体实施过程中，要充分酝酿，做好少数民族干部群众的思想工作，充分考虑少数民族民众的宗教信仰、民族感情、风俗习惯和历史文化等方面的特殊情况，有区别地制定相应的政策，调动各方的积极性，切实做好省直管县体制改革工作。

民族和睦不仅对构建和谐社会具有重要意义和价值，也是构建和谐社会的基本内涵之一。民族关系和谐有利于建设和谐社会。不断完善民族区域自治制度，保障少数民族自治权的有效行使，有利于促进民族地区经济社会持续发展，也有利于维护民族团结和国家统一。

四　有利于人民行使权利原则

社会主义国家的一切权力属于人民，人民是国家的主人，国家行政管理的要求和广大人民群众的切身利益是完全一致的，是统一的，便于国家行政管理就是便于人民当家做主，这是我国行政区划同一切专政国家的行政区划在性质上的根本区别。

我国法律规定了国家一切权力属于人民，但受客观条件的制约，人民当前直接行使各项权利的职能被局限在一定的行政层级上，位于西部地区的贵州省尤其如此。一是受地理环境的影响，贵州省是多山省份，很少有面积较大的平地，这样的地形严重影响了人与人之间的交往、联系，人民只能在比较狭小的地域内行使各项权利；二是受交通条件的影响，贵州省的山区地形导致交通不畅，村落与村落的联系少，农村与城市的联系更少；三是受通信条件的限制；四是贵州省地级单位的人口数量多。截至2019 年末，贵阳市有 497.14 万人，六盘水市有 295.05 万人，遵义市有

630.20 万人，安顺市有 236.36 万人，毕节市有 671.43 万人，铜仁市有
318.85 万人，黔东南苗族侗族自治州有 355.20 万人，黔西南布依族苗族
自治州有 288.60 万人①，每个地级单位都有几百万人口，人民群众不可能
直接行使自己的政治权利，只能采取间接的方式。受以上客观条件的制
约，人民群众直接行使自己的政治权利只能到县级。实施省直管县体制
后，市的部分权力下放到县，甚至省的一些权力也下放到县，这就能更充
分地保证广大人民群众直接行使自己的政治权利。

实施省直管县体制后，县政府有更多的财力发展教育、文化、卫生事
业，这就能保证广大人民群众最大限度地享受受教育的权利，最大限度地
享受文化、卫生等方面的权利。

总之，实施省直管县体制，确立省政府合理的行政区域管理幅度和范
围，可以尽可能地减少市（地区行政公署）等中间层级，精简行政机构，
提高省政府、县政府的行政管理效率；可以充分地调动基层行政机关和人
民群众的积极性，使县（县级市）、乡（镇）行政区域的划分能最大限度
地方便群众的生产、生活；便于人民群众参与管理国家事务和对国家机关
及其工作人员进行监督，便于人民群众充分行使他们的各项权利。

第二节　合理划分省县的行政权限

一　贵州省划分省县行政权限的法律依据

政府为了有效地实施行政管理，把管辖区划分为一定的层级，各层级
拥有相对独立的、专门的权限，使它们"在履行自己各自的职责时具有各
自的权利、责任和方式，上下级政府间不能互相干预"②。贵州省的地方政
府行政层级多，各级地方政府间的责任和权限没有完全明晰化。

省县各自的行政权限在《中华人民共和国宪法》《中华人民共和国地

---

① 资料来源：《2019 年贵州各市（州）常住人口排行榜》，中商情报网，https://www.askci.
com/news/finance/20200721/1014001164416.shtml。

② 桑玉成等：《政府角色——关于市场经济条件下政府作为与不作为的探讨》，上海社会科
学院出版社，2000，第 14 页。

方各级人民代表大会和地方各级人民政府组织法》等法律中都有原则性的规定。《中共中央、国务院关于地方政府机构改革的意见》对地方政府机构的职能做了规定,《中共贵州省委、贵州省人民政府关于省人民政府机构改革的实施意见》对省政府的职能做了规定:省政府在全面履行职责的基础上,"要更加重视有效地贯彻实施中央方针政策和国家法律法规;更加注重对全省经济社会事务的统筹协调;更加注重社会管理和公共服务,着力解决民生问题;更加注重强化执行和执法监管职责,增强处置突发公共事件和社会治安综合治理的能力"①。《中共贵州省委贵州省人民政府关于市(自治州、地区)、县(市、区、特区)政府机构改革的指导意见》对县级政府的职能也做了规定。

实行省直管县、市(县级市)体制的核心内容是省县各级政府转变职能。省和县、市(县级市)要结合实际,在全面履行职责的基础上,突出工作重点和各自应承担的责任,形成全面衔接、分工合理的职能体系。省、县、市(县级市)政府必须坚决把不该管、管不了、管不好的社会事务和微观经济事务,分别交由社会中介机构和企业、市场处理,从社会、中介组织、企业以及公民能自行管理的领域中退出来,正确处理好政府与企业、社会中介组织之间的关系,从对企业、社会的直接管理转向间接管理,从微观管理转向宏观调控,综合运用经济手段、法律手段和必要的行政手段继续履行好经济宏观调控和市场监管职能,履行好社会公共管理和公共服务职能,将自身建设成为服务型政府;依据《中华人民共和国行政许可法》②,改革行政审批制度和各种规章制度,规范行政审批事项,建立完善的政府绩效评估体系和经济社会发展综合评价体系;健全各项行政办事制度,保障政府的行政权力在阳光下运行,提高行政工作透明度和政府的公信力。总而言之,实施省直管县体制,省县政府必须有效地贯彻实施中央人民政府的方针政策和国家法律法规,加强本辖区内经济社会事务的

---

① 《中共贵州省委、贵州省人民政府关于省人民政府机构改革的实施意见》(黔党发〔2009〕7号),2009年5月11日。

② 《中华人民共和国行政许可法》(第十三届全国人民代表大会常务委员会第十次会议修正),2019年4月23日。

宏观管理，解决好民生问题，不断提高执政能力。

二 省县各级政府的行政职权范围

省级政府及所属部门的主要职能是规划发展、政策指导、统筹协调、加强监管等。县、市（县级市）政府的职能是贯彻执行中央和省制定的政策法规、促进县域经济社会发展、完善社会保障体系和管理体系、加强公共服务体系建设等。

县级政府应该拥有相应的行政管理权。县级政府担负着管理县级社会事务、发展县域经济、提供公共产品与公共服务等责任，这就要求县级政府必须获得相应职权。首先，取消市管县、地区行政公署代省管县体制后，把原由市政府或者地区行政公署行使的符合县域发展需要的职权赋予县级政府；其次，理顺省级政府与县级政府的职权关系，将现由省级政府掌握的本该归属县级政府行使的职权赋予县级政府。省政府应该按照"责权统一、重心下移"的原则赋予县级、市（县级市）级更大的管理权限，同时由县级、市（县级市）级承担与管理权限对等的责任。县、市（县级市）政府应该具有以下权限。

第一，与省直管县、市（县级市）体制相适应，扩大县、市（县级市）级政府的经济管理权限。主要是扩大县、市（县级市）级政府的基本建设和技术改造项目审批权、土地管理权、外商投资项目审批权、金融审批管理权、计划管理权、对外经贸审批管理权，县、市（县级市）政府在部分财政收支结算、经费安排、价格管理、项目申报、税权调整、用地审批、证件发放等方面可直接向省级审报，简化行政审批手续。

第二，县、市（县级市）的国民经济和社会发展年度计划、中长期规划、专项规划以及各职能部门的专业计划，由县、市（县级市）有关部门直接向省政府上报的权限。省政府对县、市（县级市）政府的有关指标进行平衡，这样，县级政府可以获得发展县域经济和管理全县社会事务的主动权，因地制宜、有针对性地领导该县域的各项工作。

第三，县、市（县级市）政府直接享有国家权力机关、国务院和省级权力机关、省人民政府制定的法律、法规、规章以及政策规定的权限或省政府委托代行管理的权限。省政府依据法律、法规和行政管理的实际需要，委托县、市（县级市）政府代行管理的权限。全国人民代表大会及其常务委员会、国务院、各部（委）和省人民代表大会及其常务委员会、省人民政府在经济社会发展和国民经济管理方面新制定的各项法律、法规、规章以及政策规定的权限，包括经济管理体制改革中新确定的管理权限。凡是有利于促进县域经济发展的权限，县、市（县级市）政府都应该直接享有。

转变县级政府的经济职能是县级政府有效行使行政管理权的重要保证。转变县级政府的经济职能，要求县级政府从直接管理经济转向间接的宏观调控，从行政管理转向服务市场、服务经济发展。市场经济对政府职能的要求是，凡是市场机制能够完全调节的领域，政府一般不得介入；只有在市场机制调节不到或调节不好而影响社会整体利益的领域，才需要政府介入。我国的政体决定了中央人民政府对全国经济进行宏观管理需要集中统一权力，省级政府在省辖区内拥有一定的经济管理的权限，县级政府的经济职能主要是落实上级政府的经济政策与服务县辖区内的经济建设，如为县域内的企业提供优良的软硬环境，培育、发展和规范各种要素市场，为企业公平竞争创造良好条件。县级政府的基本职能是满足县域的公共需要，在县域内提供公共产品和公共服务，保证县级、乡级行政机构正常运转，保障县域内公共安全，维护县域内秩序。县级政府基本职能的突出特征体现为县政府活动的"公共性"。具体而言，县政府基本职能的"公共性"包括以下几个方面：一是县政府确保县级政权组织机构的正常运转，包括提供政府管理、公检法等公共财政支出；二是县政府要负责发展县域范围内社会公益事业和社会保障事业，其中主要包括教育、文化、卫生、环保、优抚、救济、救灾等；三是县政府要确保县域内的基础设施建设，有选择、有重点地支持县域经济发展，为县域内企业的发展创造良好的外部环境，但是不能参与一般竞争性领域的投资。

通过立法明确省县两级之间的关系。科学合理地划分省县两级管理权限，使之符合行政管理的原则和规范，有助于省、县政府依法行政、规范管理。党章、宪法以及地方各级政府组织法对中央、国务院和地方党委、国家行政机关的关系、职权做了原则性规定，但对各层级的条块关系还没有做出明确和具体的法律化、制度化规定。以法律形式规范和确立条块关系，解决条块冲突，是实施省直管县、市（县级市）体制的必然要求。这主要包含以下几个方面：第一，要以立法形式规定省级部门与县级部门、省级部门与县级政府、省级政府与县级政府之间的法律地位、相互关系及各自应承担的职权、职责，使各方权责明确，避免互相扯皮和推诿，增强政府管理权威，提高政府的管理效能；第二，以法律形式明确规定条块运行方式、范围以及法律程序，特别注重省县两级政府职能运行过程中的程序化，克服主观任意性；第三，以法律形式规定对省县政府和各职能部门运行的监督，详尽规定不同主体对政府和各职能部门实施监督的主体资格、权利和方式，使省县两级政府和部门之间的分工和制衡关系制度化、法律化。①

第三节　明确省县的财政权限

一　财税体制改革是省、县政府职权划分得以实现的关键

在合理划分省、县政府职权的问题上，省、县政府的财税体制改革是关键环节。虽然县级政府在公共管理体系中发挥重要作用，但是县政府对财税的支配权限小，财税权主要集中在中央政府和省政府，实行的是"财政收入集权，财政支出分权"和"决策集权，事权分权"②的混合模式。这种财权分配模式具有一定的积极意义：中央政府负责国家大政方针的制定，公共服务的职能由地方政府特别是县政府承担，这样既有利于确保中央政府宏观调控的实现，又有利于促使地方政府及时有效地提供社会公共服务与公共产品。

但是，我国实行的集权式财税体制在实际运作过程中集中地体现为各

---

①　刘智峰：《中国政府机构存在的主要问题》，《战略与管理》1999 年第 5 期，第 90 ~ 95 页。

②　宋旭光、田芊：《政府管理的宏观视野》，社会科学文献出版社，2006，第 64 页。

级政府间事权与财权的不对称，这种非对称关系在省县之间表现为省级政府拥有财权，县级政府拥有事权，由此导致了县级政府财政困难，县政府提供的社会公共服务与公共产品常出现紧缺、不足的现象，影响县级政府的行政执行力。我国财税体制改革的实践表明，明确县级政府的财税自主权，理顺省、县政府间财税关系是处理省政府与县级政府行政层级间职能关系的良好出路。

从我国目前的财税体制来看，确立县级政府财税自主权，首先要明确界定县级财政税的税种，尽可能地少设或者不设共享税。以法律规范的形式确定县级财政在地方税制调节上的广度和力度，使县级政府根据自身经济发展的特点形成合理的主体税种。其次要赋予县级政府在一定幅度内自行决定特定税种、税率的权限。

省、县政府之间税权的划分，涉及两者之间的关系。省级以下地方政府没有被纳入现行的分税制体系，地方政府中只有省政府才拥有财税自主权，县级政府没有财税权力。形成这种财税体制的原因主要有两个：第一，有关我国财税自主权的法律法规还不完善；第二，省级以下各行政层级的政府机构庞大，一旦拥有财税自主权，就可能刺激地方行政机关增加财政收入的欲望，可能产生滥用职权扩大税源、增加财源的现象，加大人民群众的税收负担。因此，地方政府财税的自主权，长期以来只下放到省级政府。这种财税体制确实有其现实合理性，但是如果我国的分税制改革止步于省级政府，那么在县级政府只有事权、没有财权的背景下，县域经济很难完全做到又好又快、更好更快的发展。因此，在合理划分省、县政府事权的前提之下，必须制定完善的关于财税体制的法律法规，优化行政组织结构，把县级政府财税纳入分税制财政管理体制。

二 完善省对县财政预算管理体制

健全省对县财政预算管理体制，赋予县级政府与事权相当的财权和财力。要改变按隶属关系划分收入的传统做法，采取按税种或比例划分省、县政府收入，使县级政府拥有与所承担的事权相当的具有增长潜力的财税收入。调整省政府与县政府之间的财政支出责任，给予县政府足够的财力保障，省政府制定支出政策时，要充分考虑县政府的财税承担能力。省政府下达超越县政府事权范围的任务时，要采取一般性转移支付而非专项拨款的方式对县政府给予必要的财政补助；省政府委托县政府承办事务时，要采取专项转移支付的方式以保障县政府有充足的财力。

三　借鉴实施省直管县财政体制的省级行政区处理省县财政权限的经验

推行省直管县财政体制，把地方政府四级财政体制调整为三级财政体制，取消"市管县"财政体制，使市（地级市）级财政与县级财政处于同等地位，县级财政不对市级财政负责，只对省财政负责。已实行省直管县财政体制改革的省级行政区，在处理省县财政权限方面取得了宝贵的实践经验。经济不发达的安徽省和经济发达的浙江省处理省县财政权限的经验尤为丰富，为贵州省处理省县财政权限提供了借鉴。

1. 安徽省处理省县财政权限的经验

2004 年，安徽省政府决定改革省管市（地级市）、市（地级市）管县财政体制，实施省直管县财政体制。安徽省财政体制改革涉及收支划分、财政收入目标的确立和考核、税收返还、转移支付等 11 个方面的内容。这项改革的主旨是省级财政将转移支付资金直接拨付到县级、预算资金直接考核到县级，取消市管县财政体制，实现省级财政直管县级财政。

安徽省实施的省直管县财政体制要求省财政厅根据财政部统一规定的预算收支科目，明确各县的收入入库口径，全省统一使用一把尺子、一个标准。《安徽省人民政府关于实行省直管县财政体制改革的通知》指出，各地在 2003 年前享受的既得利益为各地所有，省财政不平调、不集中。结算方式为省财政厅相关处室与县级直接结算，取消了市（地级市）级的中间环节，简化了结算程序，提高了财政工作的效率。省财政对县财政的支付转移，规定了县财政的必保支出、必要支出、一般支出及专项支出的先后顺序，以便合理统筹安排县级财政支出。安徽省取消市管县财政体制后，消除了市（地级市）通过行政手段对县"抽血"、对省财政下拨给县的资金进行截留的不良现象。在以往的市管县财政体制下，有些地级市本身的经济总量较小，经济实力不强，单靠地级市自身财力不足以维持市政府的正常运转，只能靠行政手段抽调县级资金；同时，改变了"市（地级）刮县"的不良行为，地级市政府为了在短期内出政绩，常常集中县级、市（县级市）级财力建设市（地级市）级本身，导致市（地级市）级变得富裕，县级变得贫弱，造成市（地级市）级的"虚富"，省直管县财政体制减少了市（地级市）级这一中间层级，从而避免了"市刮县"的不良现象。省财政直管县财政，规范了县级财政的支出行为，也从资金、政策等方面支持县级财政，满足县级财政正常的支出需要，保证专项转移支付兑现落实，避免经过市级的时间滞后和政策滞后给县域经济发展带来消极影响。

从某种意义上看，安徽省省直管县财政体制改革主要是减少了中间环节市（地级市）政府的资金截留，降低了行政成本，从而规范了县财政管理方式，提高了管理水平，缓解了县级财政的困境。[①]

安徽省市（地级市）级政府对省直管县财政体制改革持双重态度。一方面，市（地级市）政府欢迎省直管县财政体制改革，原因有二，一是安徽省大多数地级市不存在发展空间的问题，而且在省直管县财政体制改革中，四个资源型城市不包括在内。刚刚从县级转化而来的地级市，自身面临着许多改革发展的任务。二是安徽省绝大多数县域经济不发达，县级财政实力不强，给地级市财政带来很大的压力，省直管县财政后，将由省承担更多的财政责任，市（地级市）可以摆脱支付县财政的压力，能更多地关注市（地级市）自身的改革和发展。另一方面，市级政府采取了一定的博弈手段。实施省直管县财政体制改革过程中，市（地级市）政府是改革的利益流出对象，基于自身利益的最大化选择，其将在可能的范围内，采取一定的博弈手段。

2. 浙江省处理省县财政权限的经验

浙江省一直没有实行真正意义上的市管县财政体制，长期坚持实行省管县财政体制。浙江省省管县财政体制通常是市（地区行政公署）本级财政和

---

① 冯兴元：《我国各级政府公共服务事权划分的研究》，《经济研究参考》2005 年第 26 期，第 2～18 页。

县级、市（县级市）级财政都直接接受省财政领导，市（地区行政公署）级财政不领导所辖县级、市（县级市）级财政。浙江省从1953年以来一直坚持省管县财政体制，是我国所有省、自治区、直辖市中唯一一直实行省管县财政体制的省级单位。浙江省主要采取了以下措施处理省县财政权限。

第一，浙江省省管县财政体制在具体体制构建上保证了省级财政必要的调控能力，同时主要靠省对市（地区行政公署）、县、市（县级市）的分税制财政体制来管理。浙江省根据《国务院关于实行分税制财政管理体制的决定》①，结合自身财政体制改革的实践，实行分税制财政体制。为了保证省级财政的调控能力，从1994年起浙江省省财政对市（地区行政公署）、县、市（县级市）财力增量实行了"两个20%"的政策，即地方财政收入增收额的20%和税收返还增加额的20%用以适当照顾和扶持少数贫困县和海岛县。2003年，浙江省进一步完善了市（地区行政公署）、县、市（县级市）财政体制，但实施"两个20%"的政策没有变。而全国许多省实行的是按税种集中的政策，如集中增值税的25%，集中营业税、企业所得税等税收增量的一半等。这种体制一方面会导致某一企业某一税种决定一个市（地级市）、县、市（县级市）的财政命运，另一方面容易引起市（地级市）、县、市（县级市）人为调节税收，不利于调动增收积极性。浙江省集中这两个20%保证了省有一定的调控能力，为坚持省直管县财政体制提供了财力保障。②

第二，浙江省采取"抓两头、带中间，分类指导"的管理方法。浙江省的县域经济是两头大中间小：一头是发达县、市（县级市），约占全省总数的60%；一头是欠发达和贫困县、市（县级市），约占全省总数的30%；中间的是中等县、市（县级市），约占全省总数的10%。浙江省财政采取了"抓两头、带中间，分类指导"的管理方法，对不同类型的县、市（县级市）采取不同的政策。

1993年，浙江省以县财政收入亿元划界，高出亿元的37个县属于发达县，低于亿元的17个县属于欠发达县，对发达县和欠发达县采取不同的

---

① 《国务院关于实行分税制财政管理体制的决定》（国发〔1993〕85号），1993年12月25日。
② 吴云法：《浙江"省管县"财政体制分析》，《财政与发展》2004年第7期，第19~23页。

政策，对 37 个发达县实行"亿元县上台阶"政策，1994 年一次性给予 30 万元奖励，以后发达县财政以每年增加 3000 万元为一个台阶，每上一个台阶给予奖励 20 万元；对 17 个欠发达县和贫困县实行"两保两挂"政策，从 1995 年起，规定 17 个欠发达县和贫困县在确保当年财政收支平衡和确保完成消化历年累计赤字任务的前提下，省财政的体制补贴和奖励与地方财政收入增长挂钩。从 1997 年起，浙江省财政对欠发达和贫困县实行"两保两联"政策，规定这些县在确保收支平衡和完成历年赤字的前提下，省财政的技改补助和奖励与地方财政收入年增收缴额相联系。1999 年，省财政对"两保两挂"市（地区行政公署）、县（县级市）实施财源建设技改贴息补助政策。实行"两保两挂"政策的市（地区行政公署）、县（县级市）地方财政年增收额与省财源建设技改贴息补助挂钩。

1999 年，浙江省对杭州等 10 个发达地级市实行"三联三保"政策，在原"两联两保"政策的基础上增加"一联一保"：一保所辖县（县级市）当年财政收支平衡，一联城市建设补助（含市管理经费），联系比例为全市范围内增收上缴省 20% 部分（环比）的 25%；对金华、衢州、舟山、丽水等 4 个欠发达地级市实行"三保三挂"政策。在"两保两挂"政策基础上增加"一保一挂"：一保所辖县（县级市）当年财政收支平衡，一挂城市建设补助（含市县经费），挂钩比例为当年全市范围内增收上缴省 20% 部分（环比）的 25%。

2003 年 10 月 31 日发布的《浙江省人民政府关于进一步完善地方财政体制的通知》进行了政策调整。在确定市（地级市）、县财政收入基数的前提下，结合浙江省实际，采取按照行业税种以及按比例分享等办法，进一步划清了省政府与市（地级市）、县政府的收入来源，明确了分成办法，同时实行"两保两挂""两保一挂"财政政策。"两保两挂""两保一挂"财政政策实施后，所有市（地级市）、县都要着眼于"确保完成政府职责任务"，区别轻重缓急，合理确定财政支出顺序。这一方案调整，充分考虑了市（地级市）、县的实际情况，原体制分配格局没有变，也没有损害地方既得利益。保护和调动市（地级市）、县积极性是这次财政政策调整的一个主要目的。

第三，浙江省实行市（地级市）、县（县级市）财政、地税合署办公的组织机构安排。浙江省实行分税制财政管理体制，根据自身实际，1994年，省委、省政府决定财税系统分工不分家，实行一个党组、两套班子（财政、税务两套领导班子）、三块牌子（财政机构、国税机构、地税机构）的管理体制。

1997年，国税机构单独分设并实行垂直领导；财政与地税保留一个党组、两套班子、两块牌子，财政厅厅长继续兼任省地税局局长，各市（地级市）、县、市（县级市）财政局局长仍兼任地税局局长。从实践来看，这种组织机构体现了精简高效的行政管理原则，并有利于实施省直管县财政体制。

实行省直管县财政体制、明确省县财政权限是我国地方财政体制的发展趋势，但不宜在全国各地"一刀切"，省直管县财政体制的实效关键取决于三个因素。一是管县的市财政实力的强弱。这是判断推行省管县财政体制还是保留市管县财政体制的重要依据。管县的市财力较弱，县财力较强，采取省直管县财政体制比较适宜；管县的市财力较强，有能力帮扶所管辖的各县，暂时采取市管县财政体制为佳，待省管县财政体制的条件具备后，再慢慢过渡。二是省级财政宏观调控能力的大小。即省级财政要有一定的财力来解决县级财政困难或支持县域经济发展，否则只是管理形式上的"换汤不换药"，且将付出"管理失效"成本。[①] 三是县域经济发展能力的强弱。实施省管县财政体制后，县域成了相对独立的经济区，拥有了更大的发展自主权，但是县域拥有自主权并不代表其有很强的发展能力，县域自主权的扩大也不意味着县域发展能力的增强。扩权后的县、市（县级市）经济如果不能得到快速发展，就不能产生实施省直管县体制的成效，也就失去了省管县财政体制的意义。

贵州省应该根据省情，借鉴安徽省、浙江省等省级行政区处理省县财政权限的经验，对经济发展水平、财政状况不同的县采取不同的处理措施。

第一，对经济水平不高、财政状况差的县，贵州省政府可以采用安徽省处理省县财政权限的办法，明确省县财政权限；也可以采用浙江省处理

---

① 贾康、白景明：《县乡财政解困与地方财政体制创新》，《经济研究》2002年第2期，第3～9页。

欠发达地级市的财政措施，规范省县财政权限。

第二，对经济水平高、财政状况好的县，贵州省政府可以采用浙江省给予发达县财政权限的措施，明确发达县的财政任务，同时给予发达县充分的财政权限，调动县财政的积极性、主动性和创造性。

第四节　适当扩大县的规模

县是我国行政区划中最古老、最基本的建制。县管辖的领域、人口、机构等差别很大。影响县的规模大小的重要原因是自然条件差异大，历史上的县长期以来是国家的基层行政单位，县以下没有其他行政建制，乡是民间自治组织，不是县管辖的行政机构。以往交通、通信条件比较差，制约了县的管理规模。随着现代交通、通信、计算机技术的快速发展和经济水平的快速提高，规模太小的县已经不适应社会主义市场经济发展的需要，同时县级行政机构臃肿、行政人员增多，导致行政管理成本增加、县级财政负担加重、县域经济建设被制约等。因此，优化县级、市（县级市）级的行政区划架构，扩大县域规模，最大限度地缩减县级行政机构，减少县级行政人员数量，提高县级行政管理效能已经提上议事日程。

一　我国实施"强县扩权"的成功实践

从 2002 年开始，湖北、广东、江西、河北、辽宁、河南等省进行了"强县扩权"改革试点，地级市的经济管理权限直接下放给一些重点县，在经济上形成了省管县的格局。各省的扩权原则基本一致——能放都放，只要不违背法律规定并且适合县级行使的经济、社会管理权力都下放给县级行使。所扩之权主要是两类：一是须经市审核、报省审批的权限，由扩权县直接报省审批，报市备案；二是除国家法律、法规有明文规定的权限之外，须经市审批或由市管理的权限，由扩权县自行审批、管理。各省推进"强县扩权"时，坚持因地制宜、分类指导，在一些辐射能力强的大中城市，通常还是实行"市管县"体制，通过把周边县改成市辖区等途径，把县域经济整合到市域经济当中，实现城乡一体化，市成为区域经济的中心城市。我国相当一部分副省级城市通常就是采取这样的管理体制，这种方式避免了省直管县体制可能产生的一些弊端，实现了城乡良性分治。

"强县扩权"措施的实施，使县、市（县级）政府获得了更多的流动资金和经济社会发展空间，县域发展迅速，同时也减少了地级市对县的管辖，减少了行政层级、节约了行政成本、提高了行政效能。

要让县、市（县级）扩权落到实处，关键要处理好两方面的关系。一方面，重构两个体系，即重构省与县之间的直接沟通体系，重构市（地级市）与县之间在新体制下的相互协调体系。另一方面，处理好省—地级市—县三级政府的机构调整和职能转变：省级政府根据省情出台关于省直管县的相关政策和配套文件，省级职能部门根据省政府规章积极制定本部门管辖领域的具体实施细则，省直管的县及其职能部门的权限根据省政府的规章、省职能部门的实施细则行使，保证有章可循，保证省直管县的权限落实到位；市管县体制取消后，市（地级市）级政府根据省政府的规章做好机构改革和职能转变，市（地级市）政府缩减机构，裁减行政管理人员编制，转变市（地级市）级政府管理职能，市（地级市）政府只管理市本身与郊区的城市经济建设；县级政府根据本县经济社会发展现状，进行行政管理体制创新，充分使用所扩之权。

二 贵州省县域规模的现状

截至 2010 年，贵州省总面积达 17.62 万平方公里，县级行政单位的数量较多，共 88 个，包括 57 个县、11 个自治县、8 个县级市、10 个市辖区、2 个特区，其中有许多县级单位的规模过小，所辖区域面积不大，人口数量不多，经济水平不高（见表 5.1）。

表 5.1　贵州省县级行政单位的面积、人口、生产总值及人均生产总值、
管辖乡级数量分布情况

县级名称	面积（平方公里）	面积位次	人口（万人）	生产总值（万元）	生产总值位次	人均生产总值（元）	人均生产总值位次	管辖乡级数量（个）
(1) 威宁县	6297	1	120.41	439216	25	3934	80	35
遵义县	5089	2	118	1060802	7	9922	24	29

县级名称	面积（平方公里）	面积位次	人口（万人）	生产总值（万元）	生产总值位次	人均生产总值（元）	人均生产总值位次	管辖乡级数量（个）
黎平县	4439	3	51.7	170753	59	3683	83	25
盘县	4056	4	116.72	1535394	3	13498	17	37
水城县	3589	5	77.18	457055	22	6282	39	33
大方县	3501	6	101.28	450087	23	4736	63	36
毕节市	3412	7	136.2	840404	10	6703	34	27
榕江县	3316	8	33.8	127579	68	4202	76	19
赫章县	3246	9	69.45	255525	42	4089	78	27
从江县	3245	10	32.82	129280	66	4393	71	21
习水县	3128	11	68.1	370250	31	6004	42	23
桐梓县	3110	12	67.33	370003	32	6187	40	24
罗甸县	3010	13	33.11	170493	60	5291	49	26
望谟县	3006	14	29.95	73700	83	2624	88	17
兴义市	2911	15	76.6	1023461	8	13978	15	26
织金县	2867	16	98.89	401140	27	4446	68	32
(2) 松桃县	2861	17	66.8	316513	35	5069	56	28
平塘县	2816	18	31.28	125386	69	4400	70	19
(3) 务川县	2773	19	43.53	150128	65	3715	82	15
册亨县	2596	20	22.89	70080	84	3212	87	14
正安县	2594	21	61.13	181738	56	3464	86	19
绥阳县	2565	22	52.3	240512	43	5073	55	15
黔西县	2554	23	86.94	536685	20	6603	37	28
金沙县	2528	24	62.18	537298	19	9276	27	26
(4) 沿河县	2469	25	58	232204	45	4320	74	22
惠水县	2464	26	44.4	220697	49	5361	46	25
纳雍县	2448	27	81	527836	21	6997	32	25
荔波县	2443	28	17.01	113378	75	6872	33	17
独山县	2442	29	34.64	157098	62	4651	64	18
(5) 三都县	2384	30	32.82	118119	73	3925	81	26
(6) 紫云县	2284	31	35	118163	72	3669	84	12
都匀市	2279	32	48.38	576368	16	12301	20	23
安龙县	2238	33	43.63	280018	37	6572	38	16

续表

县级名称	面积（平方公里）	面积位次	人口（万人）	生产总值（万元）	生产总值位次	人均生产总值（元）	人均生产总值位次	管辖乡级数量（个）
思南县	2231	34	65.12	291332	36	4630	66	27
天柱县	2201	35	41.99	191113	54	5079	54	16
石阡县	2173	36	39.16	152734	63	4370	72	18
(7) 道真县	2156	37	33.42	128279	67	4293	75	14
德江县	2072	38	49.19	233174	44	5283	50	20
剑河县	2035	39	24.76	92473	82	4165	77	12
开阳县	2026	40	44	559585	18	13625	16	16
瓮安县	1974	41	47.1	269568	38	5998	43	23
(8) 印江县	1961	42	42.8	191580	53	4842	62	16
凤冈县	1883	43	42.15	174356	58	4504	67	14
镇远县	1878	44	26.47	175979	57	7422	31	12
江口县	1868	45	23.08	111697	76	5240	51	9
湄潭县	1845	46	48.15	210865	51	4919	59	15
赤水县	1801	47	29.92	269227	39	10347	23	17
六枝特区	1792	48	65.25	371000	30	6104	41	19
仁怀市	1788	49	62.97	1157394	6	21315	9	21
兴仁县	1785	50	48.18	261596	41	5732	44	18
西秀区	1724	51	84.65	675127	13	8225	30	24
(9) 镇宁县	1721	52	35.75	185247	55	5340	47	16
福泉市	1691	53	31.39	397243	29	13308	18	16
黄平县	1669	54	35.5	113630	74	3526	85	14
贵定县	1631	55	29.62	268302	40	9724	25	20
余庆县	1630	56	28.76	218845	50	8337	29	10
锦屏县	1597	57	22	103941	77	5055	57	15
长顺县	1555	58	25.71	118758	71	5231	52	17
施秉县	1544	59	15.97	95482	79	6663	35	8
龙里县	1518	60	21.47	229768	46	11819	22	14
铜仁市	1515	61	36.69	400423	28	12173	21	17
贞丰县	1512	62	36.92	228723	47	6606	36	13
清镇市	1492	63	49.62	764651	12	15401	12	11

续表

县级名称	面积（平方公里）	面积位次	人口（万人）	生产总值（万元）	生产总值位次	人均生产总值（元）	人均生产总值位次	管辖乡级数量（个）
岑巩县	1486	64	22.17	103779	78	5090	53	11
(10) 关岭县	1468	65	33.49	160812	61	4971	58	14
普安县	1429	66	31.12	151000	64	5336	48	14
晴隆县	1327	67	29.93	124985	70	4344	73	14
凯里市	1306	68	46.78	589044	15	14062	14	15
麻江县	1222	69	22.56	94013	80	4638	65	9
雷山县	1219	70	15.34	55671	87	4043	79	9
台江县	1208	71	14.6	64975	86	4863	60	8
普定县	1092	72	44.53	227132	48	5729	45	11
修文县	1076	73	31.29	348649	23	12582	19	10
息烽县	1037	74	26.44	413671	26	17663	10	10
三穗县	1036	75	21.35	92633	81	4845	61	9
平坝县	999	76	36.04	322962	34	9388	26	10
乌当区	964.9	77	25.43	779132	11	25936	5	13
花溪区	957.6	78	32.97	593682	14	16653	11	14
丹寨县	938	79	16.14	66677	85	4427	69	7
红花岗区	706	80	49.63	1424993	5	23542	6	16
汇川区	694	81	34.18	856280	9	22540	7	9
(11) 玉屏县	516	82	14.13	203690	52	15169	13	6
钟山区	476	83	45.91	1435513	4	28956	3	9
万山特区	338	84	6.34	46008	88	9110	28	5
白云区	272	85	17.25	563092	17	28310	4	9
南明区	89.68	86	75	1605254	2	22476	8	18
云岩区	67.5	87	60.49	2382682	1	30153	1	16
小河区	63.13	88	14.15	442825	24	29249	2	5

注：（1）威宁彝族回族苗族自治县；（2）松桃苗族自治县；（3）务川仡佬族苗族自治县；（4）沿河土家族自治县；（5）三都水族自治县；（6）紫云苗族布依族自治县；（7）道真仡佬族苗族自治县；（8）印江土家族苗族自治县；（9）镇宁布依族苗族自治县；（10）关岭布依族苗族自治县；（11）玉屏侗族自治县。

资料来源：县级行政单位的面积、管辖乡级数量参见行政区划网，http://www.xzqh.org/html/list/10026.html；生产总值、人均生产总值参见贵州省统计局、国家统计局贵州调查总队编《贵州统计年鉴2009》，中国统计出版社，2009，第482～484页。

从表5.1可以看出，贵州省县域经济实力不强，总体特征主要表现为以下几个方面。

一是贵州省大多数县的县域面积狭窄。

在88个县级单位中，面积超过4000平方公里的县级单位仅有4个，约占4.55%；面积在3000平方公里到4000平方公里的县级单位有10个，占11.36%；面积在2000平方公里到3000平方公里的县级单位有26个，占29.55%；面积在1000平方公里到2000平方公里的县级单位有35个，占39.77%；面积不到1000平方公里的县级单位有13个，占14.77%，其中，玉屏侗族自治县面积为516平方公里、钟山区面积为476平方公里、万山特区面积为338平方公里、白云区面积为272平方公里、南明区面积为89.68平方公里、云岩区面积为67.5平方公里，小河区面积仅为63.13平方公里。

到2008年底，我国共有县级行政区划单位2859个，按我国陆地国土面积960万平方公里计算，平均每个县级单位约为3358平方公里。贵州省面积达到3358平方公里的县只有7个，约占全省的8%。贵州省92%的县的面积都比较小，县域范围狭窄。县级设置数量过多导致县的规模偏小，影响了行政管理效率，制约了县域经济的发展。

二是贵州省多数县的经济基础比较薄弱，县与县之间的经济差距大。

2008年人均国内生产总值是22698元[1]，而贵州省只有云岩区、小河区、钟山区、白云区、乌当区和红花岗区等6个区（县级）的人均生产总值超出人均国内生产总值的标准，约占6.8%；没有一个县达到人均国内生产总值的标准，其中人均生产总值在1万元到22698元的县级行政单位有17个，占19.3%；5000元到1万元的县级行政单位有34个，占38.6%；5000元以下的县级行政单位有31个，占35.2%；人均生产总值最少的望谟县仅为2624元，仅超过人均国内生产总值的1/10。贵州省有82个县级行政单位没有达到人均国内生产总值的标准，多数县域经济不发达。

贵州省县与县之间的经济差距大。面积最大、人口最多的威宁彝族回

---

① 中华人民共和国国家统计局编《中国统计年鉴2009》，中国统计出版社，2009，第37页。

族苗族自治县的生产总值居第 25 位，人均生产总值居第 80 位；市辖区（县级）、县级市的生产总值基本高于县的生产总值；面积相当、人口相当的县的生产总值和人均生产总值位次差距大；位次第一的云岩区的生产总值是位次最末的万山特区的生产总值的 50 多倍；位次第一的云岩区的人均生产总值是位次最末的望谟县的人均生产总值的 11 倍多。

三是贵州省各县人口少且分布不均。

2007 年底，贵州省总人口大约为 4000 万人，平均每个县的人口约为 45.5 万人，只有 34 个县级单位人口超过 45.5 万，占总数的 38.6%，人口在 40 万人以下的县有 46 个，占 52.3%，人口最少的万山特区仅有 6.34 万人。

四是县级管辖乡镇单位的数量差别大。

管辖的乡镇单位在 20 个及 20 个以上的县级行政单位只有 28 个，约占总数的 32%；管辖的乡镇单位在 10 ~ 20 个的县级行政单位有 47 个，占 53.4%；管辖的乡镇单位在 10 个以下的县级行政单位有 13 个，占 14.6%。多数县管辖乡镇单位在 20 个以下。

贵州省的县与县之间在面积、人口、经济发展实力、管辖乡级单位数量等方面相差较大，县的数量总体偏多，尤其规模过小、经济实力弱的县（县级市）数量较多。但县级机构设置和行政人员编制几乎千篇一律，小县的行政管理人员多，在行政管理上的开支大，行政管理成本高，财政负担过重；同时小县的整体经济能力较弱，一般很难集中财力、物力搞大项目的经济建设，也不利于中心城镇建设，难以形成县域经济中心。具体来说，贵州省的县级单位规模过小、设置的数量过多，存在的弊端主要有以下几点。第一，县级数量过多导致了行政效率不高、行政管理成本增加。贵州省的县级数量过多是地级政府设置的主要原因。省辖县数量过多，会导致省级管理任务繁重，工作量过大，很难兼顾各方工作，严重影响了贵州省政府的行政效率。为了解决这个问题，贵州省通过设置地级政府代管县级，解决了省政府的管理幅度难题，但增加了行政管理成本，降低了行政管理效率，加重了贵州省财政负担。要想从根本上解决贵州省管辖县级数量过多、行政效率低的难题，必须从源头入手，撤并小县，撤销经济发展落后的贫困县，将其划归相邻县管理，减少县级行政区的数量，使省级行政区的管理规模与县级设置数量趋于合理，有效提高贵州省政府的行政管理效率、降低行政管理成本。第二，县级设置的数量不适应贵州省经济、社会的发展。从国外同一层级政府的管理幅度来看，一般应以50个左右为宜。①我国现在已经进入现代化与城市化的快速发展时期。农村人口被大量地转化为城市人口，农村人口不断减少，城市人口不断增加。据预测，到2050年时，我国的城市人口将达到总人口的80%左右，农村人口缩减到20%以内。在这种条件下，贵州省如果继续维持目前县级设置的数量，会极大地浪费社会资源，加重财政负担。为此，贵州省政府应该顺应贵州省经济、社会发展趋势，及时减少县级行政区的数量，调整县域行政管理规模，使县级设置的数量与贵州省经济、社会的发展趋势相一致。第三，县级设置的数量不利于县域经济发展。县级设置的数量多，必然导致县的规模过小。县的规模过小将严重制约县域经济发展。一方面，县的规模过小，县整体的经济能力一般比较弱，很难集中财力、物力搞大规模的经济建设。另一方面，不利于中心城镇建设与发展，难以形成县域经济中心。县的规模过小，行政机构设置多，行政管理人员多，行政管理成本高。当前贵州省很多县只能勉强发放行政人员的工资，有的县甚至连行政人员的工资都不能按时发放，更不用说将更多的资金花在本县的经济建设、公共服务上了。县的规模过小是制约贵州省县域经济发展的一个重要因素。解决县规模过小这个问题的根本途径就是合并小县。第四，管理乡镇单位比较多的县，一般是比较偏远的地方，管理能力不强。有些县虽然管理的乡镇多，但管辖的人口不多，也就是说，每个乡镇的人口比较少，这就必然引发行政机构臃肿、人浮于事、机构庞杂的问题，导致投入行政管理的资金多，投入经济发展、公共建设、公共服务的资金较少。

三 贵州省扩县的经验及应该采取的方法

1. 贵州省积累了丰富的扩县经验

为了解决县的规模差异尤其是县的规模过小的问题，我国历史上很多朝

---

① 李金龙、谢哲夫：《"省直管县"的现实可能性：改革的战略性调整》，《甘肃社会科学》2010年第3期，第246页。

代都曾采取一些相应对策，撤并面积过小或者人口过少的县，对县实行分级管理，但成效不大，基本处于"撤—建—撤—建"的循环之中。

1958年，中央人民政府曾试图解决县的规模过小的问题，撤并了一批人口过少的县。贵州省根据1958年12月20日国务院全体会议第82次会议决定，撤销了27个县：撤销龙里县，将原县的行政区域全部划归贵定县；撤销福泉县，将原县的行政区域全部划归瓮安县；撤销紫云县，将原县的行政区域全部划归望谟、长顺两县；撤销荔波县，将原县的行政区域全部划归独山县；撤销都匀县，将原县的行政区域全部划归都匀市；撤销平塘县，将原县的行政区域全部划归罗甸、独山两县；撤销丹寨、炉山、雷山、麻江四县，将原四县的行政区域全部合并，设立凯里县；撤销三穗、岑巩两县，将原两县的行政区域全部划归镇远县；撤销施秉县，将原县的行政区域全部划归黄平县；撤销天柱县，将原县的行政区域全部划归锦屏县；撤销台江县，将原县的行政区域全部划归剑河县；撤销从江县，将原县的行政区域全部划归榕江县；撤销安顺县，将原县的行政区域全部划归安顺市；撤销贞丰县，将原县的行政区域全部划归兴仁县；撤销晴隆县，将原县的行政区域全部划归普安县；撤销册亨县，将原县的行政区域全部划归安龙县；撤销关岭县，将原县的行政区域全部划归镇宁县；撤销遵义县，将原县的行政区域全部划归遵义市；撤销道真县，将原县的行政区域全部划归正安县；撤销余庆、凤冈两县，将原两县的行政区域全部划归湄潭县；撤销江口、玉屏两县，将原两县的行政区域全部划归铜仁县。1958年底，贵州省辖4专区、2自治州、1省辖市，3市、49县、3自治县及4市辖区。①

由于当时贵州省的交通技术、信息技术、计算机技术很不发达，加之贵州省各民族的文化等相差很大等因素，1958年撤并的县从1960年开始要求重新恢复。1961年，贵州省根据1961年8月16日国务院全体会议第112次会议决定，恢复了20个县：恢复遵义县，以合并于遵义市的原遵义县行政区域为遵义县的行政区域；恢复凤冈县，以合并于湄潭县的原凤冈

---

① 1958年贵州省行政区划，行政区划网，http://www.xzqh.org/html/show.php? contentid = 18820。

县行政区域为凤冈县的行政区域；恢复余庆县，以合并于湄潭县的原余庆县行政区域为余庆县的行政区域；恢复道真县，以合并于正安县的原道真县行政区域为道真县的行政区域；恢复关岭县，以合并于镇宁县的原关岭县行政区域为关岭县的行政区域；恢复贞丰县，以合并于兴仁县的原贞丰县行政区域为贞丰县的行政区域；恢复册亨县，以合并于安龙县的原册亨县行政区域为册亨县的行政区域；恢复晴隆县，以合并于普安县的原晴隆县行政区域为晴隆县的行政区域；恢复麻江县，以合并于凯里县的原麻江县部分行政区域和凯里县部分行政区域为麻江县的行政区域；恢复雷山县，以合并于凯里县的原雷山县部分行政区域和凯里县部分行政区域为雷山县的行政区域；恢复岑巩县，以合并于镇远县的原岑巩县行政区域为岑巩县的行政区域；恢复天柱县，以合并于锦屏县的原天柱县行政区域为天柱县的行政区域；恢复从江县，以合并于榕江县的原从江县行政区域为从江县的行政区域；恢复荔波县，以合并于独山县的原荔波县行政区域为荔波县的行政区域；恢复平塘县，以合并于独山县的原平塘县行政区域和合并于罗甸县的原平塘县部分行政区域为平塘县的行政区域；恢复福泉县，以合并于瓮安县的原福泉县行政区域为福泉县的行政区域；恢复龙里县，以合并于贵定县的原龙里县行政区域为龙里县的行政区域；恢复紫云县，以合并于长顺、望谟两个县的原紫云县行政区域为紫云县的行政区域；恢复江口县，以合并于铜仁县的原江口县行政区域为江口县的行政区域；恢复玉屏县，以合并于铜仁县的原玉屏县行政区域为玉屏县的行政区域。1961 年底，贵州省辖 4 专区、2 自治州、1 省辖市，4 市、68 县、3 自治县及 4 市辖区。[①]

　　1962 年，贵州省根据 1962 年 10 月 20 日国务院全体会议第 117 次会议决定恢复了 7 个县：恢复施秉县，以合并于黄平县的原施秉县行政区域为施秉县的行政区域，施秉县属黔东南苗族自治州；恢复三穗县，以合并于镇远县的原三穗县行政区域为三穗县的行政区域，三穗县属黔东南苗族自治州；设立台江县，以合并于剑河县的原台江县行政区域为台江县的行政

---

① 1961 年贵州省行政区划，行政区划网，http://www. xzqh.org/html/show. php？contentid = 18823。

区域，台江县属黔东南苗族自治州；设立丹寨县，以合并于雷山、麻江两个县的原丹寨县行政区域为丹寨县的行政区域，丹寨县属黔东南苗族自治州；恢复都匀县，以都匀市的行政区域为都匀县的行政区域，都匀县属黔东南苗族自治州；恢复安顺县，以安顺市的行政区域为安顺县的行政区域；恢复六枝县，以六枝市的行政区域为六枝县的行政区域。1962 年底，贵州省辖 4 专区、2 自治州、1 省辖市，1 市、75 县、3 自治县及 4 市辖区。① 到 1962 年底，1958 年撤并的 27 个县全部恢复建制。贵州省在 1958 年实行撤并小县和 1960～1962 年恢复被撤并的小县的工作，存在矫枉过正现象。

贵州省现在的一些县形成于古代，虽历经岁月变迁但其辖区没有太大变化，有些县的名称至今仍然沿用。随着科学技术的发展进步，尤其是交通技术、电子技术和通信技术等的迅速发展，行政管理工具和行政管理手段不断优化升级，行政管理人员的科学技术水平和管理水平不断提高，行政管理能力迅速提升，县级政府的有效管理幅度完全超出现有管辖范围，以至于能够管理更大的地域范围、更多的人口、更多的社会经济事务，从而有能力管辖更多的行政单位。在当前现有的条件下，可以把一些规模小而又缺乏区位优势的县进行分解或者合并，扩大县的规模，减少县的数量。贵州省的许多县管辖的地域狭小，管理的人口数量不多，管辖的行政单位也非常少，扩县的空间是比较大的。这种调整不仅能够缩小省级政府的管理幅度，推进省直管县（县级市）体制改革，而且有利于精简行政机构和行政人员，提高政府的办事效率。扩县是缩小省级政府管理幅度的主要方式，扩县只是对县的局部调整，不会像省级行政区划调整那样引起巨大的波澜，扩县的阻力要小得多，推行起来也相对容易。

2. 优化贵州省的县级、市（县级市）级的行政区划架构

推行省直管县（县级市）体制要对县域行政管辖幅度进行科学合理的调整，通过整合县级行政区，从战略上优化省直管县级、市（县级

---

① 1962 年贵州省行政区划，行政区划网，http://www.xzqh.org/html/show.php? contentid = 18824。

市）级的行政区划架构。一是要进一步推进建制城市设置标准和模式的创新与改革，采取整县设市或切块设市模式，把经济实力和现代化水平达到或接近建制城市标准的强县或强镇建成省直辖的县级建制城市。二是要适度调整县域行政区管辖规模，"将人口规模低于 20 万人口的小县按照地域相邻、自然经济社会条件基本相似、历史联系紧密、发展与管治方向基本一致等基本原则进行合并"①。贵州省资源丰富，人口分布不均，经济布局分散，发展成本比较高，要着重适应集中发展的需要，调整扩大县域规模。

当前，在科学技术日新月异，交通技术、通信技术、计算机技术等发展迅速，乡镇规模在撤并后不断扩大的背景下，解决贵州省县规模过小问题的根本途径就是合并一些小县以及撤并经济发展缓慢的县。一般将人口数量少于 20 万人的小县按照地域相邻、自然经济社会条件基本相似、历史联系紧密、发展与治理基本一致等基本原则进行合并，减少省直管县的数量。根据实际情况，贵州省的县级行政区控制在 50 个以内比较合适，使其平均面积达到 3500 平方千米以上，人口达到 80 万人以上。在合并过程中，必须做好以下几个方面的工作：第一，认真研究不同自然条件下的县级规模，确定县级最佳行政管理幅度，县级规模过小不利于县域经济发展，要综合考虑人口、面积、地理、交通等基本条件，把小县合并成大县，减少县级数量，扩大县级规模；第二，因地制宜、分类指导，根据贵州省的实际情况制订撤并县级的计划，并组织实施；第三，做好细致的思想工作，妥善分流被撤并县的行政人员的安置工作，确保撤并工作的顺利开展；第四，做好基层群众的思想工作，使广大群众能够充分认识到撤并县对于精简行政机构、减少行政人员、减轻群众经济负担、促进县域经济发展的重要意义，引导广大群众改变长期以来形成的县籍归属感的观念，养成适应社会发展的新观念，积极支持撤并县的各项工作。

---

① 汪宇明：《中国省直管县市与地方行政区划层级体制的改革研究》，《人文地理》2004 年第 6 期，第 72 页。

第五节　加强省县行政机构改革

一　贵州省的省县行政机构设置现状

2009 年，贵州省实施了省级行政机构改革，省级政府设置了 40 个工作部门，其中省政府办公厅和组成部门设置了 25 个，直属特设机构设置了 1 个，直属机构设置了 14 个，另外还设置了 6 个省政府部门管理机构。[①] 当前贵州省人民政府的机构设置共有 59 个。[②]

2010 年，县级行政机构也进行了改革，当前县级机构设置的基本情况是：大县的政府机构设置以威宁彝族回族苗族自治县人民政府机构设置为例，设有 33 个[③]，中等县的政府机构设置以思南县人民政府机构设置为例，设有 28 个[④]，小县的政府机构设置以钟山区人民政府机构设置为例，设有 32 个[⑤]。

当前贵州省通过机构合并或者将行政机构改设为事业机构来进行省县机构改革，尽管机构数量有所减少，但机构人员的数量减少不多，有的仅仅是转换了身份，由行政单位身份转变为事业单位身份，这两个身份的转变并没有减少政府财政开支，无论是行政单位还是事业单位的干部都是将财政作为收入来源，办公经费也来源于财政。事业单位（除少部分收入外）各种开支也基本由财政支出。

二　建立精简、高效的省县行政机构

改革开放以来，中共中央、国务院先后在 1982 年、1988 年、1993 年、

---

① 《中共贵州省委、贵州省人民政府关于省人民政府机构改革的实施意见》（黔党发〔2009〕7 号），2009 年 5 月 11 日。
② 包括省政府办公厅，省政府参事室 1 个；省人民政府组成部门 25 个；省人民政府直属特设单位 1 个；省人民政府直属机构 14 个；省人民政府部门管理机构 6 个；省人民政府直属事业单位 12 个。贵州省人民政府网，http://www.gzgov.gov.cn/gzgov/217017207043915776/。
③ 参见威宁彝族回族苗族自治县人民政府网，http://www.gzweining.gov.cn/。
④ 参见思南县人民政府网，http://www.sinan.gov.cn/。
⑤ 参见钟山区人民政府网，http://www.gzzs.gov.cn/。

1998 年、2003 年及 2008 年推行行政机构改革。① 虽然改革取得了一定的成效，但一直是"精简—膨胀—再精简—再膨胀"的循环，行政人员越来越多，机构数量也不断增加，通常造成机构臃肿、人浮于事、行政成本高、行政效率低等问题。2009 年，贵州省政府实施了新一轮机构改革，制定了《中共贵州省委、贵州省人民政府关于省人民政府机构改革的实施意见》，确立了省政府改革的指导思想和原则、改革的主要任务、机构设置等内容；2010 年制定了县级机构改革实施措施，但贵州省的省县行政机构改革数量比 1999 年发布的《中共中央、国务院关于地方政府机构改革的意见》规定的行政机构数量要多，1999 年规定省政府的工作部门"由现有的 53 个左右（含委、厅管理机构）精简为 40 个左右，经济不发达、人口较少的省精简为 30 个左右"；县级政府机构中较大的县的政府工作部门由平均 30 个缩减为 22 个左右；中等县由平均 24 个缩减到 18 个左右，小县由平均 24 个缩减到 14 个左右，贫困县或者人口特别少的县，县政府的机构还要继续精简。② 贵州省属于经济不发达的省，省政府机构应该在 40 个以下。贵州省小县数量较多，面积在 2000 平方公里以下的县级有 45 个，其中面积在 1000 平方公里以下的县级有 13 个，应该对这些小县做一些必要的合并，这样既有利于机构精简，也有利于扩大县域经济市场。贵州省人民政府机构、大县的人民政府机构、中等县的人民政府机构以及小县的人民政府机构都大大超出了《中共中央、国务院关于地方政府机构改革的意见》规定的数量，庞大的机构设置，必然耗费大量的财政开支，增加行政成本。贵州省新一轮的省县行政机构改革后仍然存在行政机构庞杂、行政人员多的现象，这与精简、高效的行政机构要求相差较远。

贵州省要建立精简、高效的省县行政机构，必须做好以下几个方面的

---

① 1982 年地方机构改革的任务为精简机构、紧缩编制，实行干部年轻化，推行市管县体制。基于 1989 年春夏之交的政治风波，1988 年开始实施的地方改革被搁置。1993 年地方政府机构改革的任务为精简机构，进一步转变职能、理顺关系。1998 年地方政府机构改革的主要目标为建立办事高效、运转协调、行为规范的行政管理体系，完善国家公务员制度。2003 年地方行政机构改革的主要任务是政府由管制型向服务型转变。

② 《中共中央、国务院关于地方政府机构改革的意见》（中发〔1999〕2 号），1999 年 1 月 5 日。

工作。

第一，必须转变省县政府职能。政府职能切实转变到经济调节、社会管理、公共服务等宏观调控上来，将属于企业职能的生产经营权和投资决策权等权力交给企业，由企业自主行使；将社会管理的权力交给社会中介组织行使，政府不得干预企业和社会组织能管理好的事务；省级政府要把县级能管理好且适合县域发展的权限交由县级行使。这样既可以减少一些事务性机构，精简行政人员，又可以让政府从繁重的事务性工作中解脱出来，管理该管的事务。

第二，大力推进省县级政府行政管理方式改革，推行电子政务建设。信息技术和网络技术的发展将深刻地改变公众的期望和政府的工作方式。电子技术是建立精简、高效的省县政府的技术保障。贵州省政府要投入大量的资金用于省政府的电子政务建设，提高省政府的行政效能。县级政府要加强电子政务人才培养，建立一支高素质的电子政务管理人才队伍，增加电子政务资金投入，确保电子政务活动正常运转，建立公开、统一、透明、阳光的地方政府。

第三，提高行政领导者素质，健全、完善行政决策机制。行政决策机制指承担政府决策工作的机构、人员所组成的组织系统及制度。与省级政府相比，县级政府决策相对较少而执行活动较多。县级领导干部同时扮演决策者和执行者的双重角色。要大力培养省县级领导干部科学决策的能力，杜绝各种形式的经验决策、随意决策、盲目决策。省县级领导干部的决策必须符合贵州省经济社会发展规律，要能够推动贵州省社会经济的快速发展，做到科学决策。省县级领导干部必须坚持民主决策，杜绝各种形式的家长制决策。高素质的行政领导队伍是建立精简、高效的省县政府的人才保障。

第六节　完善群众自治组织建设

从 1980 年开始，我国推行家庭联产承包责任制，农村确立了以民主选举、民主决策、民主管理、民主监督和村务公开为主要内容的村民自治制度，建立了村民委员会制度。以村民委员会制度为核心的村民自治制度对我国农村乃至整个国家的政治发展和经济社会的全面进步产生了深远的影响，村民委员会是村民自治的组织机构，村民自治提高了村民参政、议政的政治热情，增强了村民的主人翁意识，保障了村民的政治权利，促进了我国的民主政治建设；随着我国单位制的解体，城市进行了社区建设，确立了居民委员会制度。居民委员会是城市居民的群众性自治组织，居民委员会制度对我国城市的政治发展和经济社会的全面进步意义重大，不仅为城市居民提供了政治活动、经济生活的场所，而且提高了城市居民参与政治生活的积极性，促进了城市民主建设，增强了城市居民的主人翁意识。村民委员会和居民委员会不是行政单位，而是基层群众性自治组织，是村民和居民自我管理、自我教育、自我服务的组织。村民委员会和居民委员会的发展与完善对我国行政管理体制改革具有重大意义，促进了政府职能转变，使其由计划经济时期的"全能型政府"转变为社会主义市场经济条件下的"服务型政府"。

在目前的体制下，乡镇政府对村民委员会仍有一定的领导权、控制权，村民委员会在某种意义上是乡镇的派出机构。从法理的角度看，作为群众性自治组织的村民委员会是村民自下而上选举产生的，村民委员会的经费来自村民，应当对全村村民负责，主要职能在于处理全村的公益事业。但现实中的村民委员会，更多地为乡镇政府负责，主要完成交款、抓计划生育工作等任务，实际行使了乡镇政府派出机构的职能，有些地方把村称为"行政村"，俨然成了乡镇政府的派出机构。

在城市中，街道办事处与居民委员会同样存在乡镇政府与村委会那样的领导与被领导的关系。根据《中华人民共和国城市居民委员会组织法》的规定，居民委员会是由城市居民自下而上选举产生的居民自治组织，居民委员会的经费来自居民，对全体居民负责，主要任务是办理好居委会的公益性事业，但现实中的居民委员会，将更多的精力用在了为街道办事处等行政部门办事上，严重影响了其职能的发挥。

一　健全、完善城市居民委员会的各项制度

《中华人民共和国城市居民委员会组织法》第二条规定："居民委员会

是居民自我管理、自我教育、自我服务的基层群众性自治组织。不设区的市、市辖区的人民政府或者它的派出机关对居民委员会的工作给予指导、支持和帮助。居民委员会协助不设区的市、市辖区的人民政府或者它的派出机关开展工作。"[1] 这明确界定了居民委员会与不设区的市、市辖区的人民政府或者它的派出机关之间的关系，它们不存在行政隶属关系，不是被领导与领导的关系，不设区的市、市辖区的人民政府或其派出机关对居民委员会没有领导的权力，只有指导的职能。这条规定从法律上防止了行政机关对居民委员会的制度侵权，确保了居民委员会是个非行政化的自我管理、自我教育、自我服务的基层群众性自治组织。居民委员会实行直接选举，任何机关、团体和个人都不能干涉其直接选举，不设区的市、市辖区的人民政府或者它的派出机关不能事先确定居民委员会成员的候选人和干预居民委员会的选举程序，应该根据《中华人民共和国城市居民委员会组织法》的程序以及相关的法律法规，由居民选举产生居民委员会成员。居民委员会要严格按照《中华人民共和国城市居民委员会组织法》及相关的法律法规行使职权，对居民会议负责并报告工作，为全体居民服务，受居民会议和广大居民的监督。居民委员会的财务要公开，并对其成员实行评议制度。

二　健全、完善村委会的各项制度

我国农村具有相对封闭性和自发性的特征，经济合作和自治管理在以宗族、地理、文化等因素形成的传统村内各自展开，村与村之间的政治认同较为困难，经济要素在村与村之间难以流动，这也是为什么取消乡镇政府后不能直接以乡镇原有的区域实行民众自治的关键所在。[2] 县乡行政体制改革后，村成了政府与农村社会沟通的桥梁，村级自治管理能力直接决定国家与社会在农村的互动水平。与行政管理相反，自治管理最重要的因

---

① 《中华人民共和国城市居民委员会组织法》（中华人民共和国第十三届全国人民代表大会常务委员会第七次会议修正），2018 年 12 月 29 日。

② 〔美〕弗里曼、毕克伟、赛尔登：《中国乡村，社会主义国家》，陶鹤山译，社会科学文献出版社，2002，第 313 页。

素是民众的自愿性合作和公民共同体的形成。自愿性合作依赖于社会资本的存在，而信任、规范和网络是社会资本的最主要构成。[①] 信任和合作是农村公民社会形成与发展的前提条件。通过加强农村自治组织建设，建立完善的村民自治组织机构——村民委员会，健全农村基层民主制度，推进村民之间的合作互助，健全村民沟通的网络体系，促进农村村民自治组织的健康发育。

政府在税收或补助等方面制定惠农政策，鼓励村与村之间进行合作与合并，推进农村共同体的健康发展，村级组织自身也要建章立制，突出村自治管理是以确认和保护村民个人权利为前提的。[②]

《中华人民共和国村民委员会组织法》第五条规定："乡、民族乡、镇的人民政府对村民委员会的工作给予指导、支持和帮助，但是不得干预依法属于村民自治范围内的事项。"[③] 这明确界定了村民委员会与乡镇的关系，它们之间不存在行政隶属关系，乡镇对村民委员会没有领导权，只有指导的职能，防止了乡镇行政权力机关对村民自治组织的制度侵权，确保了村民自治在实际执行中的非行政化。村民委员会的直接选举不受任何机关、团体和个人的干涉，具有独立性，乡镇政权不应事先确定村民委员会候选人和干预村民委员会选举程序，应根据《中华人民共和国村民委员会组织法》的程序，由村民民主选举产生村民委员会成员。村民委员会要依法支持和组织村民发展各种形式的合作经济和其他经济，承担本村生产的服务和协调工作，促进农村生产建设和经济发展；村民委员会要依法管理本村属于农民集体所有的土地和其他财产，引导村民合理利用自然资源，保护和改善生态环境。村民委员会要在宪法和法律的框架下对村民会议或者村民代表会议负责、对全村村民负责，为村民谋福利，受村民的监督，使村民委员会真正成为村民自我管理、自我教育、自我服务的基层群众性自治组织。

---

① 〔英〕帕特南：《使民主运转起来》，王列、赖海榕译，江西人民出版社，2001，第100~102页。

② 于建嵘：《岳村政治——转型期中国乡村政治结构的变迁》，商务印书馆，2001，第425页。

③ 《中华人民共和国村民委员会组织法》（中华人民共和国第十三届全国人民代表大会常务委员会第七次会议修正），2018年12月29日。

2018 年修订的《中华人民共和国村民委员会组织法》确定了村民委员会的性质、地位、组成和职能，村民委员会的选举，村民会议或村民代表会议的召集程序，以及村民委员会的民主管理和民主监督程序，确立了村集体公益事业"一事一议"、村干部述职评议、村务财务公开等制度，把村民自治管理纳入了制度化、规范化的轨道。

三 认真落实自治组织的选举制度和监督制度

要想真正落实群众自治，确保村民委员会、居民委员会是群众的利益代表，使自治组织真正传达群众的呼声，最大限度地保证广大群众的利益，认真落实自治组织的选举制度和加强对自治组织成员的监督显得尤其重要。

第一，认真落实自治组织的选举制度，纠正选举不正之风。群众直接选举是实行群众自治的重要内容，也是群众自治的重要标志。但从我国各地自治组织换届选举的实践来看，由于我国广大人民群众的文化素质、政治参与水平不高，部分人的经济条件并不宽裕，很少有时间、精力参与自治组织的选举活动，这些客观条件的限制导致自治组织的选举制度在执行中存在一些缺陷：自治组织的选举容易受一些不正当因素的影响，拉选票、一人代替多数人投票等现象时有发生，有的自治组织机构被一些宗族势力以极低的经济成本非法把持，阻碍了党和政府政策的推行；有些当选的自治组织机构成员没有能力带动自治组织成员发展经济，从而无法提高自治组织成员的物质生活水平，也无法代表自治组织成员的合法利益。要想将自治组织的选举制度真正落到实处，必须提高广大人民群众的文化水平，并用社会主义核心价值体系教育和影响广大人民群众，提高其政治素质。选举经费由专项资金提供，保证选举具备充分的物质条件，反对拉票等非法行为，选举活动要按照相关程序和要求依法进行。

第二，广大人民群众要加强对自治组织机构成员的监督。人民群众缺乏对自治组织机构成员的有效监督是导致自治组织机构成员违法乱纪的一个重要原因。现行的相关法律、法规规定了广大人民群众有权罢免自治组织机构成员，但实际执行起来比较困难。由于群众很难对自治组织机构成员进行有效监督，有些自治组织成为机构成员为所欲为的私人领地，人民群众很难参与自治组织的重大事项决策，自治组织机构活动通常远离广大人民群众的利益。尤其是单个群众的力量无法对抗掌握自治组织权力的自治组织机构成员，群众联合起来进行监督也存在困难，因此，群众对自治组织机构成员的监督在当下环境中基本是无法实施的。一般情况下，下级监督失效时，可以求助于上级有关部门的监督。由于自治组织机构成员不是国家公职人员，上级行政部门对自治组织机构成员的监督比较松懈。自治组织机构成员通常代表自治组织的群众和行政机关交往，并逐渐和行政机关之间形成了一种比较复杂的关系，导致行政机关过于保护自治组织机构成员的利益。由于普通群众很少有机会与行政机关联系，当群众和自治组织机构成员发生矛盾时，行政机关可能做出对群众不利的裁决。因此，必须提高群众的监督能力，加强自治组织会议和自治组织代表会议的监督权，完善对自治组织机构成员的民主评议工作，实行自治组织事务公开制度等，使自治组织机构成员在有效监督的条件下开展各项工作，保证自治组织机构成员按照相关法律行使职权。

"村民自治的发展已经为当代中国的民主建设找到了一个良好的起点，它第一次真正实现了国家政权要求民主化与人民实践民主政治的双向互动，而这正是现代民主的真义，这也必将是未来中国民主的希望"[①]，为实行更高层次的群众自治奠定了基础。

四　推行乡镇自治，实现乡镇社会转型

新中国成立后，作为一个后发展的民族国家，现代化进程是与农村动员紧密联系在一起的。只有将农村社会纳入国家体制，实现全社会的有机整合，才能获得国家现代化所需要的经济和政治资源，也就是说，中国社会没有进行也不可能完成像西方社会那样由农村社会向工业社会的自然转型，而是要走一条"规划的社会变迁"之路。这就要求以政治发展来推动社会发展，"政府要在农村发展中扮演主导角色"，在乡镇建立行政体制也

[①]　唐兴霖、张紧跟：《村民自治：中国民主政治的微观社会基础》，《社会主义研究》2000年第5期。

成为相应的选择。①

"随着国家对乡村经济依赖性的减弱和乡村市场经济的发展，以及传统的权力文化向现代权利文化的转变，国家的行政权力将逐渐退出乡村的政治领域"②，实现乡镇自治成为改革的重要目标。

自治型治理，作为以一定社区或群体为对象而相对独立地组织起来的公共权力管理方式，遵循的是"法制—遵守"的行为模式，即国家通过强制性的法律预期，将基本的社会规范和目标确定下来，社区在法律框架内进行广泛的自治。③ 在这种意义上，作为改革目标的乡镇自治是一种社区自治，它不同于历史上建立在保甲制基础上的那种"地方自治"，而是以现行的村民自治体制为基础，但又不是村民自治的简单延伸。它要求以"一地方之人，在一地方区域以内，依国家法律所规定和本地方公共之意志，处理一地方公共之事务"④。因此，如何确定"本地方之人"来表达"地方公共意志"是乡镇自治体制的关键。村民自治的成功实践已经证明，只要有适合国情的明确的规则体系，乡村社会是可以通过民主选举形成有利于社区发展的"公共意志"并处理好"地方公共事务"的。当然，前提是要"重新思考国家行动的形式和界限与市民社会的形式和界限"⑤，把乡村事务与国家目标进行适当区分：对于各种税收、计划生育和国土管理等国家目标，要依靠法律手段由国家行政职能部门实行管制；对于农村经济的管理，在社会主义市场经济条件下，应该从直接管理转向利用非行政手段的宏观调控；对于乡村事务，在国家法律规定的范围内，推进农村村民广泛参与地方自治，主要是农民自己管理自己，自己教育自己。

我国宪法明确规定，乡镇是最基层的行政管理层级，因此实行乡镇自治体制是十分复杂而系统的工作。首先，国家权力机关要制定相应的乡镇

① 童庐、吴从环：《组织重构：农村现代化的社会基础》，《天津社会科学》1998 年第 4 期，第 70 页。
② 于建嵘：《岳村政治——转型期中国乡村社会政治结构的变迁》，商务印书馆，2001，第 438 页。
③ 于建嵘：《乡镇自治：根据和路径》，《战略与管理》2002 年第 6 期，第 120 页。
④ 闻钧天：《中国保甲制度》，商务印书馆，1935，第 436 页。
⑤ 〔英〕戴维·赫尔德：《民主的模式》，燕继荣等译，中央编译出版社，1998，第 396 页。

自治组织法，对乡镇自治组织的性质、地位、组成和职责以及机构成员的选举办法、自治组织的民主管理和民主监督等做出明确的法律规定。没有法律约束，一切自治最终都会流于形式，乡镇自治也不能实现。其次，要正确处理乡镇自治组织与县级政权及各职能部门、村民自治组织、执政党基层组织的关系等问题。最后，要在县以下，按照人口聚居程度、面积大小、经济发展状况等标准，依次划分为乡、镇、村，在乡镇、乡村设立自治组织，代表广大人民群众行使自治权。将县、市（县级市）调整为基层地方政府。

实行乡镇自治，很多社会事务便可以直接由乡镇自治组织承担，这样可以大大减少县、市（县级市）的工作量，有利于县级政府将更多的精力放在加强全县的宏观管理，提高县级政府的行政管理效能上。

第六章

贵州省实施省直管县体制亟待解决的问题

第一节　实行市（地级）县分治

贵州省实施省直管县体制，就是要改变市管县体制，让市级不再管理县级，县级由省直接管理，因此实施省直管县必须实行市县分治。

市县分治是在不撤销地级市行政建制的前提下取消地级市这一行政管理层级，地级市不再领导县级，地级市与县级之间不再是行政隶属关系，地级市只管理城市自身行政事务，县级由省政府直接管理。实行市县分治，使市、县在经济上地位平等，县政府能够拥有地级市政府在发展经济和管理社会事务方面的权限。市县分治有利于行政层级体制的有效运作，发挥市、县的主动性、积极性和创造性。实行市县分治后，贵州省的地方行政管理层级由原来的四级变为三级，这一变化优化了贵州省的地方行政层级体制，构建了高效的公共行政管理体系。

对于地级市和经济发展水平较高的经济强县，要取消市管县体制，实施省管市、县体制。从法律角度明确市、县的经济平等地位，市、县都直接由省管辖，市、县之间没有领导与被领导的行政隶属关系，要完善市、县组织法，进一步确定市、县的法律地位和相应职权等。取消市管县体制、实施省直管县体制，使经济强县不再主要靠行政力量集聚区域发展要素。解除市、县之间管理与被管理的行政隶属关系，使市级职能简化、专一，主要管理城市社会事务，不再把大量精力放在县域的管理上。县级直接掌握县域内的公共事务管理权，把握县域内地方性的经济和社会发展自主权①，县级政府要建立"小政府、大社会"的管理模式，收缩微观经济管理职能，实行宏观经济调控，把更多的微观经济管理职能让给社会或者经济组织，县级政府主要负责社会服务、市场监管、公共事业管理、环境治理、社会治安维护等必须由政府管理的公共事务或者只能由政府才能管理好的事务。

通过实行市、县分治的方式处理同一层级的市、县关系，即按一定的自然条件、社会发展水平、经济基础、所担负的责任等对市、县进行划分，同一级政府所面对的社会经济环境大致相当，政府功能相似，因此要精确地界定市、县地方财政的功能。

第二节 建立完善的县级行政权力约束机制

贵州省实行省直管县体制，按照"能放就放"的原则，除国家法律和行政法规有明确规定外，能放的项目都要下放到县（包括县级市）管理，能放的权限都要下放到县（包括县级市）行使，赋予县级政府大量的经济社会管理权限。对于法律法规规定不能下放的权限，省政府也可以采取委托授权的方式交由县、市（县级）代为行使。县政府以国家代理人身份直接占有所辖区域内绝大多数社会资源，并将这种占有转换成权力分配形式，从而构建行政机构设置中部门与部门之间的功能性权力。权力功能上的差别意味着支配和控制资源的多寡，也意味着获得资源和利益的可能性不同。对资源的控制欲望驱使县级机关很注意巩固和扩大权力，保证自己的权力地位。如何有效地监督县级政府权力的行使？如何有效监督约束县级政府的行为，防止出现地方保护主义或者权力壁垒？这是实行省直管县体制后，保证县级政府权力正确运行必须解决的问题。

1. 根据县级行政权力来源于省政府"行政授权"，完善省政府对县政府的监督机制

县政府权力结构通过省政府的"行政授权"所得。"行政授权"指行

---

① 谢庆奎、杨宏山：《对我国地方行政层级设置的思考》，《红旗文稿》2004 年第 4 期，第 13 页。

政体系内部不同层次主体之间的权力分配关系，通过省政府行政授权，县政府可以行使省政府授予的部分行政权力。本质上，行政授权是行政组织内部权力分配的特定方式，是省政府授予县政府一定的责任与管理权限，使县政府在其监督下自主行使权力。它通过省政府与县政府在不同层次上的授权与被授权，形成一种动态的权力配置关系，县政府可以在省政府的监督下有效行使省政府赋予的行政权力。

2. 根据县级行政权力来源于"政治授权"，完善县人民代表大会及其常务委员会对县政府的监督机制

县政府的"政治授权"是指县人民代表大会及其常务委员会与县人民政府之间的授权关系。从法理上讲，县政府的行政权力是一种执行性权力，它来自人民及其代议机关县人民代表大会及其常务委员会，这是政治授权。因此，县政府应该严格执行县人民代表大会及其常务委员会通过的决议，县政府的财政开支必须严格依照县人民代表大会的财政预算执行，县政府的重大事项只有提请县人民代表大会及其常务委员会批准后才可实施。县级政府要对县人民代表大会及其常务委员会负责，并向其报告工作，接受其监督。县人民代表大会及其常务委员会要监督县人民政府的工作，及时撤销县人民政府不适当的决定和命令①，保证县人民政府依法行政。

3. 加强省委、县委对县政府的监督

实行省直管县体制后，县长由省委提名，副县长由县委提名，然后经县人民代表大会及其常务委员会选举产生。省委对县长的提名和县委对副县长的提名都具有实质性意义。县人民代表大会的核心组织是党组，党组受县委领导，因此县人民代表大会一般都会通过省委、县委提出的候选人当选为县长和副县长的决议。实质上，县长及副县长的职权是通过县委主持的小范围遴选任命获得的，县委选定县长和副县长的等额候选人，交由县人民代表大会选举。县长、副县长的人事安排不能采用动员、组织、竞选等和平公开的政治竞争方式选举，大部分领导干部都具备中国共产党党员身份，这样保证了党在干部人事安排上的绝对权威地位。这就要求省委

---

① 《中华人民共和国宪法》（中华人民共和国第十三届全国人民代表大会第一次会议修正），2018 年 3 月 11 日。

和县委在向县人民代表大会及其常务委员会推荐县长、副县长候选人时，要把真正有才能又能为广大人民群众办实事的人提到县长、副县长的领导岗位上，及时把那些不乐意为群众办实事的县长、副县长从领导岗位上换下来，切实加强省委和县委对县人民政府的监督。

4. 建立健全民主理财机制

省政府和上级财政部门应加强对县政府财政支出的监督，同时县政府财政支出要建立相应的阳光平台，及时公布财政支出的数目、用途等，接受县域内城乡居民的监督。从长远来看，建立健全民主理财机制可充分调动城乡居民监督县财政支出的积极性、主动性，有利于县政府正确决策提供何种公共商品、提供多少公共商品，防止公共商品供给过程中出现官僚主义，提高公共商品的供给效率，更好地发挥县政府的公共服务职能。同时，也能有效避免出现政府权限"一放就乱"的局面，保证县政府依法行使人民赋予的各项权力。

第三节　建立适合县域发展的县级财政体制

实施省直管县体制，要求实行省直管县财政体制，改变市管县财政体制。省级财政要增大对县级财政一般性转移支付的规模和比例，强化县级政府提供基本公共服务的基础和保障。完善县级财政预算编制和执行管理制度，建立完善的税收制度①，建立适应县域发展的县财政体制，确保县级事权与财权相统一。

我国在实行分税制的财政体制后，基本理顺了中央和地方的财政分配关系，提高了中央财政占全国财政收入的比重，加强了中央财政对地方财政的调控能力。但是分税制财政体制的运行对贵州省县级财政的负面影响较大，导致贵州省县级财政的财源减少，财政收入不足，不少县级政府运转困难，影响了公共服务职能的发挥，制约了县域发展。因此，为了适应贵州省省直管县体制的需要，完善县级财政体制被提上议事日程。

---

① 《中华人民共和国国民经济和社会发展第十二个五年规划纲要》（中华人民共和国第十一届全国人民代表大会第四次会议批准），2011 年 3 月 14 日。

1. 当前贵州省县级财政困难的原因

贵州省财税体制没有完全理顺。首先，县级的财权和事权不对称。实施分税制后，财权集中在中央、省和市（地级）三级政府，但是事权由中央、省、市（地级）逐级下放到县级，更多的公共服务由县级政府提供，许多事务性工作由县政府完成。县级政府因承担大量事务性工作，需要足够的财政保障，财政支出也随之增加，但县级政府掌握的财力有限，主要财力由中央政府和省政府掌控，但中央政府和省政府所拥有的事权与其掌控的财权严重不对称，财政权力大，财政实力雄厚，但承担的事务性工作少，财政支出少。县级财政财力薄弱，但各项公共服务仍然由县级财政支出，致使县级财政非常困难，反过来又进一步影响县级事权的充分行使。其次，中央财政和省财政对县级财政的转移支付不规范。我国实行分税制的财政管理体制后，政府间的财政资金分配采用按税种划分的方法。中央政府掌握大部分财力，有足够的掌控财政的能力，地方政府财政支出不足的部分由中央政府财政对地方财政实行转移支付。当前我国分税制的转移支付制度主要有体制补助（体制上解）、结算补助（上解）、专项转移支付（专项拨款）、税收返还、一般性转移支付、其他转移支付等几种形式。税收返还和一般性转移支付对收入再分配采取来源地原则，富裕的省县得到更多的收入返还，贫困的省县难以得到所需要的收入返还，贵州省是我国经济欠发达的省份，各县经济实力不强，与中部、东部地区的县级经济相差很远，贵州省及所辖各县能得到的中央税收返还和一般性财政转移支付远远少于中部、东部的省级行政区及其所辖县。同时，政府仅仅对中央财政到省级财政的转移支付做了详细安排，对省以下财政转移支付则缺乏比较完整的规范细则。贵州省省级财政的转移支付存在一些问题，即转移支付规模小，省政府与各县政府之间转移支付依据不清晰造成转移支付的责任模糊，省财政转移支付目标不当造成有效转移支付支出不足，省财政转移支付的分配欠规范造成转移支付的随意性和模糊性，省财政专项转移支付过多难以体现专项意图，等等。那些在省政府跑得勤、有策略的县获得省财政拨款多，而在省政府跑得少的县得到的省财政转移支付少，远远不能满足县级财政各项支出的需要。贵州省政府为了追求政绩，常常对发达的县域转移支付多，对欠发达的县域转移支付少，致使欠发达的县发展更加困难。

贵州省的县级财政税基小且分散，同时缺乏优势税种。分税制体制下划归县级政府财政的税种除营业税还算得上主体税种外，其他大多是税基小、税源少、零星分散，征收难度大、成本高，税收增长弹性小的税种，很难形成县财力增长的"支撑点"。县级政府只能做出税收开征和停征的决定，没有税收立法自主权，很难根据当地客观情况有效地调整税收规范，使可用财力比较薄弱。

贵州省的县级财政陷入困境的最根本原因是县级经济发展速度慢、发展不均衡。随着我国改革的深入，贵州省的县级国有工业企业基本已经改制，以民营经济为主的县域内的第二产业和第三产业发展比较缓慢，规模小，县级财政基本以农业为主要税源。农业税被取消后，贵州省的县级财政收入更少。为了解决县级财政的困难，县级政府通常采取行政性收费、罚款等非税收措施增加财源，财政收入中的税收收入被行政性收费、罚款、没收收入和其他非税收入代替。非税收入加重了纳税人的实际负担，投资者为了规避各种收费、减少成本，把投资转向税收规范的大中城市，造成县级税源大量流失，县级财政变得更加困难。

贵州省的县级财政收入难以满足财政支出的需要。第一，贵州省的县级财政供养行政事业人员过多。县政府的机构不是根据县级事权需要设置的，而是简单地追求与上级政府的机构设置相一致，致使人浮于事的现象比较普遍，县级财政承担行政机关运转的支出、行政人员工资和其他行政开支过多。事业单位仍停留在财政预算支出账户上，加重了县财政的负担。县级行政事业机构和财政供养人员膨胀，公用经费和专项经费支出日益增加，导致县级财政对县域发展的支出不足。第二，贵州省的县财政支出递增，超过了财政收入增长的速度。国家为了扩大内需，拉动经济增长，相继制定了一系列以增加财政支出为主要内容的积极的财政政策，逐年增加对教育、农业、科技等的投入，对于这些刚性支出，虽然中央财政补助了大头，但县级财政仍然需要支付大量经费，对于财政收入不足的贵州省的县级财政来说，这无疑是一笔相当大的财政开支。

贵州省的县级财政使用效益不高。贵州省的县级财政支出范围存在一些不合理的现象，财政资金供给"越位"、"错位"和"缺位"现象常有发生，县级政府管理、承办了一些本来应当由企业、私人组织的活动，扩大了县财政资金的供给范围，增加了县财政支出的负担。有些县级领导一味地追求政绩，把大量的财政资金投入形象工程建设，造成了财政资金的不合理使用，那些本应由县财政供给资金的部门和工程却得不到充足的资金保证，尤其在义务教育、卫生保健、社会保障、基础设施建设等方面的财政支出通常满足不了日益增长的需要。有些县财政刚好能维持行政、事业单位的工资发放，根本谈不上在经济社会发展方面投入大量的资金，严重影响县域的发展，反过来，县域经济发展缓慢又制约了县级财政收入的增长。同时，县级财政重视支出、忽视管理，资金使用不规范，财政资金管理规范不完善，缺乏强有力的制约手段和相应的监督措施，资金使用效益不高、损失浪费多。

贵州省的县级财政监督制度不健全。一是县人民代表大会及其常务委员会对县政府财政的监督只具有程序性而不具有刚性。在实际工作中，县政府财政很少按照县人民代表大会及其常务委员会通过的财政预算方案执行，县政府财政预算调整也没有经过正当的法律手续，没有经过或者报请县人民代表大会及其常务委员会批准，县人民代表大会及其常务委员会批准的财政预算仅仅是形式，对县财政缺乏约束力。二是县级金融部门审查、监管县级政府贷款不规范。县域内的银行虽然都实行垂直领导，不接受县政府的领导，但它们为了在县域内的生存和发展，常常依赖县级政府，对县级政府贷款的审查不够严格，对县级政府贷款的投资渠道、投资效益的监管不规范。三是审计对县财政的监督作用不大。依据《中华人民共和国审计法》[①] 的规定，审计部门每年只是审计县政府上一年度的财政预算执行情况，对县政府的负债只是账面审计，而对于实际债务，特别是县政府的账外债务是无法审计的，因而审计对县政府的监督效果不好。

2. 建立适合县域经济发展的县财政体制，必须完善以下体制

健全、规范贵州省的县级财政运行机制。第一，贵州省各县要认真落

---

① 《中华人民共和国审计法》（第十届全国人民代表大会常务委员会第二十次会议修正），2006 年 2 月 28 日。

实国库集中收付制度，确保县级财政安全高效运行。《中华人民共和国国民经济和社会发展第十个五年计划纲要》提出："改革国库制度，建立以国库单一账户体系为基础的现代国库集中收付制度。"① 国库集中收付制度是规范政府性资金收付最彻底、最完善、最可靠的方法。国库集中收付制度要求国库单一账户集中收付，取消各部门、各单位在银行设立的收支账户，政府性财政资金全部集中到国库单一账户，政府性财政支出由国库单一账户直接支付，收入直达国库或财政专户，资金支付给商品和劳务供应者或者用款单位。国库集中收付制度有利于对财政收支实施事前监督，避免财政资金收付因经过环节过多而产生资金截留、挤占、挪用等违法违纪现象，增强了贵州省县级财政的资金调节能力。第二，建立健全县级财政预算约束机制。县级财政要建立完善的公共预算体系，建立完整的财政预算约束机制，重视财政收入的主要来源税收，统筹预算内外资金。将具备税收性质的收费改成税。将预算内外资金统一纳入政府财政预算管理，建立综合财政预算体系。财政支出严格实行"零基预算"和"部门预算"，在财政预算安排上，把"基数法"改为"因素法"，按人员编制和业务工作量核定部门、单位预算。将财政预算编制到与财政发生领拨关系的各个部门，财政开支不得用于预算中没有列出的项目，提高财政预算透明度。预算执行需要大力压缩县级党政机关公车购置、会议费、招待费、差旅费等支出。第三，县级政府及职能部门要严格执行政府采购制度。政府采购制度一方面能够节省县级政府及职能部门采购成本，另一方面能够有效避免暗箱操作，防止权钱交易行为的发生，保证县级财政支出的效益最大化。

完善贵州省的县级财政监督制度，确保县级财政资金合法使用。完善贵州省的县级财政监督制度，切实加强对县级财政支出的监督管理，及时查处挤占、挪用县级财政资金的违法违纪行为，预防县级财政运行中可能出现的低效行为、寻租行为、腐败行为，保证县级财政资金的合法使用。第一，完善县人民代表大会及其常务委员会对县级财政的监督制度。县政府确立的重大项目及财政资金支出必须经过县人民代表大会及其常务委员

---

① 《中华人民共和国国民经济和社会发展第十个五年计划纲要》（第九届全国人民代表大会第四次会议通过），2001 年 3 月 15 日。

会批准；县人民代表大会及其常委会通过的财政预算报告，县政府必须执行，不得擅自做重大调整，如果确实需要调整也须报县人民代表大会及其常务委员会批准，否则不得变更。第二，加强审计部门对县级财政支出的审计监督。上级审计部门在审计县政府财政时，要严格依照《中华人民共和国审计法》及相关法律执行，摸清县财政支出的实际情况，对县政府实际总负债做出审计报告。第三，完善金融部门对县级政府举债的监督制度。金融部门对于县级政府的重大举债项目，要根据有关法律法规认真审查其是否合法，以及是否经过县人民代表大会及其常务委员会的批准，不合法的项目不予以放贷，从源头上预防、杜绝县政府债务的发生。第四，加大省政府对县级财政的监督力度。省级政府要制定完善的监督县级财政的规章制度，加强对县级财政资金使用的管理，健全省财政对县财政的转移支付制度，及时检查转移支付资金的使用情况及效益，确保转移支付资金对县域发展发挥更大作用。

理顺中央与贵州省、县的关系，确保县级利益。第一，规范县政府的财权与事权，做到事权与财权相统一。明确县级政府的权利与义务，使县级政府的财权和事权相匹配。根据公共产品层次特征，按"受益原则"划分县政府的事权。县政府的事权由全国人民代表大会及其常务委员会制定的法律做出具体规定，上级政府不能以文件形式对县级政府的事权做原则性规定。根据财权与事权相统一的原则，在完善现行税制的基础上重新合理划分中央与贵州省、县三级政府的财政收入。县级财政负责县域内的社会治安、行政管理和公共事业发展等支出，基础教育、卫生防疫、环境保护等投入经费多、影响面广的财政支出应由中央与贵州省、县三级政府财政共同承担。第二，完善中央财政、贵州省财政的转移支付制度。我国现行转移支付制度包括税收返还、专项补助、一般性转移支付等多种形式。税收返还大大促进了返还地域的经济社会发展，由于税收返还额度控制实行来源地原则，会不可避免地出现富者越富、穷者越穷的两极分化现象，不利于贫困地区真正解决财政难题。专项补助又叫有条件补助，指补助主体（中央或上级政府）对所拨出的资金规定了使用方向或具体用途的转移支付方式，补助对象（地方政府或下级政府）必须按规定要求使用专项补助资金。政府的专项补助一般是补助主体为了配合宏观调控政策的实施、区域性公共产品外溢问题的解决或特定公共事业的发展而采取的措施。专项补助的规模主要由补助主体和补助对象的财力状况以及补助项目的重要程度与耗资水平决定。补助主体的财力越雄厚,用于专项补助的金额越大。补助对象的财力状况越差,特定支出进行补助的需求越大。补助项目的重要程度与耗资水平越高,相应的补助安排越多。专项补助常常要求补助对象给予配套资金,现行专项补助中,财政困难的地方政府是很难得到专项补助的,只有能提供配套资金的地方政府才能得到专项补助,因此专项补助不能有效地解决横向的不均衡问题,反而加剧了地方的贫富差距。要在合理界定各级政府间事权、建立财权和事权相对应的分税制财政体制的基础上,完善现行转移支付制度。加大中央财政、贵州省财政的转移支付力度,进一步加大中央财政、贵州省财政对困难地区尤其是国家扶贫开发重点县的转移支付力度,加大一般转移支付力度,增强县级财政的能力,提升各县提供公共产品和服务的水平。第一,中央财政应增加对贵州省财政转移支付的支持力度。第二,完善贵州省财政对县级财政的转移支付制度。根据各县的财力结构和财政困难程度,合理确定贵州省财政对不同地区的补助力度,适当照顾粮食主产县、自治县和特殊困难县。第三,促进贵州省转移支付制度法治化。通过贵州省人民代表大会及其常务委员会制定省转移支付的法规,规范贵州省对县级财政转移支付的方式、资金拨付、监督管理等内容,使县级财政能够合理预计转移支付的金额,保证转移支付发挥更大的作用。

进一步优化贵州省县级财政的支出结构,提高县级财政支出效益。贵州省多数县的财政资金不能满足当前县域发展的需求,只能按照"社会共同需求"原则,充分使用有限的县级财政资金,提高县级财政支出效益。第一,县级财政必须退出企业、市场能自给自足的领域。第二,县级财政应适度缩减行政支出,发挥行政支出的最大效益。继续深化县级政府机构改革,调整县级政府及职能部门的内设机构,裁撤多余的行政人员,从严控制县级党政机关公车购置,对会议费、招待费、培训费、差旅费、车油维修费、办公费等方面的支出实行零增长和定额管理,节省县级行政开支。深化县级事业单位改革，逐步减少县级事业单位方面的财政投入。县级政府要增加对社会保障、教育和科学事业发展、环境保护等公共项目的财政支出，将改善民生作为县级财政支出的出发点和落脚点。

健全贵州省的县级税收体系，形成完整清晰的县级税收制度。贵州省目前的县级税源小且分散，税收征收成本高，有的税种受条件限制，不能有效征收。农业税被取消后，县政府财政收入减少、财力不足，县政府运转困难，必须对县级税收制度进行调整。调整的关键是保证县级税收有较为充足的主体税种。确保县政府有稳定的税源，抓大搞强县域内优势产业和重点企业，加强县域内农业产业化经营，促进县域内民营经济的发展，夯实县级财源基础。在合理划分省、县政府职能的基础上，遵循财权与事权相对等的原则，根据各税种的特点，确定县级政府税收收入范围，保证各县级政府都有稳定的财政收入来源。严格依法收税，在增加县域经济收入的基础上，提高县级全部财政收入占全县生产总值的比重、税收收入占县级全部财政收入的比重。

完善贵州省、县间的财政结算体制。取消市（地级市）、县之间的财政结算，建立贵州省财政与县级财政直接结算体制。市（地级市）、县之间的各类基数划转、市（地级市）财政对所属各县专项拨款补助等财政结算事项，一律由贵州省财政厅与各县财政局统一办理。

县、市（县级市）财政应建立预算编审与执行分离、县人大独立监督的政府预算管理体制，实行资金分配的规范化管理。

建立贵州省财政对县级财政问责制，加强贵州省财政对县级财政的管理和监督，保证县级财政依法支出。

中央政府、贵州省政府应加大对县级经济社会发展的支持力度。中央政府要大力支持贵州省县级财政对九年义务教育的财政投入，协助县级政府偿还因义务教育所欠债务。对县政府因借用财政周转金而形成的债务，贵州省财政可按有关程序予以核销后转增国家资本金。贵州省财政应大力支持县级的基础设施建设、农村义务教育建设、农业农村经济发展、特色产业发展、农业科技建设、水利建设、农村卫生体系建设、防治防疫等，保障县级财政的正常运转。

参考文献

中文部分

〔美〕阿尔蒙德等：《比较政治学：体系、过程和政策》，曹沛霖等译，上海译文出版社，1987。

B. 盖伊·彼得斯：《政府未来的治理模式》，吴爱明、夏宏图译，中国人民大学出版社，2001。

暴景升：《当代中国县政改革研究》，天津人民出版社，2003。

〔美〕彼得斯：《政府管理与公共服务新思维》，国家行政学院国际合作交流部译，国家行政学院出版社，1998。

薄贵利：《集权分权与国家兴衰》，经济科学出版社，2001。

薄贵利：《近现代地方政府比较》，光明日报出版社，1988。

薄贵利：《市管县的利与弊》，《经济日报》2005年6月27日。

薄贵利：《稳步推进省直管县体制》，《中国行政管理》2006年第9期。

〔美〕布坎南：《自由、市场与国家》，平新乔、莫扶民译，上海三联书店，1993。

蔡恒山：《推进行政层级优化改革的几点思考》，《领导科学》2014年第27期。

曹沛霖、陈明明、唐亚林：《比较政治制度》，高等教育出版社，2005。

〔美〕查尔斯·A. 比尔德：《美国政府与政治》（下），朱曾汶译，商务印书馆，1988。

常黎:《河南省行政区划与区域经济发展研究》,博士学位论文,河南大学,2007。

陈晨、段广军:《从浙江经验浅析省管县制度》,《法制与社会》2008 年第 1 期。

陈弘:《中国地方政府层级改革研究》,硕士学位论文,华东师范大学,2007。

陈嘉陵:《各国地方政府比较研究》,武汉出版社,1998。

陈秀山主编《中国区域经济问题研究》,商务印书馆,2005。

成凤皋:《试论我国地方行政管理幅度和管理层次的改革》,《中国行政管理》1990 年第 2 期。

戴均良:《行政区划应实行省县二级制——关于逐步改革市领导县体制的思考》,《中国改革》2001 年第 9 期。

邓小平:《邓小平文选》(1~3 卷),人民出版社,1993。

刁田丁主编《中国地方国家机构概要》,法律出版社,1989。

冯俏彬:《从政府层级改革中探求政府治理模式的根本改变》,《财政研究》2004 年第 7 期。

傅光明:《论省直管县财政体制》,《财政研究参考》2006 年第 1 期。

高万里:《吉林市县域经济发展的障碍因素及对策研究》,硕士学位论文,中国农业科学院,2007。

宫桂芝:《我国行政区划体制现状及改革构想》,《政治学研究》2000 年第 2 期。

宫晓霞、施军:《县乡财政困难的成因及化解对策》,《财政研究》2006 年第 7 期。

关慧:《中国农村公共物品供给不足的财政政策研究》,博士学位论文,辽宁大学,2009。

郭小聪:《中西古代政府制度及其近代转型路径约束比较》,中国社会科学出版社,2005。

国家统计局:《中国统计年鉴 2008》,中国统计出版社,2008。

〔美〕郝乐威:《美国州政府与地方政府》,刘琼译,台湾正中书局,1964。

何斌:《关于省直管县体制的可行性研究》,硕士学位论文,湖南大学,2007。

何显明：《市管县体制绩效及其变革路径选择的制度分析——兼论"复合行政"概念》，《中国行政管理》2004 年第 7 期。

侯景新等：《行政区划与区域管理》，中国人民大学出版社，2006。

侯景新、浦善新、肖金成：《行政区划与区域管理》，中国人民大学出版社，2006。

胡焕庸：《中国行政区划研究》，中国社会出版社，2004。

华林甫：《中国政区层级演变之两大循环说》，《江汉论坛》2014 年第 1 期。

黄超：《省直管县体制改革中的地级市治理：挑战、困境与策略》，《领导科学》2016 年第 35 期。

霍红：《吉林省扩权强县改革研究》，硕士学位论文，吉林大学，2006。

〔美〕吉尔伯特·罗兹曼主编《中国的现代化》，国家社会科学基金"比较现代化"课题组译，江苏人民出版社，2003。

贾康：《地方财政问题研究》，经济科学出版社，2004。

蒋正和：《县级政府在辖区内的形象传播》，硕士学位论文，南昌大学，2007。

蓝蔚青：《扩大省管县财政体制的优势》，中国社会出版社，2007。

黎晓玉：《中国市管县体制变迁与制度创新研究》，博士学位论文，华中师范大学，2008。

李刚：《略谈新中国行政区划的变迁》，《文史杂志》2001 年第 1 期。

李和中、陈广胜：《西方国家行政机构与人事制度改革》，社会科学文献出版社，2005。

李金龙、王飔：《加快行政区划体制的改革与创新》，《人民论坛》2004 年第 12 期。

李金龙、王英伟：《整体性政府理论视域下省直管县改革的碎片化及其整合研究》，《河南社会科学》2017 年第 7 期。

李金龙、武俊伟：《"传统官僚制"：我国行政省直管县体制改革的重要制约因素》，《湖北社会科学》2016 年第 3 期。

李金龙、郑宇梅：《试论中国行政区划体制改革的价值》，《政治学研究》2006 年第 1 期。

李景鹏：《中国走向"善治"的路径选择》，《中国行政管理》2001 年第

9 期。

李娟：《扩权强县背景下的吉林省县域经济发展模式研究》，硕士学位论文，东北师范大学，2007。

李军超：《我国市管县体制的反思及变革途径选择》，硕士学位论文，河南大学，2006。

李齐云：《分级财政体制研究》，经济科学出版社，2003。

李清芳：《市县关系的法律研究》，硕士学位论文，中国政法大学，2005。

李荣华、王文剑：《地方政府分权改革对民生性公共服务的影响——基于河南"省直管县"分权改革的分析》，《社会主义研究》2018 年第 2 期。

李胜：《地方财政风险的制度性成因》，《财政研究》2007 年第 3 期。

李文良等：《中国政府职能转变问题报告：问题、现状、挑战、对策》，中国发展出版社，2003。

李旭斌：《直辖市直管县（区）的行政区划层级设置及其对省县直辖的借鉴意义研究》，硕士学位论文，重庆大学，2008。

李治安：《行省制度研究》，南开大学出版社，2000。

〔美〕理查德·D. 宾厄姆等：《美国地方政府的管理——实践中的公共行政》，九州译，北京大学出版社，1997。

林毅夫、刘志强：《中国的财政分权与经济增长》，《北京大学学报》（哲学社会科学版）2000 年第 4 期。

刘德厚：《当代中国县政发展》，武汉大学出版社，1988。

刘靖华、姜宪利：《中国政府管理创新》，中国社会科学出版社，2004。

刘君德、冯春萍、华林甫、范今朝：《中外行政区划比较研究》，华东师范大学出版社，2002。

刘君德：《中国行政区划的理论与实践》，华东师范大学出版社，1996。

刘君德：《中外行政区划比较研究》，华东师范大学出版社，2002。

刘乐山、何炼成：《取消农业税后的县乡财政困难问题研究》，《经济体制改革》2005 年第 3 期。

刘亮：《我国行政体制与财政体制的协调与冲突》，《甘肃社会科学》2004

年第 6 期。

刘凌波：《"省管县"财政体制改革的实践与思考》，《宏观经济管理》2005
年第 10 期。

刘尚希、傅志华：《缓解县乡财政困难的路径选择》，中国财政经济出版
社，2006。

刘伟：《组织扁平化理论与行政体制创新》，《探索》2003 年第 2 期。

龙朝双、李四林：《新世纪我国行政管理体制改革的路径选择——从行政
权力与行政区划的视角谈》，《湖北社会科学》2004 年第 12 期。

龙朝双、谢昕：《地方政府学》，中国地质大学出版社，2001。

〔法〕卢梭：《社会契约论》，何兆武译，商务印书馆，1996。

闾小波：《当代中国政府与政治》，南京大学出版社，2005。

罗辉：《重庆市县级行政区划及其基于区域经济学评价标准的改革研究》，
硕士学位论文，重庆大学，2005。

罗孟浩：《各国地方政府》，台湾正中书局，1959。

〔英〕洛克：《政府论》，叶启芳、瞿菊农译，商务印书馆，1964。

〔德〕马克斯·韦伯：《经济与社会》（上下卷），林荣远译，商务印书馆，
1997。

马彦娜：《我国将试行省直管县》，《宁夏日报》2005 年 9 月 19 日。

〔美〕麦克尔·巴泽雷：《突破官僚制：政府管理的新愿景》，孔宪遂译，
中国人民大学出版社，2002。

毛寿龙、李竹田：《省政府管理》，中国广播电视出版社，1998。

毛寿龙、虞立琪：《选择最优方案改革行政区划》，《南方周末》2004 年 5
月 13 日。

孟繁君：《市管县（市）行政体制剖析与改革设想》，硕士学位论文，东北
师范大学，2007。

孟韶华、王涵：《中国历代国家机构和行政区划》，中国社会出版社，2003。

苗建军：《城市发展路径——区域性中心城市发展研究》，东南大学出版
社，2004。

庞明礼：《"省管县"：我国地方行政体制改革的趋势?》，《中国行政管理》

2007 年第 6 期。

彭丹宇：《规范和完善湖南省省以下政府间转移支付制度研究》，硕士学位
　　论文，湘潭大学，2009。

品吕：《中国省级行政区划改革及省直管县浅析》，硕士学位论文，东北财
　　政大学，2006。

浦善新：《市管县的利弊》，《经济日报》2005 年 6 月 27 日。

浦善新：《中国省制研究》，载《中国省制》，中国大百科全书出版社，1995。

齐志宏：《多级财政体制比较研究》，中国财政经济出版社，2003。

青理东主编《县域发展研究》，中共中央党校出版社，2006。

邱海平：《发达国家县域经济问题的政治经济学研究》，《江汉论坛》2001
　　年第 5 期。

荣敬本、崔之元等：《从压力型体制向开放型体制的转变——县乡两级政
　　治体制改革》，中央编译出版社，1998。

石咏利：《关于我国县乡财政困难问题研究》，硕士学位论文，山西财政大
　　学，2007。

〔美〕斯蒂格利茨：《政府为什么干预经济》，郑秉文译，中国物资出版
　　社，1998。

孙柏瑛：《当代地方治理——面向 21 世纪的挑战》，中国人民大学出版
　　社，2004。

孙时映：《建国以来我国纵向行政权力的几次调整及其变动趋向》，《思想
　　战线》1995 年第 4 期。

孙学文：《中华人民共和国省级行政区划沿革》，《当代中国史研究》1995
　　年第 4 期。

孙学玉：《强县扩权与省直管县（市）的可行性分析》，《中国行政管理》
　　2007 年第 6 期。

孙学玉：《强县扩权与市管县体制改革的必要性分析》，《中国行政管理》
　　2006 年第 5 期。

孙学玉、伍开昌：《当代中国行政结构扁平化的战略构想——以市管县体
　　制为例》，《中国行政管理》2004 年第 3 期。

谭建立：《关于我国县乡财政困难问题的认识与建议》，《财政研究》2006
　　年第 2 期。

谭桔华：《降低县级政府行政成本》，《国家行政学院学报》2005 年第 5 期。

唐铁汉：《行政管理体制改革的前沿问题》，国家行政学院出版社，2008。

田发：《构建三级政府财政：以政府体制层级改革为视角》，《当代财经》
　　2006 年第 4 期。

田穗生：《市管县对地方行政体制的影响》，《政治学研究》1987 年第 1 期。

田穗生、曾伟、罗辉：《中国行政区划概论》，北京大学出版社，2005。

汪宇明：《中国省直管县市与地方行政区划层级体制的改革研究》，《人文
　　地理》2004 年第 6 期。

王林：《我国县乡财政脱困研究》，硕士学位论文，山东大学，2007。

王乃斌：《中央与地方政府财权与事权划分中存在的问题及对策分析》，硕
　　士学位论文，重庆大学，2008。

王圣诵：《县级政府管理模式创新探讨》，人民出版社，2006。

王玮：《地方财政学》，武汉大学出版社，2006。

王玮：《我国的财政分权改革：现状分析与战略选择》，《人文杂志》2003
　　年第 6 期。

王新美：《财政管理与行政管理层级关系的探究——透视浙江省"省管县"
　　财政管理体制》，硕士学位论文，浙江大学，2009。

王一鸣：《对发展县域经济的几点认识》，《宏观经济研究》2002 年第 12 期。

王英津：《市管县体制的弊端分析及改革思路》，《理论学刊》2005 年第
　　2 期。

王志立：《河南省直管县体制改革运行中的困境与突破》，《领导科学》2016
　　年第 17 期。

〔美〕威廉·N. 邓恩：《公共政策分析导论》，谢明等译，中国人民大学出
　　版社，2002。

魏晶雪：《减少行政层级的改革思考》，《现代经济探讨》2008 年第 1 期。

魏礼群等：《市场经济中的中央与地方经济关系》，中国经济出版社，1994。

〔美〕文森特·奥斯特罗姆：《美国地方政府》，井敏等译，北京大学出版

社，2004。

吴国柱：《论我国市领导县体制改革——建立省直管县体制的思考》，硕士
　　学位论文，南昌大学，2007。

吴卫生：《当代中国行政体制改革的若干问题探讨》，《社会主义研究》1994
　　年第 2 期。

吴云法：《浙江省"省管县"财政体制分析》，《经济研究参考》2004 年第
　　86 期。

吴志华：《美国的政府企业化改革及对我国的启示》，《中国软科学》1999
　　年第 5 期。

伍文中、雪祺：《省直管县财政体制下政府间财力均衡机制构建——以河
　　北省为例》，《生产力研究》2014 年第 1 期。

武君婷：《构建社会主义和谐社会进程中县级政府的作用》，博士学位论
　　文，中央党校，2007。

夏书章：《行政管理学》（第 3 版），高等教育出版社，2003。

向政枝：《我国省直管县市体制改革研究》，硕士学位论文，重庆大学，2007。

肖模文：《改革行政管理体制发展壮大县域经济——扩权强县背景下的政
　　府行为研究》，硕士学位论文，吉林大学，2007。

谢庆奎：《当代中国政府》，辽宁人民出版社，1991。

谢庆奎：《当代中国政府与政治》，高等教育出版社，2003。

谢庆奎、杨宏山：《对我国地方行政层级设置的思考》，《红旗文稿》2004
　　年第 4 期。

谢庆奎：《政府学概论》，中国社会科学出版社，2005。

谢禹、黄晓伟：《关于我国省管县财政体制改革的思考》，《经济研究参考》
　　2007 年第 37 期。

忻晨：《地方政府间财政转移支付制度研究》，硕士学位论文，复旦大学，
　　2009。

熊文钊、曹旭东：《"省直管县"改革的冷思考》，《行政论坛》2008 年第
　　5 期。

徐元明、刘远、周春芳：《省直管县体制改革相关问题研究》，《江海学刊》

2008 年第 1 期。

许建国：《地方政府财政制度创新思路》，《财政研究》2002 年第 3 期。

薛岩：《基于新农村建设视角的县政改革研究》，硕士学位论文，天津师范大学，2009。

〔英〕亚当·斯密：《国民财富的性质和原因的研究》，郭大力、王亚南译，商务印书馆，1972。

闫恩虎编著《县域经济论纲》，暨南大学出版社，2005。

杨光斌：《中国政府与政治导论》，中国人民大学出版社，2003。

杨宏山：《府际关系》，中国社会科学出版社，2005。

杨华：《县乡财政：困境与出路》，《中央财经大学学报》2006 年第 1 期。

杨文彬：《中国实行省管县体制的阻力机制分析》，《行政论坛》2006 年第 5 期。

杨小云：《省级政府间关系规范化研究》，《政治学研究》2005 年第 4 期。

叶维钧、潘小娟：《中国县级政府机构改革》，社会科学文献出版社，1996。

易玉珏：《省直管县财政体制改革研究》，硕士学位论文，湖南大学，2006。

〔德〕尤尔根·哈贝马斯：《合法化危机》，刘北成、曹卫东译，上海人民出版社，2000。

于建嵘、蔡永飞：《县政改革是中国改革新的突破口》，《东南学术》2008 年第 1 期。

俞可平等：《中国公民社会的兴起与治理的变迁》，社会科学文献出版社，2002。

俞可平：《治理与善治》，社会科学文献出版社，2000。

岳文海：《推进"省管县"体制改革的可能与实践》，《领导科学》2005 年第 16 期。

〔美〕詹姆斯·E.安德森：《公共决策》，唐亮译，华夏出版社，1990。

张春阳：《强县扩权的新突破——浙江义乌市扩权改革的思考》，硕士学位论文，山东师范大学，2008。

张锋：《江西省直管县财政管理体制改革研究》，博士学位论文，江西财经大学，2016。

张昊博：《地方财政层级问题研究》，硕士学位论文，东北财政大学，2007。

张景聪：《中国地方政府行政层级体制的现状与趋势研究》，硕士学位论文，福建师范大学，2007。

张文范：《中国省制》，中国大百科全书出版社，1995。

张银喜：《改革地方行政区划和设置的建议》，《中国行政管理》2001年第5期。

张永桃：《行政管理学》，高等教育出版社，2003。

张占斌：《政府层级改革与省管县实现路径研究》，《经济与管理研究》2007年第4期。

赵福军、王逸辉：《政府行为、财政体制变迁方式与中国县乡财政困难》，《江西财经大学学报》2007年第1期。

赵世磊：《关于在我国建立省直管县体制的探讨》，硕士学位论文，贵州大学，2008。

郑伟：《我国地方行政层级改革与省管县研究》，硕士学位论文，电子科技大学，2009。

中国行政区划研究会编《中国行政区划研究》，中国社会出版社，1991。

周宏骞：《"市管县"体制的规范化研究》，硕士学位论文，湖南大学，2008。

周平：《当代中国地方政府》，人民出版社，2007。

周庆智：《中国县级行政结构及其运行：对W县的社会学考察》，贵州人民出版社，2004。

周仕雅：《财政层级制度研究——中国财政层级制度改革的互动论》，经济科学出版社，2007。

周振鹤：《中国历代行政区划的变迁》，商务印书馆，1998。

周志坤：《省管县专家认为可分三步走》，《南方日报》2009年2月1日。

朱柏铭：《"省直管县"财政体制的几点思考》，《中国财政》2006年第6期。

朱光磊：《当代中国政府过程》，天津人民出版社，1997。

朱光磊：《现代政府理论》，高等教育出版社，2006。

朱进芳：《省直管县改革存在的问题与改进对策》，《中州学刊》2017年第5期。

朱群英:《"省管县"体制改革的新探索——以浙江省为分析个案》,硕士学位论文,浙江大学,2007。

朱松泉:《我国县级政区等第划分研究》,硕士学位论文,湖南大学,2008。

英文部分

B. Guy Peters, *The Future of Governing*: *Four Emerging Models* (Kansas: University Press of Kansas, 1996).

David N. HyTnan, *Pubic Finance* (The Dryden Press, 1983).

Holley H. Ulbrich, *Pubic Finance in Theory and Practice* (Tsinghua University Press, 2004).

Paul R. Dommel, "Intergovernmental Relations," in *Managing Local Governments* (Sage Publication, 1991).

Richard A. Musgrave, *The Theory of Public Finance* (McGraw-Hill BookComPany, 1959).

Ronald D. Fisher, *State and Local Public Finance* (New York: Scott Foresman, 1988).

William Robem, "Migration and Urbanization in Western Europe since 1940," *The Geographical Journal* (1989).

后 记

地方行政层级设置对行政管理具有很大影响。行政层级过多，必然导致行政机构臃肿、行政人员编制增加、行政关系复杂、行政效率不高、行政开支增加等；行政管理层级过少，必然导致行政管理无法正常运行、行政效能无法体现等。因此，科学、合理的行政层级设置是许多学者探索的重要理论课题，也是各级政府官员在行政管理实践中长期关注的重大问题。

我国的行政层级设置经历了长期的历史演变，由于不同历史时期疆域、人口、民族、风俗习惯、文化、科学技术、经济、交通等的不同，行政层级设置的差别较大。新中国成立后，根据国情，我国地方行政层级基本采用"省、自治区、直辖市—自治州、盟、地级市—县、民族县、旗—乡、镇"四级制。地方行政层级四级制在社会主义建设过程中发挥过重要作用，但随着科学技术的快速发展以及交通条件的快速改善，经济发展迅速，尤其是县域经济的长足发展，要求减少行政层级、扩大县域发展经济的权力，很多的学者、专家都从自身学科领域出发探讨我国行政层级设置的新思路。我国政府积极采取措施，已经在 22 个省、自治区、直辖市实行了省管县财政体制改革，把原来由地级市、自治州行使的权力下放到试点县，以促进县域经济的发展。这些省级行政区在改革中积累了许多经验，取得了一些成效，但这些试点基本位于中部、东部地区，对于西部省级行政区实施省直管县体制还没有给予广泛关注，理论界很少系统研究西部省级行政区实施省直管县体制，相关学术专著也很少。这与迅速兴起的省直管县体制的改革实践不相符，因此，对西部省级行政区实施省直管县体制展开研究，对于全面推进我国省直管县体制改革具有重要的理论价值和实践价值。

贵州省委对于强县扩权高度重视，《中共贵州省委关于制定贵州省国民经济和社会发展第十二个五年规划的建议》明确指出："进一步完善和落实扩权强县的政策措施，按照'责权统一、重心下移'的原则，扩大县级经济管理权限。"①

贵州省已将省管县体制改革提上议事日程。在这样的背景下，选择研究贵州省实施省直管县体制更有价值。

笔者既参考了国外行政层级划分的理论成果和实践经验，又借鉴了国内在省直管县体制方面取得的理论成果和实践经验，同时立足于贵州省省情，对其实施省直管县体制做了系统的研究。

1. 辩证地探究了地级市、地区行政公署、自治州的作用

笔者从地级市与县的关系、地区行政公署与县的关系、自治州与县的关系、县域经济发展等各个角度进行了研究，运用了辩证方法，充分肯定了地级市、地区行政公署、自治州曾经发挥的重要作用。随着县域经济的快速发展，需要改革这些行政机构的现有职能。根据贵州省经济、科学技术、交通、民族等具体情况，对地级市、地区行政公署、自治州等进行改革，而不是采取简单取消的办法，这样既有利于县域经济迅速发展，又能保证这些机构发挥积极作用。

2. 系统探究了贵州省实施省直管县体制的必要性和可能性

贵州省实施省管县体制，更能促使县域经济的快速发展，更有利于贵州省的稳定，更有利于人民充分享受权利。

中央和贵州省出台的强县扩权政策、市场体制的完善、贵州省科学技术和交通事业的快速发展等为实施省直管县体制提供了可能。

3. 探究了贵州省实施省直管县体制的有效途径

实施省直管县体制首先要处理好省与县之间的财权和事权关系。当

---

① 《中共贵州省委关于制定贵州省国民经济和社会发展第十二个五年规划的建议》（中国共产党贵州省第十届委员会第十次全体会议通过），2010 年 10 月 29 日。

前，财权主要集中在省、地区、自治州和地级市，事权主要集中在县，财权和事权在省与县之间分布严重不对等。赋予县级更大的财权，是其处理好各项事务的物质保障。

受地形等自然条件的影响，贵州省的县一般比较小，适当扩大县的规模，能为县域经济发展提供更广阔的市场。

县域权限扩大后，很多权力要交给群众自治组织行使。加强群众自治组织建设，为群众参政议政提供平台，充分调动群众的主动性、积极性和创造性，促进县域经济的发展和繁荣。

贵州省县域经济不发达，总体发展水平低，是制约其实施省直管县体制的瓶颈。

实施省直管县体制是一项复杂的系统工程，因此，在这本专著中，笔者只阐述了贵州省实施省直管县体制的一些基本思路，仅仅起到抛砖引玉的作用。接下来，笔者将不断关注、探究贵州省实施省直管县体制的实践，并及时上升为理论，不断完善本专著的理论观点。由于水平所限，难免存在不足或者错误之处，敬请读者批评指正。

这部专著的撰写，得到了笔者的导师张永桃教授的精心指导，耗费了导师的大量心血；得到了华涛博士、曾盛红博士、刘玉东博士、王怀强博士、岳成浩博士、赵立群博士等同学的无私帮助和大力支持；也得到了好友贾宏博士的热忱鼓励；专著出版的经费，得到了贵阳学院科研处的大力支持，在即将出版之际，谨致谢意！

张鼎良

2019 年 12 月 20 日

图书在版编目（CIP）数据

贵州省直管县体制研究 / 张鼎良著 . -- 北京 : 社
会科学文献出版社，2021.7
ISBN 978 - 7 - 5201 - 8474 - 8

Ⅰ . ①贵… Ⅱ . ①张… Ⅲ . ①县 - 体制改革 - 研究 -
贵州 Ⅳ . ①D677.3

中国版本图书馆 CIP 数据核字（2021）第 098372 号

贵州省直管县体制研究

著　　者 / 张鼎良

出 版 人 / 王利民
责任编辑 / 宋淑洁
文稿编辑 / 刘　争

出　　版 / 社会科学文献出版社 · 经济与管理分社（010）59367226
　　　　　　地址：北京市北三环中路甲 29 号院华龙大厦　邮编：100029
　　　　　　网址：www. ssap. com. cn
发　　行 / 市场营销中心（010）59367081　59367083
印　　装 / 北京玺诚印务有限公司

规　　格 / 开　本：787mm × 1092mm　1/16
　　　　　　印　张：14　字　数：214 千字
版　　次 / 2021 年 7 月第 1 版　2021 年 7 月第 1 次印刷
书　　号 / ISBN 978 - 7 - 5201 - 8474 - 8
定　　价 / 98.00 元